미래의 부자인 _____ 님을 위해
이 책을 드립니다.

부동산 공인중개사 성공비밀

**부동산
공인중개사
성공비밀**

초판 1쇄 발행 | 2025년 4월 15일

지은이 | 김중근, 황규상, 김현규, 조승희, 김주희, 김원성, 임춘성, 조정민, 김민재
펴낸이 | 박영욱
펴낸곳 | 북오션

주　소 | 서울시 마포구 월드컵로 14길 62 북오션빌딩
이메일 | bookocean@naver.com
네이버포스트 | post.naver.com/bookocean
페이스북 | facebook.com/bookocean.book
인스타그램1 | instagram.com/bookocean777
인스타그램2 | instagram.com/supr_lady_2008
X | x.com/b00k_0cean
틱톡 | www.tiktok.com/@book_ocean17
유튜브 | 쏠쏠TV·쏠쏠라이프TV
전　화 | 편집문의: 02-325-9172　　영업문의: 02-322-6709
팩　스 | 02-3143-3964

출판신고번호 | 제 2007-000197호

ISBN 978-89-6799-876-9 (03320)

*이 책은 (주)북오션이 저작권자와의 계약에 따라 발행한 것이므로 내용의 일부 또는 전부를
　이용하려면 반드시 북오션의 서면 동의를 받아야 합니다.
*책값은 뒤표지에 있습니다.
*잘못 만들어진 책은 구입하신 서점에서 교환해 드립니다.

김중근 황규상 김현규 조승희
김주희 김원성 임춘성 조정민 김민재

부동산 공인중개사
성공비밀

북오션

차례

1장 김중근   6 | 재테크 중 부동산이 제일 최고봉

2장 황규상   56 | 마케팅 전문가에서 상가전문 공인중개사로 변신한 이유

3장 김현규   106 | 공인중개사는 파는 사람과 사는 사람을 조율하는 협상가

4장 조승희   148 | 나는 토지매매 전문 공인중개사이다

5장 김주희   176 | 나는 안정적인 공무원에서 도전적인 공인중개사를 선택했다

6장 김원성   226 | 코로나가 내게 준 공인중개사의 길

7장 임춘성   254 | 공인중개사는 매물 중개 외에도 세금을 대비해야 한다

8장 조정민   266 | 취업이냐 창업이냐의 기로에서 찾은 재능, 공인중개사의 길에 들어서다

9장 김민재   288 | 나는 주저없이 이 길을 선택했다

김중근

재테크 중 부동산이 제일 최고봉

재테크 방법 중
부동산이 최고라고 생각한다.
왜 많은 사람들이
부동산에 열망하고 투자를 하는지
잘 생각해보시면 답이 나올 것이다.

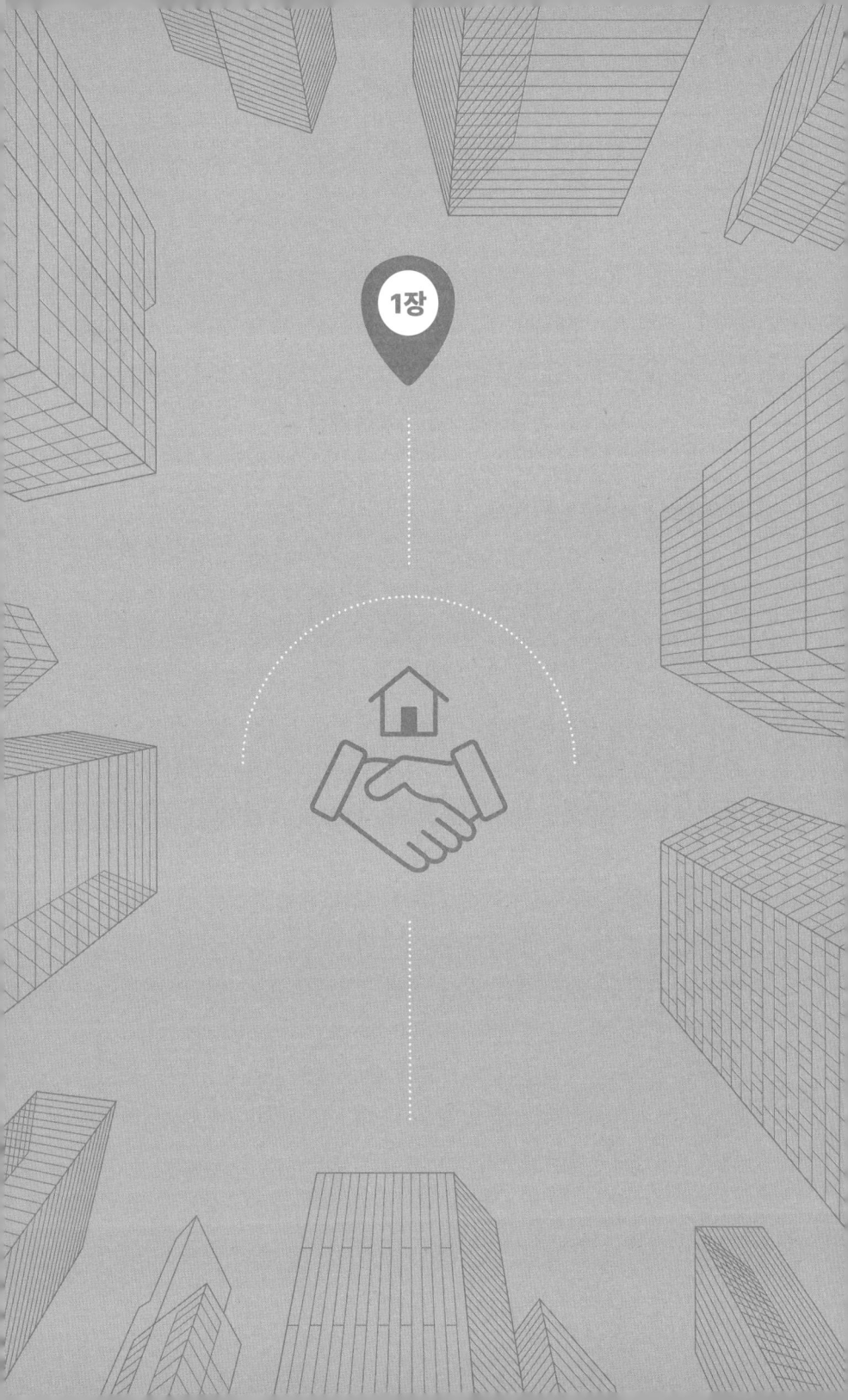

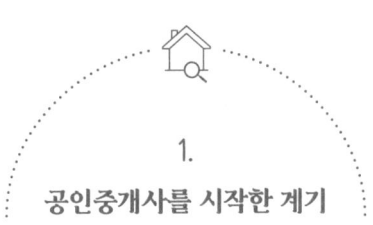

1. 공인중개사를 시작한 계기

1) 외삼촌 덕분에 부동산입문

전자공학과 출신으로 직장 생활 도중 미래에 대한 돌파구를 찾는 중 우연치 않게 20대 중반 나이에 부동산 경매를 외삼촌 덕분에 접하게 되었다. 부동산 경매투자에 입문 후 더 전문적으로 가고 싶기에 공인중개사를 취득해야겠다는 마음을 먹고 직장 생활을 겸하면서 취득하게 되었다. 취득 후 실무를 접하니 영업직이며 계약을 해야 먹고 살 수 있는 점에 힘들었다. 직장 생활로 고정적인 월급을 받다가 영업직을 시작하니 초보 공인중개사는 정말 정신적으로 많이 힘든 일이었다.

그러나 힘들게 취득한 공인중개사를 생각하면 항상 마음가짐을 굳게 먹고 중개 실무를 하다보니 마음도 단단해지고 적응도 되면서 외향적인 나에게 점점 익숙해졌다. 다행히도 부동산 불황기에도 생존하는 공인중개사가 되었지만 항상 더 발전하려고 부동산 관련 분야를 꾸준히 공부하고 있다. 현재는 부동산 경매, 부동산 중개, 경매 취하, 부동산 투자 평가, 경매 대행 및 교육을 하고 있다. 불황기에 살아남기 위해 치열하게 움직이려 노력 중이다.

2. 공인중개사 공부 방법

1) 반복 복습 문제풀이 및 오답노트

저자는 학원 없이 인강 및 기본 서적으로 공부를 한 후 도서관에서 개별적으로 문제풀이 및 오답노트를 만들어서 지속적으로 눈을 익히게 공부를 했다. 비록 공부를 좋아하는 편은 아니었지만 6개월만에 공인중개사 시험에 합격하는 것이 가능했던건 직장을 다니면서 평일, 주말, 명절날 쉬지 않고 최소 10시간은 공부한 덕분이었다. 꼭 취득하고 싶은 마음이 굴뚝 같아서 가능했던 일이었다.

그전부터 부동산 경매 공부를 시작으로 낙찰, 세금, 민법을 미리 공부하다 보니 눈에 익혀서 모르는 부분, 틀리는 부분만 별도로 오답노트처럼 만들어 눈에 익히게 했다. 나는 법학과 출신도 아니어서 새로운 용어를 접하는 게 정말 힘들었지만 다행히도 부동산 경매 투자를 접하면서 공부를 시작한 게 공인중개사 시험 합격에 많은 도움이 되었다. 공부할 때는 단순하게 친구들과 거리를 두고 오직 공인중개사 시험 합격에만 시간을 할애하다 보니 운이 좋게 동차에 27회 공인중개사를 합격하게 되었다.

제일 힘들었던 과목은 공법이었다. 정말 양이 많아서 무척 힘들었던 과목이었는데 다행히도 중개사법에서 높은 점수를 얻어 공법 점수를 만회해 운이 좋게 합격할 수 있었던 것 같다. 내 공부 방법은 간단히 반복 복습 문제풀이 및 오답노트를 하면서 최소 하루 10시간 정도 의자에 앉아 공부하자는 마인드로 했던 공부 방법이었다.

3. 개업 전 소공일 때, 개공일 때

**1) 개업 전 몇 개월은
소속공인중개사를 경험해보자**

공인중개사 취득을 하면 합격에 기쁨으로 마음이 앞서 개업 생각을 하는 경우가 많다. 저자 또한 취득과 동시에 개업을 하고 싶은 마음이 굴뚝 같았다. 하지만 정말 하늘을 날아갈 것 같은 기쁨은 잠시, 막상 현실은 개업에 대한 두려움이 밀려와서 운영을 잘할 수 있을까 하고 걱정이 앞섰다. 그리고 취업한 중개업소는 직원에게 많이 알려줘서 잘 배우면 금방 나가서 개업한다는 생각 때문에 잘 알려주지 않는 경우도 많을 것이다. 그래서 좋은 대표님을 만나는 방법밖엔 없다. 취업과 동시에 여러 지역 중개업소, 어떤 분야를 중개를 하는지, 비율, 조건 등을 면접을 보면서 듣는 정보도 개업할 때 많은 도움이 된다. 그리고 보통 신입인 경우 원·투룸 임대차가 빠르게 습득하기 쉬운 편인데, 또 어떤 분들은 시간이 걸리더라도 상가, 사무실, 빌딩매매, 토지 전문으로 시작하라는 조언을 한다. 각자마다 다를 수 있지만 상가, 사무실, 빌딩매매, 토지 분야는 계약이 빨리 나올 수 없는 경우가 많아서 상대적으로 배우는데 시간이 오래 걸린다. 그래서 원·투룸 임대차로 손님 응대, 계약서 작성, 잔금 처리 등을 빨리 배우면서 다음 분야로 넘어가는 방법도 좋은 방법이라 생각된다. 사람마다 스타일이 다르니 각자가 원하는 스타일로 하시면 좋을 것 같다. 그리고 장마철에 손님이 없는 경우도 다 경험이고, 손님 없는 경우에도 DM 작업, 전화 작업, 매물 정리 등 할 게 아주 많다. 그래서 최소한 남 밑에 있어 봐야 나중에 직원을 뽑아도 직원 마음을 알고 헤아릴 줄도 알게 된다. 최소한 몇 개월은 하고 개업을 하면 월세, 광고 비용도 절감할 수 있을 것이다. 돈 벌면서 실무 공부한다는 마인드로 생각하면 천천히 꼼꼼히 배울 수 있는 계기이니 서두르지 말고 최소 6개월~1년 정도는 능력 있는 대표님 밑에서 좋은 인연도 맺고 이후에 개업하는 걸 추천한다. 이런 경험은 절대 무시 할 수 없다. 그래서 소속공인중개사라 돈을 많이 못 벌더라도 밑에 있는 동안의 경험은 여러분에게 큰 자산이 되어 개업공인중개사로 날개를 펼칠 수 있는 발판이 될 것이다.

2) 개업을 두려워 하지 말자
모든 것이 경험 축적이다

직장 생활 도중에 부동산 개업을 부담스러워하는 분들이 있다. 정말 직장인 생활 동안 월급이 제때제때 통장에 입금되던 시절과 다르게 개업비용 투자와 최소 운영비 6개월 치는 보유해야 한다는 부담 때문이다. 하지만 본인이 보유한 자금에 맞춰 지역과, 사무실 자리를 알아보는 것도 나쁘지 않다고 생각한다. 굳이 대로변 월세 몇 백만 원이나 되는 곳을 경험 없이 개업하는 경우는 그만큼 리스크가 크기 때문에 처음부터 크게 할 필요 없이 천천히 작게 시작하는 걸 권한다.

　경력자는 그만큼 가능성이 있지만 초보자 같은 경우 천천히 확장 이전을 하면서 키워가는 게 현명할 수 있다. 저자도 첫 개업을 부천지역에 보증금 500만 원/40만 원으로 시작했다. 당연히 소속공인중개사로서 6개월 정도 근무를 하고 내부에서 운영이나 계약서 작성 등이 습득된 후 자신감이 생겨 개업을 한 것이다. 개업도 작은 곳부터 1년을 경험하니 매출 증가와 자신감 상승으로 영등포 지역으로 사무실을 이전할 수 있었다. 당연히 본인이 어느 정도 매출과 비용을 계산해서 이 정도면 할 수 있는 지역과 월세 감당, 광고비, 주 매물중개지역 생각하면서 이전한 것이다. 그만큼 경험이 축적되면 남들보다 쉽게 운영하는데 속도와 여유로움이 생긴다.

　당연히 부동산 시장 상황에 따라 개업 시기가 있지만 평상 시 개업방법, 이전방법, 간판, 운영비, 광고비, 가구, 컴퓨터 등 습득으로 다시 개업할 때 자심감이 생긴다. 두려워하지 말고 첫 개업하시는 분들이면 스스로 작은 곳부터 시작해 키워 나가는 것도 재미 있을 것이라고 생각된다. 어떤 분들은 큰 곳에서 바로 하시는 분도 있었지만 저자는 30대 초반에 그만큼 자금이 없어 보증금 500만 원/40만 원으로 시작했다. 각자 만의 스타일이 있으니 개업을 두려워하지 말고 바로 도전하시길 빈다. 아무것도 하지 않으면, 아무 일도 일어나지 않는다.

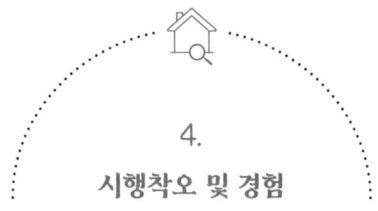

4.
시행착오 및 경험

1) 첫 소속공인중개사 시절 힘든 나날들

공인중개사 시험 합격 후 얼마나 좋았던지 실무 경험을 하루빨리 경험해서 개업을 하고 싶은 마음이 굴뚝 같았다. 언젠간 강남지역에 개업해서 열심히 일하는 모습을 꿈꾸면서 구인공고를 검색했다. 저자는 강남까지 1시간 이상 걸리는 거리를 이동하며 면접을 보러 다녔다. 정말 생소한 영업직이라 기본급 없이 비율제로 시작을 했다. 정말 직장 생활하다가 기본급 없는 비율제라니 까마득했지만 개업을 목적으로 열심히 배워야겠다는 생각뿐이었다.

강남지역 부동산은 가격 단위가 커서 그런지 부동산 중개업 실무 분야를 모르면 돈은 커녕 잡일만 하게 되는 경우가 있어서 좋은 사무실, 좋은 사장을 만나는 게 중요하다. 돈 벌면서 일을 배워야 더 재미있고 더 계약하고 싶은 마음도 생겨 지치지 않고 일할 수 있었다. 강남지역은 정말 넓은 지역이기 때문에 위치, 인근 대형아파트, 건물 등과 지리부터 파악하기 시작했다. 정말 막막해서 일이 손에 잡히질 않았지만 마음을 천천히 내려놓고 매물 파악, 광고 등 하나씩 배워 나갔다. 직장인일 때는 월급을 받았지만 영업직이라 계약을 못 하니 모아둔 돈으로 교통비, 생활비를 사용하면서 일을 배워 나갔다. 정말 직장 생활로 다시 돌아가고 싶을 정도로 막막했는데 광고를 올리고 다음 날 손님 문의 전화로 희망이 보이는 것 같았다. 난생 처음 받는 문의 전화에 어떻게 대답과 대응을 할지 몰랐지만 옆에 있는 사수가 하나씩 종이에 적어주면서 대답을 유도하게 시켰다. 저자는 정말 햇병아리가 걸음마 하듯 배워 나가며 처음으로 고객을 응대하는 미팅을 가졌다.

고객이 요청한 물건을 찾기 위해 물건을 파악하고 정리했다.

- 지역 : 역삼역 5분 거리
- 층수 : 2층이상
- 평수 : 대략 30평
- 용도 : 오피스
- 업종 : 디자인
- 엘리베이터 있고 주차 2대 되는 곳

그렇게 오피스 물건을 4곳 찾아서 고객과 일정을 잡고 기다리기 시작했다. 고객은 디자인 회사 젊은 여대표님이였다. 고객을 태우고 인테리어가 되어있는 곳이며 깔끔한 곳을 간추려 안내를 시작했다. 차 안에서는 여대표님이 저자에게 "초보시죠?"하며 웃으면서 이야기를 했다. 첫 고객인지라 열심히 하겠다는 마음에 너무 초보티가 난 것인지 마음만 앞서 그런지 고객의 눈에도 초보라는 게 보였나 보다. 고객님은 차분히 오피스 물건을 보면서 신중히 노트에 내용을 적어갔다. 결국 바로 계약을 하지 않고 고민을 더 하고 연락 주겠다고 하고 미팅이 끝났지만 저자에게는 첫 미팅이 설레는 경험이였고 기분이 좋았다. 고객님은 다음 날 "어제 안내 잘해주셔서 감사해요. 제가 더 고민하고 연락드리겠습니다, 더 괜찮은 물건 있으면 연락 주세요"하고 문자를 보내왔다. 비록 퇴짜 맞았지만 포기하지 않고 문자로 괜찮은 물건을 보내봤으나 결국 돌아온 것은 무응답이었다.

그래도 소중한 경험이라 생각하고 저녁에 맥주 한 잔으로 털어버렸다. 처음은 고객님들이 봐도 초보티가 나는 건 당연하니 첫 실무 경험하는 분들은 좌절하지 말고 분명 언젠가는 첫 계약을 하겠다는 마음으로 멘탈 관리를 잘했으면 한다.

4계절을 보내면 비수기, 성수기, 변수, 규제 등 다양한 일이 있을 것이고 이걸 하루하루 버티다 보면 어느덧 건강한 공인중개사가 되어있을 것이다. 저자도 몇 개월은 정말 힘들어서 직장으로 다시 돌아가고 싶었지만 다른 지역인 관악구 지역으로 이직을 하고 나서 원룸 전·월세를 시작하니 집을 찾는 고객님들도 많고 첫 계약도 원룸으로 시작할 수 있었다. 작은 것부터 시작해 점점 키워나가는 것도 나쁘지 않으니 손님 많고 물건 많은 중개업소에 입사를 권한다. 그러면 계약도 많이 할수록 경험이 쌓이는 건 당연하니 잘 보고 선택해서 많은 경험을 쌓았으면 한다.

2) 커플이 원하는 전셋집 찾아주기

2020년 11월 28일 토요일
한겨울을 알리는 한파가 시작되었다. 무엇보다 영하 날씨로 떨어지니 이불 속에서 나오기가 싫어질 정도였다. 하지만 토요일 전세 미팅으로 손님과 오후 1시 미팅이 잡혔다. 신혼부부는 아니고 여자친구랑 같이 거주할 투룸을 구하는 중인 듯했다.

원하는 조건은
- 투룸
- 풀옵션(냉장고, 에어컨, 세탁기)
- 엘리베이터 있음
- 입주일은 3월 중순

- 주차 가능
- 전세 자금 대출 가능
- 실자금은 8천만 원

전날 통화내용을 바탕으로 손님의 성향과 원하는 물건을 파악하며 오늘 1시 미팅을 잡은 것이다. 출근 후 나는 물건들을 다시 파악한 후 점심을 먹고 1시 손님을 기다리고 있었다. 손님이 사무실 위치를 찾지 못해 손님이 있는 곳까지 차로 픽업해야 했다. 손님을 태워 정답게 인사를 나누며, 소통을 통해 손님의 어떤 성향이며, 원하는 조건은 어떤지 더 자세한 정보를 얻었다. 젊은 남자 손님은 목소리랑은 다르게 30대 중반 정도였다. 여자친구랑 같이 거주하기 위해 영등포지역을 선택했으며, 직장이 충무로역과 여의도역이라 영등포구청역, 선유도역, 양평역, 영등포시장역, 당산역 등을 보고 싶다고 했다. 전날과 아침 일찍 물건을 파악한 후 대략 3~4개를 조건에 맞는 걸 찾아 메모장에

- 물건지 주소
- 해당 층수
- 금액
- 입주일
- 관리비
- 주차 가능 여부
- 전세 자금 대출 가능 여부
- 옵션 여부

등을 꼼꼼히 잘 작성하여, 원하는 물건을 보여드리고자 잘 정리했다. 손님을 픽업 후 사무실에 가까운 영등포구청역 인근 물건지를 첫 번째로 보여주었다. 첫 번째 물건은 지하철 역에서 도보 3분 거리의

역세권이며, 2016년식으로 신축급으로 년식이 4년 차인 빌라였다. 주말이라 기존 세입자가 살고 있어 기존 세입자랑 인사 후 차근차근히 큰방, 작은방, 화장실 등을 둘러보았다. 나는 손님의 얼굴 표정과, 행동을 보면서 물건 크기나, 위치나, 층수 등이 마음에 드는지 동태를 살폈다. 그런데 두 사람은 말없이 1분도 안 되게 그냥 대충 보고 나오는 것이었다. 나는 두 사람의 속내가 정말 궁금했다. 마음에 있는 건지? 없는 건지? 아니면 그냥 나와서 미리 집을 보는 건지? 입주일이 많이 남은 상황에서 미리 나와서 보는 경우도 있는데 중개업자 입장에는 이런 경우 굳이 물건을 보여드릴 필요가 없다. 두 사람은 급하지 않으니 바로 계약할 마음이 없이 어찌 보면 시간 낭비이기 때문이다.

두 번째 목적지로 향하는 도중 나는 차 안에서 손님한테 "보는 물건 어떠신지요?"하고 질문을 했다. 손님은 "일단 첫 집이라 잘 모르겠다."라고 대답했다. 난 비교물건을 몇 개를 더 보여주고 반응을 봐야겠다고 생각했다. 그렇게 두 번째 집인 영등포시장역에 5분 거리인 2020년 첫 입주 신축빌라는 보여주었다. 두 사람은 순간적으로 신축빌라 내부를 보더니 깔끔하고 깨끗한 내부에 화들짝 놀란 표정이었다. 난 순간 두 사람이 마음에 들어 하는 것 같아 "계약하세요."하고 넌지시 던져 보았다. 두 사람은 내 멘트에 웃었다. 난 또 손님을 조급하게 만드는 멘트도 했다. "몇 세대 안 남았어요." "전세물건이 이제 소진되어 없어요." "여기가 전세금이 제일 저렴해요." 등등 계약하기 위한 멘트를 계속 던졌다. 그런데 두 사람은 웃기만 하는 것이다. 정말 힘들었다. 제발 계약하세요!

두 사람은 두 번째 집을 보고 나와서 영등포시장은 도·소매시장 인근이고 보안이 취약한 것 같다며 "어둡고 취약한 지역 말고 어디 없을까요?"하고 되물었다. 난 끈질기게 여기 보안이 취약하지 않다고 이 정도면 정비가 잘된 지역이라고 설득했다. 허나, 둘은 9호선 라인 선유도역이나, 당산역을 더 선호한다고 말했다. 난 멍해졌다. 앞에 두 집을 굳이 보여드려야 했었나? 중개사 입장에서는 시간을 낭비한 기분이었다.

 그럼 마지막으로 손님을 선유도역 인근에 있는 세 번째 집과 당산역 인근에 있는 네 번째 집을 보여주려고 다시 픽업해서 목적지까지 달려갔다. 난 속으로 세 번째 집과 네 번째 집 둘 중에 한 곳을 꼭 계약시켜야겠다는 마음을 먹으면서 운전했다. 세 번째 집을 도착 후 내려서 선유도역 지역의 장단점을 열심히 설명했다. 두 사람은 선유도 지역을 마음에 들어 하는 눈치였다. 9호선 황금라인으로 염창역 급행, 깔끔한 상권과 주거시설, 기반시설 또한 잘 갖추어져 있기 때문이다. 당산역과 선유도역은 보통 손님들이 많이 선호하는 지역이고, 출퇴근하는 지역으로 문의 전화가 많이 오는 지역이기도 하다.

 세 번째 집은 선유도역 7분 거리에 있는 다세대주택이었다. 2014년식으로 기존 세입자 퇴거 후 내부는 깔끔하지 않은 상태였고, 옵션이 하나도 없었다. 집주인이 내부 수리를 아직 안 한 것 같아 임대인분께 전화를 드려 수리해 주시는 건지 문의드렸다. 두 사람은 도배, 바닥 부분인 장판이 가능한지 임대인분께 여쭤봐달라고 했고, 임대인분은 "도배는 해 드릴 수 있는데 바닥은 깔끔하지 않나요? 그냥 바닥 깔끔하게 청소만 하면 거주하는데 문제 없을텐데."라는 답변이 돌아왔다. 내가 이 내용을 두 사람에게 전하자 일단 알겠다고 하면서 네 번째 집을 보러 가자고 했다. 세 번째 집이 마음에 드시면 계약하시라고 하면서 제가 도배, 장판은 임대인분을 설득해 볼게요 이렇게 유도를 했어야 하는 건데 너무 성급했던 것이었다.

　난 마지막 네 번째 집을 보여주고 꼭 결정하게끔 해야겠다는 생각에 신속하게 움직였다. 당산역 인근 네 번째 집은 제일 인기가 많은 집이었기 때문이다. 2호선 라인, 9호선 라인 더블 역세권 교통의 요지, 특히 출퇴근하는 직장인들이 선호하는 지역이었다. 거기다 네 번째 집은 지하철역에서 도보 1분 거리 초역세권이며, 주차도 기계식 주차여서 80% 이상 주차가 가능했다. 확실히 초역세권이라 자동차 없는 임차인도 있어서 주차하는데 스트레스가 없고 실제로 현재 거주하는 분들도 주차 100%가 되었던 물건이었다. 두 사람은 위치나 주차방식에 매우 흡족해했다. 게다가 신축 첫 입주 2021년 준공이라 아직 준공이 안 된 상태라 분양사무실 201호에 내부 인테리어를 미리 해서 샘플로 볼 수 있었다. 두 사람은 내부를 보고 어린아이 마냥 기분이 들떠있었다. 난 속으로 이거다! 싶었고 "계약하세요.", "이거 금방 나가요.", "좋은 층 채광 잘 들어오는 높은 층 먼저 계약하세요."하면서 두 사람을 설득했다. 급한 마음에 말이 빨라졌고 너무 부추긴다고 느꼈는지 손님들이 밖에 내려가서 의논을 좀 하겠다고 했다. 두 사람이 얘기를 나누는 중 내려가서 다시 설득했지만 "오늘 처음으로 집을 보는 거라고 좀 더 생각해보겠다."라고 했다.

　현재시간 3시. 2시간 동안 4곳을 보여줬는데 허탈감이 이루 말할 수 없을 정도였다. 결국 두 사람은 오늘 부모님과 상의 후 다음 주 월요일에 연락 주겠다고 하고 당산역 지하철역을 향해 사라졌다. 난 좌절하고 어디서부터 잘못된 것인지 사무실로 복귀하면서 생각했다.

　우선 두 사람은 신혼부부가 아니라 그냥 커플이다.

　그리고 입주일이 3월 중순이라 대략 2달하고 보름이나 시간이 있어서 급하지 않았을 것이다. 사무실로 복귀하는 동안에도 계속 힘이 빠지는 하루였다.

3) 추석 전 나오시는 손님들은 구경삼아

2021년 9월19일 추석 전 주말은 손님들의 미팅 약속이 거의 없다. 구경삼아 오는 경우 아니면 그전에 약속을 잡았지만 명절 일정 변동사항으로 취소되는 경우가 다반사였다. 그렇다고 계약하지 않을 손님만 나오는 경우는 아니지만 정말 주말 동안 손님과 미팅을 가져도 급하지가 않은지 추석 이후에 다시 생각해 보겠다라는 경우가 대부분이다. 그러면 추석 전에 집이 계약이 되겠냐 하는데 또 실상은 좋은 집, 가성비 좋은 집은 계약금 일부를 지급하더라도 금방 계약이 되기도 한다. 하지만 대부분은 입주 날짜가 많이 남아 있지만 미리 시세나 위치 내부구조를 보고 싶어 하는 경우가 많다. 추석 전은 소문대로 조용하고 계약 확률이 낮다는 걸 다시 한번 상기시켜 주었다. 추석 전에 본 손님들은 추석 이후에 다시 나와서 보겠다, 아니면 이 집이 추석 때는 명절이라 집을 못 보니 금방 계약이 안 될 것이다는 생각이 많은 것 같다. 실제로 계약이 되는 상황도 있지만 손님 입주일과 성향에 따라 결정이 빨리 이루어지기도 하고 천천히 이루어지는 경우도 있어서 정말 알다가도 모르겠고 운도 어느 정도 있어야 하는구나 생각이 들기도 한다. 확실히 명절 전은 세입자가 집을 비워 집을 못 보는 경우 등 여러 가지가 있어서 참 힘든 시기였다. 중개업은 정말 정신적으로 스트레스도 많고 육체적으로도 극도로 힘든 직업에 속하긴 한다. 실제로 우리는 호수 위에 있는 백조처럼 편안하게 돈을 버는 것 같지만 그만큼 공부가 필요하고, 안전하게 체크하고 집을 소개해야 하기에 항상 긴장을 하고 안내를 한다. 통상 추석 이후에 손님들이 많이 구경하러 나온다. 중개업무를 하는 분들은 다 알 듯 관례처럼 추석 이후에 모든 에너지와 시간을 물건 작업, 손님 미팅, 계약 단계에 소모한다. 추석 전이라 주말은 이렇게 지나가고 당연히 추석 당일은 나 또한 추석 이후에 나오라고 손님에게 이야기했다. 명절이라고 손님에게서 전화가 오지 않는 건 아니지만 그래도 최대한 추석 이후에 미팅을 잡는 것이다.

이렇게 2021년 9월이 지나가고 있었다.

4) 전세계약을 완료 후 입주 전 상태 확인

계약서를 작성하여 임차인이 대출 심사까지 많이 신경이 쓰였던 중개업무였다. 임차인분께서 전세계약서를 진행한 중개업무이긴 한데 최근 들어 안심전세자금대출 조건이 까다로워지고 입주일을 조율하는 부분에 있어서도 참 어려웠던 중개업무였다. 그중에 안심전세자금대출이 가능한 조건을 찾기가 요즘 하늘에 별따기라 안심물건 찾기도 힘들었다. 다행히도 8월 말 방화동 다세대 전세를 진행 후, 강서구 마곡지구 안심대출 가능한 은행에 방문하여 대출 심사가 진행되었다.

하지만 2021년 하반기부터 이슈됐던 전세자금대출 불가하다는 뉴스가 나왔다. 중개 실무를 접하는 나로서는 당황스럽고 심리적으로 중개업무를 못 하나 하는 생각이 많이 들었다.

여러 은행에서 가계대출상승이나, 한도가 부족해서 안 되는 경우도 있어서 막막한 마음이 컸다. 하지만 다행히도 11월 잔금으로 임차인이 입주 날짜를 늦춰 주어 계약을 할 수 있었다. 기업은행으로 안심전세

자금대출이 가능한 조건을 대출심사를 하였고 리파인에서 확인 전화가 와서 대출 승인이 문제없이 이루어졌던 상황이다.

임차인에게 많은 방과 안전한 물건을 안내하려고 3번 정도 미팅 후 계약한 방화동 다세대 물건은 기존 집은 이사 가고 오후 1시쯤 입주하는 거라 이사시간도 잘 조율되고 문제없이 입주할 수 있었다.

마지막으로 공과금과 집안 내부확인을 해야 마무리가 된다. 기존 집 이사 후 집주인과 내부 확인을 하고, 기존 살고 계신 임차인분과 거실 부분 에어컨 구멍과, 싱크대 형광등 점등문제, 2층 도배문제 등 잘 조율해서 처리하기로 하였다.

새로운 임차인은 이런 문제로 거주하는데 불편이 있어선 안될 것이고 추후 새로운 임차인이 만기퇴실 시 증거 없이 누가 잘못했는지 기억을 못 해 분쟁이 생길 수도 있다. 그래서 꼭 사진과, 영상 등 증거 수집하는 게 좋다. 새로운 임차인은 원상복구 문제로 분쟁 없이 잘 살아야 할테니 말이다.

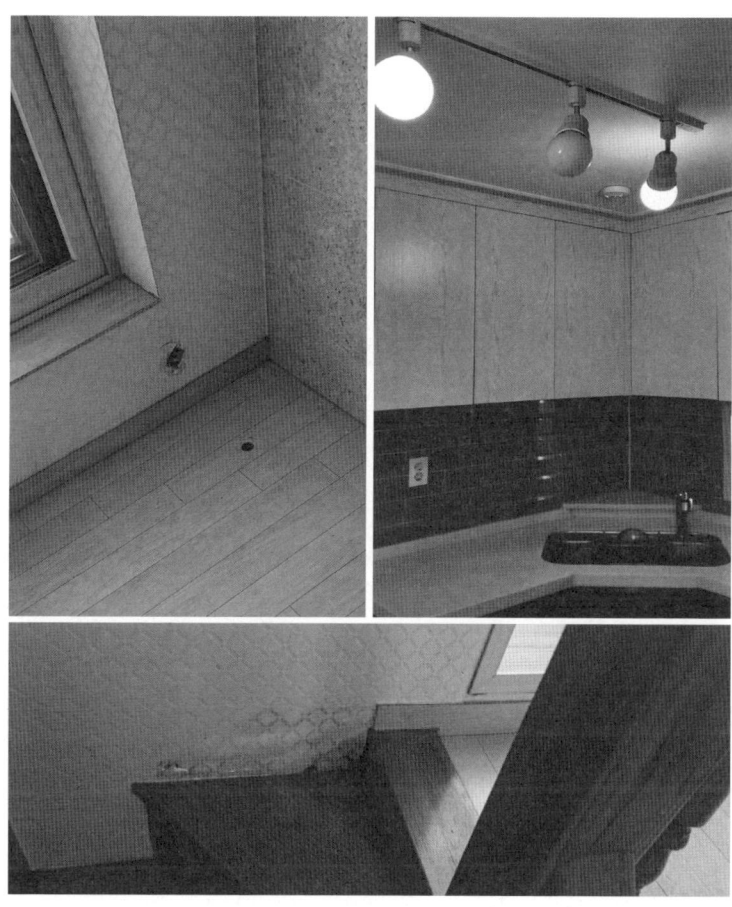

5) 부천 거주하시는 빨간 스파크 차량을 몰고 투자를 진행하신 할머니

2020년 상반기 정말 많은 방송이나 유튜브, 신문 등 코로나19 사태를 보도하기 시작할 때쯤이었다. 우리나라뿐만 아니라 전 세계로 코로나19 여파가 심각해서 하루 종일 사망자, 감염자, 회복자 수치를 보고했던 기억이 난다. 하지만 코로나19가 유행을 해도 투자자들은 마스크로 완전무장을 하고 원하는 지역의 물건투자에 끊임이 없었다. 한번은 중구지역 물건을 찾는 연세가 있으신 70대 할머니분이 오셨는데 서울 중구 장충동을 투자지역으로 정하고 나오신 분이셨다. 빨간 스파크 차량을 타고 오신 첫 만남은 아직도 기억이 생생하다. 어르신과 인사를 나누자마자 반갑게 인사를 받아주셨다. 그분은 정말로 푸근한 인상을 갖고 계셔 실제로 친할머니를 뵙는 것 같은 편안한 느낌이었다. 어르신과 인사를 나누고 장충동에 대해 개발호재 설명을 하려 하는데 어르신께서 먼저 부동산 지식과 정보를 시 읽듯 읊기 시작했다. 어르신은 이미 월세를 받는 수익형 부동산도 몇 채가 된다고 하면서 1개 더 소액 갭투자를 하고 싶어 장충동 지역을 선택한 거라고 했다. 장충동은 어마어마한 수요층이 뒷받침되는 곳이며, 월세 보증금 및 차임도 높게 형성된 곳이다. 또한 동대문역사역은 트리플 역세권으로 교통의 요지라고 불린다. 그만큼 동대문하면 또 도·소매시장, 새벽시장으로 유명하고 직장인이 어느 지역으로건 출퇴근할 수 있는 편안한 서울 중심지이다. 재력가나, 정치인들이 여럿 거주하는 곳도 장충동이였다.

그런 내용을 어르신과 공유를 하고 물건 2개를 보여주었다.

2020년 대략 매매가 3억 1천~3억 5천만 원, 전세가가 2억 6천만 원으로 갭 차이는 6천~9천만 원 그 사이였다. 또한 장충동은 물건이 나오기 힘든 희소성 지역이다. 저자 또한 마음이 가는 투자 지역이기도 하다. 어르신은 꼼꼼하게 세대수, 관리비, 주차대수, 내부 옵션, 매매가, 전세가, 갭 차이 등을 물었다.

A 물건 다세대

- 위치 : 동대문역사문화공원역 도보 3분 거리
- 총 16세대
- 기본관리비 3~5만 원
- 내부 풀옵션(빌트인 냉장고, 천장형 에어컨, 드럼세탁기)
- 실평수 14~15평
- 매매가 : 3억 1천~2천만 원
- 전세가 : 2억 6천만 원
- 갭 차이 : 5천~6천만 원

B 물건 다세대

- 위치 : 동대문역사문화공원역 도보 5분 거리
- 총 20세대
- 기본관리비 3~5만 원
- 내부 풀옵션(빌트인 냉장고, 천장형 에어컨, 드럼세탁기)
- 실평수 14~15평
- 매매가 : 3억 5천만 원
- 전세가 : 2억 6천만 원
- 갭 차이 : 9천만 원

투자자인 어르신께 물건을 보여주면서 생각을 공유했다. 어르신은 과감하게 A물건, B물건을 모두 매입을 하겠다고 했다. 그만큼 장충동은 개발호재 등으로 수요층이 탄탄할 정도로 좋은 지역이고 신축물건이 잘 없는 곳이기 때문에 여유자금 여력으로 매입을 결정했다. 이분은 정말로 계약서 진행도 여유롭게 믿고 잘 진행했던 기억이 있다. 확실히 부동산으로 재미를 보신 것 같아 보였다. 꾸준한 매매가, 전세가 상승으로 몇 년 뒤엔 수익률이 그만큼 높아질 거라는 마인드가 이미 전문가나 다름이 없었다. 지금도 어르신은 빨간 스파크를 몰고 부동산 매입하는데 열중이실 것 같다. 몇 년이면 어머어마한 자산을 가지고 계신 자산가 될 수 있겠다는 생각이 들었다.

6) 12세대 통매매 계약하신 마포구 여성 투자자

어느덧 매서운 추위가 감도는 11월이었다. 하루는 여성 투자자가 연락이 왔다. 영등포 지역 갭투자 물건을 원하신다고 했다. 한 세대 매입을 원하시는 게 아니라 통으로 매입하고 싶다고 했다. 원하시는 지역이 영등포구 지역이라 영등포 시장에 준공 완료를 한 달 정도 앞둔 매물이 생각났다. 저자는 꾸준하게 현장답사를 하면서 매물을 직접 보러 다니기 때문에 머릿 속에 매물이 메모장에 적어놓은 것처럼 바로 떠올랐다.

A 물건 영등포지역 12세대

- 위치 : 영등포시장역 도보 1분 거리
- 총 12세대 (다세대 및 오피스텔)
- 기본관리비 3~5만 원

- 내부 풀옵션(빌트인 냉장고, 천장형 에어컨, 드럼세탁기)
- 실평수 14~15평
- 토지평수 : 90평
- 매매가 : 2억 9천만 원
- 전세가 : 2억 6천만 원
- 갭 차이 : 3천만 원
- 12세대 총 갭 : 3억 6천만 원

영등포 지역은 다른 지역에 비해 시세대비 저평가라 소액 갭으로 많이들 진행한다. 영등포 시장은 지구단위 계획구역, 도심 재생 사업 등으로 많은 소식을 접할 수 있고 용도지역 또한 준공업지역이라 그만큼 용적율이 높았다. 투자자는 이미 영등포구라는 지역의 많은 정보를 접하고 저자에게 안내를 부탁했다. 투자자와의 미팅은 호의적이어서 편안하게 안내를 했던 기억이다. 지하철 입구에서 만나 역 1분 거리에 있는 현장까지 이동하며 브리핑을 시작했다. 물건을 확인한 투자자는 가족들과 의논해 보겠다고 했고 이후 1주일에 한 번 정도 소통을 하면서 계약을 진행시켜 나갔다. 그렇게 한 달 동안 자금과 진행 상황을 물어보면서 최종적으로 계약서에 서명을 하고 계약금을 넣었던 기억이 있다. 현 매물은 1세대 당 2억 9천이던 매매시세가 2년 후에는 3억 5~7천까지 형성되었다. 그만큼 부동산 투자는 자산을 증식하는데 더할 나위 없는 투자처이다.

기업들이 사업을 하면서 부동산 투자를 강행하는 이유는 그만큼 자산 성장에 효과적이기 때문이다. 여러분도 인생을 바꾸고 싶으면 과감히 투자해야 한다.

**7) 저자를 믿고 투자한
인천에 사시는 직장인 부부**

저자는 공인중개사를 취득을 하고 들뜬 마음으로 첫 소속공인중개사 시절을 보냈다. 정말 공인중개사 합격 소식을 듣고 무엇이든지 할 수 있다는 자신감으로 자격증을 받자마자 중개업 시장에 뛰어들었다. 직원으로 한두 달 정도 열정으로 임대 계약을 하면서 매매도 경험하고 싶다는 생각이 있었다. 저자는 공인중개사 취득 전에 20대 중반부터 부동산 투자 경험을 했기 때문에 지역마다 개발호재와 서울 중심지 임대수요층을 이미 꿰뚫고 있었다. 손님을 만나서 브리핑하는 건 어렵지 않게 되어 좋은 물건을 찾아 답사를 다니고 현장물건을 공부하는데 집중했다. 서울중심 권역을 돌아다니면서 투자자와 미팅을 가지고 계약을 하면서 많이 성장했고, 투자자분들도 그만큼 시세차익을 봤다며 감사하다는 연락을 받으니 정말 잘하고 있다는 느낌이었다. 이렇게 하루하루 기존 투자자들과 소통을 하면서 좋은 물건이 나오면 재투자를 권했고, 그렇게 새로운 투자가 이어졌다. 저자는 정말 진심으로 저자의 공부와 실무가 헛되지 않게 하기 위해 항상 상대방 이익을 생각을 한다. 그런 마인드가 투자자분들에게 전달되었는지 믿고 바로 계약하는 분이 많았다. 봄 시즌 때 아현역 초역세권에 신축다세대 및 오피스텔 매물이 나왔다. 2호선 순환 지하철이 있는 서울 중심지인 아현역 인근에는 연세대학교, 추계대학교, 이화여자대학교, 서강대학교, 경기대학교, 신촌 세브란스병원 등 풍부한 대학교 수요층과 탄탄한 기반시설이 있어 꾸준히 상승하는 임대가는 무시할 수 없었다. 올투룸에 34세대로 주위에 북아현 재개발, 아현 재개발 지역이 인접해 있어 지가 상승을 분명

볼 거라는 생각에 기존 투자자를 연락해서 미팅 약속을 잡았다. 그중 직장인 부부는 주말 토요일 시간 일정으로 잡을 수 밖에 없다고 하여 토요일 미팅을 잡고 아현역 초역세권이 물건을 안내했다.

> **A 물건 다세대**
> - 위치 : 아현역 도보 1분 거리
> - 총 43세대
> - 기본관리비 3~5만 원
> - 내부 풀옵션(빌트인 냉장고, 천장형 에어컨, 드럼세탁기)
> - 실평수 14~15평
> - 매매가 : 3억 5천만 원
> - 전세가 : 3억 1천~2천만 원
> - 갭 차이 : 3천~4천만 원

재개발 지역으로 오래된 다가구, 단독주택, 다세대들밖에 없어 젊은 층이 임대를 선호하지 않지만 신축 물건은 내부가 깔끔하여 젊은 층이 입주하는데 하자나 문제가 없어 보였다. 소액 갭으로 월세 투자를 하시는 분, 전세로 갭 투자하시는 분들도 많지만 직장인 부부는 장기적으로 투자할 생각으로 투자를 감행했다. 저자를 믿고 투자물건을 본 후 바로 계약을 하니 진심으로 두 분의 경제적 자유를 도와드려야겠다고 마음이 생겼다. 1년 후 매매가 4억으로 형성된 신축매물이 나와서 그만큼 거래량이 많았던 투자지역이다. 저자는 항상 초심으로 답사를 다니며 직접 보지 못한 매물은 안내하지 말아야겠다는 생각을 한다.

8) 자녀교육을 위해 마포구 지역 부동산 투자를 경험하는 악세사리 여자 대표

찜질방 같은 습기에 업무를 하기도 힘든 계절인 게 여름이다. 그래도 투자자들은 여름철에 많이 나와서 답사하고 매입 결정을 한다. 부동산 투자는 지금이 적기다. 1분 1초라도 빠른 때가 적기다. 우상향하기 때문에 소액 갭투자는 오랫동안 묻어두면 원금 손해를 보지는 않을 것이다. 주식 투자는 투자를 하고 주식창으로 주가와 거래를 보면서 매도·매수를 위해 모니터링을 뚫어지게 봐야 한다. 하루종일 모니터링을 해야 하는 주식 투자는 정말 힘들다. 투자는 한번 매입하고 2년, 4년, 5년, 10년 그렇게 장기적으로 해야 한다. 투자하고 다른 업무를 보면서 천천히 큰 차익을 보게 하는 것이 부동산 투자 방법이다. 단기적으로 투자할 수도 있지만 안정적으로 등기부등본에 내 이름 석 자, 자녀 이름 석 자를 새겨놓으면 얼마나 기분 좋은 일인가? 살면서 부동산 매입하는 경험을 하지 못한 사람은 모른다. 대략 50대 악세사리 사장과의 만남이 그랬다. 사장은 정말 부동산에 열정과 관심이 많았다. 자가만 있고 투자는 단 한 번도 안 해봤는데 뒤늦게 부동산 매입에 관심을 가지게 되었다고 했다. 또한 자녀에게 부동산 매입 경험을 시켜줌으로 큰 자산을 물려준다는 것을 깨달은 것 같았다. 어머니가 부동산 매입을 적극적으로 추천을 해서 그런 계기로 큰 지적 자산을 얻는 것이다. 되도록 일찍 자녀에게 부동산 교육을 시켜줬으면 하는 것이 저자의 마음이다. 부동산 공부 별거 없다. 악세사리 사장님처럼 직접 매입을 하고 취득세납부, 셀프등기이전, 중개수수료 산정도 해 보고 관리비 산정, 계약서 진행을 하면서 직접 경험해야 습득이 빠르다. 악세사리 사장은 그동안 사업만

하면서 부동산에 대해서 아무 것도 몰랐던 모양이다. 그래도 저자는 응원한다. 뒤늦게라도 저자와 함께 3채를 매입하고 시·구청에 가서 주택임대사업자 등록을 하면서 많은 공부가 되었을 것이다. 이론은 금방 잊어버리기 때문에 한 번의 경험이 소중하다. 여러분도 이 책을 보면서 저자와 함께 부동산에 경험을 하였으면 한다. 저자는 여러분에게 조력자가 되고 싶고 그만큼 한 단계 한 단계 성장하고 싶은 마음이다. 악세사리 사장은 한여름임에도 미리 공부까지 하고 나와서 마포구 지역 물건을 안내해달라고 했다. 마포구는 정말 투자 가치가 아주 높은 매물들이 많아서 어디보다 강력하게 추천하는 지역이기도 하다. 악세사리 여사장은 빠르게 3채를 본인 이름으로 1채, 자녀 이름으로 2채 매입하고 직접 저자랑 주택임대사업자 및 셀프 등기를 진행했다. 2018년 마포구 투룸이 매매가 3억 1천만 원이며, 전세가는 2억 8천만 원 정도에 형성되어 있었기 때문에 소액 갭 3천만 원 정도로 마포구 투룸을 3채 매입할 수 있었던 계기가 되었다. 2020년 시세를 비교하면 1채당 4~5천만 원의 차익은 보았을 것이다. 악세사리 여사장은 부동산에 열정이 많아서 이것저것 물어보면서 양도소득세도 문의도 하고 직접 가상으로 계산도 했던 분이다. 그분의 열정이면 몇 년 안에 전문가가 될 수 있다고 생각이 들었다. 여사장은 마지막 계약이 완료된 후 저자한테 이런 말을 했다. 20대 초반 외아들이 있는데 사업을 물려주고 싶고 배우자도 빨리 사업을 알려주고 싶은 마음이기에 대학교도 입학시키지 않고 부동산을 매입한 거라는 얘기였다. 사업과 부동산은 떼려야 뗄 수없는 부분이기에. 한평생 사업만 해서 부동산을 뒤늦게 알게 되었지만 정말 사업을 물려주고 싶은 마음과 더 큰 성장을 위해 부동산 투자를 알게 도와주고 싶다는 말이었다. 정말 현명하신 사람이었다. 자녀에게 재산을 물려주는 게 아니라 경험과 지식을 물려주려는 게 대단해 보였다. 아무리 재산이 많아도 재산을 지킬 수 없다면 말짱 도루묵이 된다. 첫 번째는 재산을 지키는 게 우선이며, 그 후에 증식시키는 게 두 번째이다. 여러분은 자녀의 미래를 위해 무엇을 경험시키고 있는가?

9) 첫 투자를 과감하게 진행한 20대 대학생

요즘 들어 젊은 층들이 투자에 관련해서 문의를 많이 한다. 개발 호재, 매매 가격, 전세 가격, 내부 상태, 옵션 등 여러 가지 궁금한 걸 물어보고 직접 현장으로 보고싶다는 전화가 온다. 최근 20대 초반으로 보이는 남학생과 미팅을 했다. 마포구 아현역 근처에 관심이 있다고 해서 미팅을 가진 것이다. 처음 만났을 때 "그냥 보러 나온거구나."하고 인사를 했다. 그런데 그 청년은 이미 아현역 근처 북아현 재개발, 아현 재개발 내용을 알고 물건을 보러 나온 것이었다. 20대 초반 대학생이 벌써 부동산에 관심을 가진다는 게 쉽지 않은데 놀라울 정도였다. 저자는 신기해하며 어떻게 부동산에 관심을 가져서 문의를 줬는지 물어봤다. 학생은 "졸업하고 직장 생활만으로 부자가 못될 것 같아서 그동안 알바하면서 저축한 돈으로 투자해 보려구요."라고 말했다. 요즘 드문 학생이란 걸 느꼈다. 저자는 정중하게 아현역 5분 거리 신축 투룸을 소개하고 현장까지 안내를 했다. 매매 가격과 전세 가격 차이인 3천만 원 소액으로 할 수 있는 투자를 안내했다. 아현역 인근에는 아파트와 노후화된 주택만 있어서 신축 투룸이나 다세대, 오피스텔이 귀했다. 교통은 편리하고 직장인이 출퇴근하기 좋은 위치라 젊은 신혼부부와 대학생 주거로 귀한 물건으로 보여 전세도 금방 소진될 것 같았다. 학생은 꼼꼼히 시계로 도보 몇 분 거리인지 확인하며 지도를 보고 경기대학교, 이화여자대학교, 추계예술대학교, 연세대, 서강대, 초중고 등 탄탄한 수요층이 있을 것 같다고 계약하고 싶다고 했다. 소신껏 계약하고 계약서를 챙기고 웃는 모습으로 인사를 나누고 갔다. 정말 대단한 용기에 박수를 치고 싶었다. 첫 투자를 과감하게 하는 청년의 모습을 보고 분명 몇십 년 뒤에는 큰 자산을 가지고 있을 것이라고 생각했다. 처음이 어렵지 두 번째, 세 번째는 어렵지 않으니 도전해봤으면 한다. 가난을 벗어날 수 있는 방법은 자기 스스로 노력하는 방법 밖엔 없다. 늦지 않았다고 여러분에게 전해주고 싶다.

> **아현동 소액 갭투자물건**
> - 위치 : 아현역 도보 5분 거리
> - 세대수 : 총 40세대 신축 전체 투룸
> - 용도 : 다세대, 오피스텔
> - 풀옵션 : 빌트인 냉장고, 세탁기, 천장형 에어컨
> - 매매 : 3억 5천만 원
> - 전세 : 3억 2천만 원
> - 갭투자 : 3천만 원

10) 부동산 스터디 모임에서 수강생들

많은 분들이 서적이나 모임 등을 통해 부동산의 소식과 정보를 얻고 싶어 한다. 최근 들어 부동산 세미나에 참석한 분들을 보면 개발호재, 투자 지역, 시세, 물건 비

교, 부동산 시장의 흐름 등 궁금한 게 많으신 분들이다. 1주일에 2번 꾸준한 참석으로 부동산 지식을 차곡차곡 추적하여 부동산을 매입하는데 빠른 결정을 하곤 한다. 정말 세상엔 무수히 많은 부동산 관련 책들이 쏟아져 나온다. 지금도 쉴틈 없이 인쇄소에서 계속 찍어내는 부동산 관련 책들도 우리의 관심사가 그렇게 경제적, 금전적으로 욕망을 따라 흐르다 보니 찾게 되는 것이다.

"누구는 3천 벌었어"
"누구는 5천 벌었어"
"누구는 1억 벌었어"
"누구는 5억 벌었어"

이렇게 주위 친척이나 지인들로부터 여러 부동산으로 재미를 보았다는 소리에 부동산 열풍은 멈추지 않는 것이다. 저자도 많은 고객들을 만나면서 스터디 모임의 운영자, 부동산 스터디 학생들을 만날 수 있었다. 같이 책을 읽고 같이 세미나를 다니면서 물건을 보고 현장답사를 한 후 의견들을 주고 정보를 공유하는 그런 사이들. 한때 부동산 스터디 모임에서 나온 3명 고객과 만난 적이 있다. 한 손에는 노트를 한 손에는 볼펜을 들고 다니는 모습이 전형적인 조사관처럼 보였다. 이런 분들은 시세, 위치, 주차장, 세대수, 전용면적, 지분 등 해당 물건을 적어가면서 물건들을 비교하는 케이스였다. 저자가 고객들한테 브리핑하면 고객들은 모르는 정보를 묻고 적고를 반복했다. 이런 모습을 보며 저자는 물었다.

"이렇게 적고 실제로 매입을 하세요?"
"네, 그럼요. 이번에 마곡지구 인근에 부동산 매입을 했어요. 또 매입하려고 스터디 모임 3명이서 나왔어요."

부동산 스터디 모임의 수강생 3명은 실제로 부동산 매입을 하면서 경험하는 걸 보니 그래도 다행이다. 어떤 스터디 모임에서 나온 고객들은 부동산을 조사만 하고 거기서 끝난다. 이론보다 실전 투자를 해야 그때부터 부동산에 대한 열망과 관심이 머리 한곳에 남아 어딜 가든 그 끈을 놓지 않게 된다.

저자는 열심히 마곡지구 투자물건인 소액 다세대를 브리핑하기 시작했다. 양천향교, 신방화역, 발산역 9호선 황금라인에 있는 물건을 보면서 투자자한테 자금에 맞는 물건과 더 구미가 끌리는 물건을 안내했다. 정말 스터디 모임 3명의 고객들은 부동산 투자 경험이 있는지라 원하는 지역이나 금액도 확실하고 매입 결정이 빨랐다. 부동산 매입을 하고 취득세, 주택임대사업자, 등기, 임대계약을 같이 공유하면서 지식과 정보를 팽창시키는 스터디 모임 고객들은 좋은 자세로 임하고 있는 게 틀림없었다. 소액 갭이 지역마다 다르지만 한 번쯤 나만의 투자경험을 해보았으면 좋겠다는 생각이 든다. 정말 내 인생이 바뀔 수 있는 전환점이 될 것이라 확신한다.

11) 위반건축물, 근린생활시설 매수한 고객님 상담 이야기

평일 사무실에서 평온하게 부동산 뉴스를 보고 있는 중이었다. 사무실 문을 살며시 열더니 "안녕하세요" 인사를 하시는 50대 어르신이 들어왔다. 저자는 손님인 줄 알고 응대를 하려고 계약서 테이블 방향으로 안내했다. 어르신은 의자에 앉더니

어르신 : 젊은 총각이 여기 사장님이신가요?

저자 : 네. 제가 여기 운영하는 사람인데요.

어르신 : 아이구 젊은 총각이 벌써 공인중개사 취득하고 운영도 하는거네. 대단하네.

저자 : 아. 아닙니다

어르신 : 다름이 아니라 내가 최근에 뭐 하나 매입했는데 잘못 샀어.

저자 : 네? 뭐를 매입하셨는데요?

어르신 : 은평구에 위치한 위반건축물이랑 용도가 근생(근린생활시설)인 빌라를 속아서 매입했거든.

저자 : 아이구. 어떻게 그런 걸 매입하셨나요? 어떤 경로로 아시고 매입하셨는지?

어르신 : 아이구 나두 말야. 부동산업잔가? 컨설팅업자? 그렇게 통해서 샀지. 정말 속아서 매입했어. 어떻게 취소할 수 있나? 답답해 죽겠어. 좀 도와줘.

저자는 어머니 연령대로 보이는 어르신이 안타까워서 상담을 해드렸다.

저자 : 위반건축물 물건이랑 근생 물건 2개 다 잔금 납부하신 건가요?

어르신 : 위반건축물 물건은 잔금 납부해서 소유권 이전했구, 근린생활시설 물건은 계약금 일부인 200만 원만 입금했지.

저자 : 에휴, 어쩌다 이런 물건을 매입하셨을까요?

어르신 : 내가 뭘 아나? 이 나이 먹도록 부동산에 대해서 아는 게 없으니.

저자 : 어르신. 그러시면 얼른 가족분들하고 다시 가서 근린생활시설 물

건은 사정사정해서 계약금 반환이라도 해보세요. 개인사정 때문이라고 부탁해서 반환하시는 게 좋을 것 같아요. 전부 반환이 안되더라도 일부 돈이라도 반환되는지 부탁해서 돌려받고 계약은 안하는 게 좋을 것 같구요. 위반건축물은 소유권이 이미 이전되었으니 매도하는 방법을 해서 빨리 털어버리는 게 어떨지요?

어르신 : 고맙네. 일단 가족들하고 이야기해서 빨리 해결하도록 해야겠어.

그렇게 나가신 어르신은 몇 분 뒤에 음료수를 사와 건네주고 가셨다. 잘 해결됐는지는 모르겠지만 여러분도 빌라, 다세대, 도시형 생활주택, 오피스텔 등 매입 시 건축물대장 용도가 무엇인지 위반건축물은 아닌지 확인하고 매입하는 게 포인트다. 소위 말해 한순간 나락으로 갈 수도 있고 처리하느라 스트레스 받을 수 있는 부분이니 반드시 확인하길 바란다.

〈건축물대장 위반건축물 확인〉

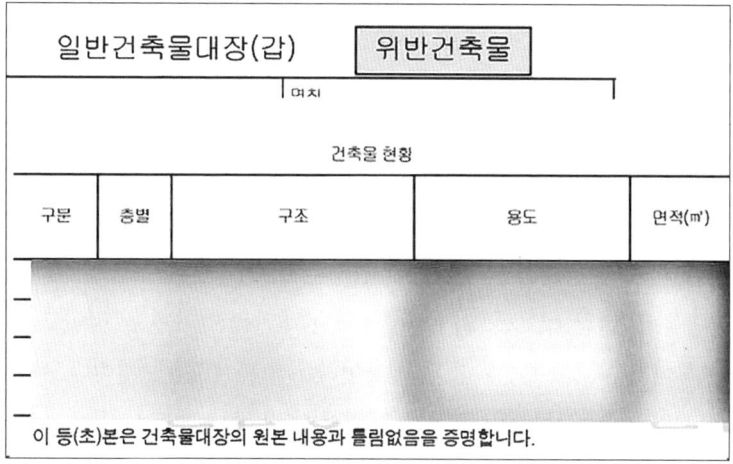

〈건축물대장 용도 확인〉

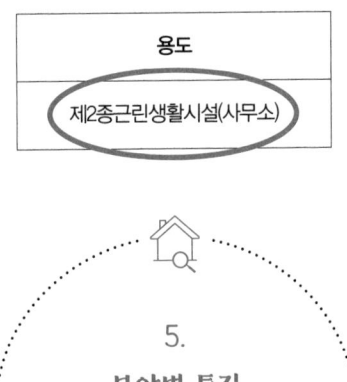

5. 분야별 특징

1) 우리가 투자를 해야하는 이유

	우리가 투자를 해야하는 이유
1	경제적 자유
2	부족한 월급
3	노후 준비
4	부의 유산

① 경제적 자유

누구나 경제적 자유를 얻기를 원한다. 그만큼 노력해서 미래를 미리 준비하고 첫 사회생활을 시작하자마자 경제공부를 같이 병행하길 권한다. 직장 생활하면서 월급의 일부를 저축하는 습관과 절약하는 습관을 몇 년간 해보면 삶의 일부분처럼 패턴을 가지게 될 것이고 그러면 여러분들도 종잣돈이 점점 늘어나는걸 볼 수 있을 것이다. 사회 초년생들이 명심할 것이 저축을 하면서 경제 공부, 부동산 공부, 재테크 관련 공부를 병행해서 세상에 눈을 떠야 한다. 하루 빨리 재테크 투자 수익 맛, 부동산 시세 차익 맛, 이자 수익 맛을 보면 새로운 마음가짐이 들 것이다. 그러면서 제 2의 월급이 자동으로 생길 것이다. 평생 직장은 없다. 저자도 직장 생활하면서 퇴근 후 틈틈이 공부에 열중한 것이 많은 도움이 되었다. 경제적 자유와 시간적 자유를 얻고 싶다면 그만큼 피나는 노력이 있어야 한다.

② 부족한 월급

자본주의 세상에서 월급만으로 먹고살기에는 버거운 시대가 되었다. 월급만 제외하고 모든 물가상승, 식료품상승, 유류비상승, 금리상승, 실물자산증가, 대중교통 비용 등등 다 올랐다. 월급은 그대로 제자리걸음인데 정말 답 없다고 한탄만 하지 말고 제 2의 월급을 부동산 투자든 무엇이든 본인이 자신이 있는 종목이나 파이프라인을 만드는 데 시간을 투자하길 바란다. 가족이 있는 분들은 맞벌이를 해도 생계로 인한 저축을 못 하는 현 상황을 빨리 깨우쳐서 젊은 시절부터 미리 준비하여야 한다.

③ 노후준비

부동산 투자에 관심이 없다는 건 죽을 때까지 근로소득으로 연명한다는 뜻이다. 부동산 투자는 여전히 최고의 인기 재테크이며 안전하고 좋은 투자이다. 무조건 부동산 투자에 올인하라는 것은 아니다. 각자 잘하고 원하는 주식, 증권 등 투자처가 있지만 노후에 본인 명의의 안정적인 수익형 부동산을 가지고 있으면 얼마나 심적으로 안정될까 생각해보길 바란다. 만약 부동산 투자를 한다고 가정하면 20~30대는 현재 월세보다 미래의 개발호재나 인기있는 지역, 상승 가치로 인한 시세차익을 중점으로 보시고, 은퇴를 앞둔 50~60대는 시세차익보다는 고정적인 월세 현금흐름을 가져다줄 수 있는 투자물건에 중점적으로 보아야 한다.

④ 부의 유산

부모의 마음은 누구나 똑같을 것이다. 자식들 고생 안 하고 잘 살고 잘 지내는 모습을 보고 싶은 게 부모의 마음일 것이다. 부모님이 자식들에게 부를 추적해서 물려준다면 자식들은 그만큼 고맙게 현 시대에 경제적 여유를 갖고 살 수 있을 것이다. 자식의 경제적 독립과 미래의 자산 증식에 도움이 될 수 있는 종잣돈은 무시할 수 없다.

📍 부동산 투자전략 8계명

① 공인중개사와 친해져라

공인중개사도 사람인지라 모두 성향이 달라서 본인과 성향이 맡는 공인중개사와 친해지는 게 부를 축적하는 빠른 방법이다. 자연스럽게 친해지면 정보와 지식을 전달해 줄 것이다.

② 내가 사는 가까운 지역부터 공부해라

부동산 공부를 시작하려면 당연히 지역 분석, 현장 답사가 먼저다. 그렇다고 무조건 지역 분석, 현장 답사가 아니라 온라인 인터넷으로 손품을 팔고 그다음 발품을 팔다 보면 점점 시야가 넓어지고 아는 지역이 많아질 것이다. 초보인 경우는 먼 지역보다 본인들이 살고 있는 가까운 곳부터 먼저 지역 분석, 현장 답사를 하는 것이 좋다.

③ 부동산 투자는 빠르면 빠를수록 좋다

사회 생활을 시작하면 부동산 관련 서적, 강의, 동영상을 많이 보고 몸소 느껴야 한다. 부동산 투자를 할 수 있는 종잣돈도 차근차근 쌓아놓으면 본인이 원하는 부동산을 원하는 타이밍이 매입할 수 있는 때가 분명 올 것이다. 이론보다 직접 매입을 해보는 게 최고의 경험 자산이 될 수 있다.

④ 실패를 두려워하지 마라

부동산 투자는 많은 용기가 필요하다. 공부해야 할 것도 많고 판단도 중요해서 망설여지는 것이 당연하다. 하지만 백날 공부만 하는 건 의미가 없다. 경험한 사람과 대화해보면 금세 경험한 사람과 아닌 사람의 차이를 알 수 있을 것이다. 지금부터라도 공부하고 답사라도 다니면서 움직여야 한다. 집안에서 컴퓨터만 하지 말고 밖에 나가서 실시간 정보를 얻고 도전하는 게 중요하다. 지레 겁먹고 실패를 두려워할 필요 없다. 그렇다고 점검도 안 하고 무작정 남의 말만 믿고 투자하다가 큰 낭패를 볼 수도 있다.

⑤ 경제 뉴스, 부동산 뉴스를 꾸준히 봐라

경제와 부동산은 한 주머니에 있어서 떼려야 뗄 수 없는 종목이다. 같이 공부해두면 그만큼 큰 빛을 볼 것이다. 모르는 용어도 찾아보고 익숙할 때까지 자주 보면 어려운 용어도 나중에는 술술 이해할 수 있을 것이다. 정보의 시대에 사는 만큼 정보가 없다면 도태되는 건 당연한 일이지 않는가.

⑥ 레버리지 효과를 활용해야 한다

부동산 투자는 큰 종잣돈이 들 수도 적은 종잣돈이 들 수도 있다. 만약 적은 종잣돈으로 투자를 시작하려면 은행 대출과 많이 친해져야 대출 동향도 알 수 있고 금리, LTV, DSR 등등 은행 대출 용어를 쉽게 습득할 수 있다. 은행 돈을 빌려 투자를 하면 그만큼 투자금이 적을수록 수익률이 상승합니다. 자금이 없다고 포기하지 말고 레버리지를 이용한 투자를 권해본다.

⑦ 돈 되는 부동산을 사야 한다

부동산 가격 상승에는 이유가 있다. 수요층이 몰리면 거래량이 상승하고, 이로 인해 공급이 감소하면 품귀현상으로 부동산 가격은 상승하는 원리다. 시장 원리이며 부동산 상품마다 개별성이 있어 각각 공부를 해야한다. 부동산은 상승하는 종목은 더 상승하고 로얄동, 로얄층 등 층수마다 가격 상승이 상이하다는 걸 참고하라.

⑧ 매도, 매수 타이밍이 중요하다

부동산 시장에 대한 미래 예측은 정말 알다가도 모를 일이다. 전문가도 예측 못 할 정도로 변수가 많지만 경제 동향, 부동산 동향을 꾸준히 보다 보면 동물적 감각을 키울 수 있다. 데이터를 이용해서 미래를 예측하는 것도 방법이다. 그만큼 정책, 지역 분석, 개별 분석, 경제 등 많이 공부를 하면 부동산 가격 데이터로 동물적 감각을 발휘할 때가 분명 올 것이다. 10년 주기, 5년 주기, 부동산 정책, 부동산 가격 흐름,

거래량 등 꾸준히 보다 보면 주식 차트처럼 보일 때가 있다. 프로라고 하는 선수들은 남들이 매도할 때 매수하고, 매수 시기에는 오히려 매도하는 경우가 많다. "무릎에 사서 어깨에서 팔아라."는 교훈을 새길 필요가 있다.

2) 하우스 푸어, 경매 푸어?

부동산 경매가 소문에 돈 된다는 말이 있다. 물론 큰 돈을 벌 수 있는 희망과 기회도 될 수 있다. 하지만 아래 2014년 11월 뉴스를 보면 참 안타까운 사연이 있다. 경매 푸어라는 신생용어로 경매로 여러 채를 매입했으나 무리한 대출이자로 감당하기 힘든 나날을 보낸 일가족의 이야기다. 부동산 경기 침체 상황에 제대로 대처를 하지 못하면 부동산 경매는 돈이 아니라 죽음으로 내몰릴 수도 있기 때문에 무리한 부동산 매입과, 무리한 대출은 자제하고 시장 상황을 판단을 보고 투자하길 바란다. 하우스 푸어, 경매 푸어는 한순간에 될 수 있다. 처음은 운으로 돈을 벌 수 있겠지만 꾸준하게 부동산으로 돈을 벌려면 공부가 필수다.

부동산 경기 침체 속 '경매 푸어' 인천 일가족 참극(종합)

　　인천 일가족 자살 사건이 경매로 산 다량의 주택으로 원금 상환은 커녕 이자조차 감당하기 힘들어지면서 빚에 몰리자 자살이라는 극단적인 선택을 한 것으로 알려졌다. 인천 남부경찰서는 4일 "숨진 A(51)씨가 경매를 통해 15채의 아파트와 주택 등을 소유하고 있었다."며 "이 같은 사실은 A씨의 부동산 등기부 등본의 경매 낙찰 자료 등을 통해 확인했다."고 밝혔다. 경찰에 따르면 A씨 부부 소유 부동산 15채 가운데 A씨 명의의 다세대주택 11채, 부인 B(45)씨 명의로는 아파트 4채이며 이들 부동산에 대해 제2금융권에 약 9억 원 상당의 근저당이 설정돼 있었다. A씨는 경매를 통해 사들인 다세대주택을 전세 놓은 뒤 전세 자금과 추가로 금융권 대출을 받아 다시 경매 주택을 늘리는 등 무리하게 투자하다가 부동산 경기 침체로 빚에 내몰린 것으로 조사됐다. 경찰은 A씨가 평소 '은행 빚이 많아 생활이 어렵다'고 직장 동료 등에게 자주 하소연했고 함께 숨진 부인 B씨의 유서 내용 등으로 미뤄 극단적인 선택을 한 것으로 추정하고 있다. B씨의 유서에도 "생활고로 힘들다. 언제나 돈이 없어 마이너스 통장을 쓰며 살다 끝내 마이너스 인생으로 가는구나. 점점 마이너스는 늘고 보험대출은 다 차고 나락으로 떨어져 추한 꼴을 보기 전에 가련다"는 내용이 담겼다. 경찰은 숨진 A씨 부부의 부동산 근저당 설정 등 부채 관계는 영장을 발부받아 추후 확인할 방침이다. A씨는 지난해 8월에 입사한 서울의 한 폐기물업체에서 월 210만 원의 급여를 받으며 근무했고 부인 B씨는 지난 9월에 다니던 직장을 그만둔 것으로 알려졌다. A씨 부부는 지난달 30일 오전 11시 50분쯤 인천시 남구 다세대주택 3층 자신의 집에서 딸 C(12)양과 함께 숨진 채 C양의 담임교사에 의해 발견됐다. 국립과학수사연구원의 부검결과 A씨 가족의 사인은 모두 일산화탄소 중독으로 나왔다.

3) 20대 젊은 친구도
지팡이를 짚은 70대 할아버지도 도전하는 경매

경매를 어렵게 생각하는 분들에게 벽을 없애고자 말씀드린다. 실제로 현장을 몸소 느끼고 싶으면 경매법원장으로 가보시는 것도 좋은 방법이다. 주위에 입찰자나, 대리인, 구경꾼들, 대출상담사 등 여러 사람들이 모여서 입찰하는 모습, 패찰하는 모습, 낙찰받는 모습, 입찰자 호명, 입찰보증금 반환 모습, 대출상담사가 명함을 나누어 주는 모습 등 여러 가지를 직접 보면 큰 도움이 될 것이다.

우선 그냥 경매법원장에서 진득하게 앉아 구경하는 것도 나쁘지 않다. 경매법원장에서도 많은 걸 듣고, 물어보기도 하고 그러다 보면 하나씩 실타래처럼 풀리니 걱정말고 경매법원장에서 조용히 구경해보시길 권한다. 법원경매장에 실제로 가보면 20대 젊은 사람들이 입찰 서류를 작성해서 제출하거나 흰머리 많으신 70대 어르신이 지팡이를 짚고 입찰 봉투를 내는 모습도 볼 수 있다. 그만큼 다양한 직업군과 나이대의 사람들이 입찰하고 낙찰받고, 패찰하는 모습을 볼 수 있다는 말이다. 요즘 법원경매는 대중화가 되어 간단한 권리 분석만 해도 입찰하고 명도는 법무사나 컨설팅 업체에서도 할 수 있고, 직접 할 수도 있다. 그러니 겁 먹지 말고 도전하면 된다.

최근 들어 젊은 사람들도 부동산 공부에 열중을 하고 거기에 더 나아가 경매 공부를 하고 있는 게 현실이다. 직장 생활로는 답이 없는 걸 느껴서 그런지 부동산에 관심이 많고 일반 매매로도 매입하는 경우가 늘고 있다. 요즘은 유튜브, 카페, 블로그 등 많은 정보와 지식이 물 밀려 오듯 쏟아지고 있으니 많이 관심을 갖고 꾸준히 보길 바란다. 여러분도 할 수 있다는 용기를 심어주고 동기부여가 되길 바라니 다들 한번 경험한다 생각하고 시도해보자.

◎ 부동산 경매로 망하는 사람의 유형

① 공부를 하지도 않고 본인 눈으로 좋아 보이는 것을 입찰하는 유형

부동산 경매 공부도 하지 않고 입찰하다가 망하는 사람들을 많이 봤다. 일시적으로 하는 게 아니라면 단단히 공부해야 한다. 본인 눈으로 외형만 보고 좋아 보여서 입찰했다간 한번은 운으로 수익을 낼 수 있지만 절대 오래가진 못 한다.

② 시세 조사 실수로 잘못한 유형

부동산 사무실에 직접 들어가서 시세 조사를 하지 못하는 경우 손품으로 온라인 상 시세를 조사하게 되는데 허위 시세로 기준을 잡다 보니 계속 패찰하게 된다. 적극적으로 정확한 시세 기준으로 잡고 도전하다 보면 언젠가 낙찰을 받을 수 있으니 무리하게 금액을 적지 말아야 한다. 시세 조사를 잘못해서 낙찰받으면 심리적으로 비싸게 못 받을 걸 깨닫고 불안함에 급하게 처리하는 경우도 생긴다. 오히려 일반매매로 매입하는 게 더 수월할 수 있다.

③ 낙찰받지만 남들이 하는 경매방식으로 수익이 나지 않는 유형

지금은 누구나 하는 경매방식으로는 수익을 낼 수 없다. 상가나 토지, 또는 남들이 도전을 못하는 특수 물건을 도전해야 수익을 볼 수 있다. 누구나 하는 경매는 오래가지 못하고 나중에는 일반매매로 매입하는 게 스트레스 받는 경매보다 훨씬 시간이 절약된다는 걸 알게 된다.

④ 컨설팅을 맡겨, 매매가와 차이가 없는 경우

직접해야 수익이 남을 수 있는데 컨설팅업체에 맡겨 고가낙찰을 하게 되고 컨설팅 비용 역시 고가로 지불하고 나면 경매판에서는 다시는 가고 싶지 않을 것이다.

⑤ 대출 가능 여부 확인도 안 하고 대금 미납으로 보증금 날리는 경우

자금을 먼저 계획하고 물건을 찾아야 한다. 경락대출을 공부하고 얼마까지 대출이 나오는지 확인 후 입찰하는 게 우선이다. 좋은 물건을 찾는 것도 중요하지만 잔금이 부족해 잔금 납부를 못 하면 입찰보증금만 날리는 꼴이 된다.

⑥ 눈에 보이는 것만 믿는 경우

눈에 보이는 것만 믿는 사람은 사기당하는 유형 1순위이다. 항상 합리적인 의심이 필요하고 정보와 지식을 습득하는 게 수익률을 올릴 수 있는 가장 좋은 방법이다.

⑦ 뉴스 믿고 투자처를 고르는 경우

뉴스도 뉴스지만 직접 스스로 공부하고 연구하는 습관을 길러야 한다. 뉴스, 신문 등을 통해 알게 된 개발호재를 믿고 토지를 매입하는 경우 실패할 가능성이 높다. 기획 부동산들은 고객들에게 뉴스나 신문 정보로 개발호재 투자처를 유도하기 때문이다. 항상 부동산 투자는 직접 조사해야 한다.

경매 컨설팅의 함정 - 아랫바지 윗바지의 진실

부동산 경매 컨설팅업체 중 착한 업체도 있고 나쁜 업체도 있다. 고객 입장에서는 잘 알고 의뢰해야 손해를 피할 수 있다. 아는 것과 모르는 것은 천지 차이고 본인 스스로 공부해서 직접 입찰하는 것이 가장 좋지만 겁나시는 분은 경매 컨성팅업체에 의뢰해도 된다. 단, 업체를 잘 선정해야 한다. 어느 정도 알고 있으면 컨설팅업체한테 끌려다닐 필요가 없어진다. 아래 뉴스 사례를 통해 아랫바지, 윗바지를 간단히 설명하려 한다.

출처 : 한경DB

A씨는 최근 법원경매에서 서울의 한 빌라를 낙찰받았다. 경매학원에서 적어준 대로 감정가보다 2,110만 원 높은 2억 6,110만 원을 써냈다. 2등을 단돈 10만 원 차로 물리쳤다. A씨는 그렇게 첫 경매에서 낙찰의 행운을 거머쥐었다. 그러나 축하를 해줄 줄 알았던 경매 지인들은 그를 '호구'로 불렀다.

도대체 어떤 문제가 있었을까.

경매 전문가들은 낙찰가격이 합리적인 수준이었는지를 따질 때는 3등 혹은 3위권과의 입찰가 차이를 잘 살펴봐야 한다고 입을 모은다. 2위권 한두 명과의 소액 경합은 얼마든지 조작할 수 있는 까닭이다. 경매학원 등에서 컨설팅을 받은 경우라면 더더욱 조작에 당할 가능성이 높다.

- 아랫바지

① 컨설팅 업체에서 3억 시세 물건을 2억 7천만 원으로 입찰하여 1등 낙찰됨.
② 2등 입찰가는 2억 6,950만 원으로 1등과 2등 차이는 50만 원 차이임.
③ 만약 2등 입찰자는 같은 컨설팅업체 직원이면?

- 윗바지

① 컨설팅 업체에서 3억 시세 물건을 2억 7천만 원으로 입찰하여 2등 패찰됨.
② 1등 입찰가는 2억 8천만 원으로 낙찰되었으나 입찰보증금 내지 않아 실격처리함.
③ 2등인 2억 7천만 원에 낙찰됨.
④ 만약 1등 입찰자가 같은 컨설팅업체 직원이면?

아는 것이 힘이라는 말이 있듯이 어느 정도는 알아야 도움의 손길과 속임수의 손길을 구별할 수 있지 않을까?

📍 부동산경매 입찰표에 입찰금액 숫자 "0" 하나 잘못 써서 입찰보증금 몇천만 원 날린다

저자는 부동산 경매장에서 낙찰자와 경매계 계장이 언성이 높여가면서 다투는 모습을 본 적이 있다. 이유는 최고가 매수인이 실수로 입찰표에 입찰가액을 기입할 때 시세보다 숫자 "0"을 하나 더 기입했기 때문이었다. 말도 안 되는 금액으로 1등을 하니까 계장이 최고가 매수인을 호명하면서 입찰가액을 제대로 기입한 거 맞냐며 최고가 매수인에게 질문했던 것이다. 낙찰자는 당황하면서 입찰금액을 확인해봤지만 시세 3억 아파트를 27억으로 잘못 기입하여 결국 언성이 높아지는 상황까지 벌어졌다. 경매시장에서는 사소한 실수가 금전적인 손해가 될 수 있기 때문에 항상 주의해야 한다.

> 지난 11월 19일 경북 경산시에 소재하는 아파트가 경매에 나왔다. 감정가격은 1억 900만 원 이었는데, 첫 입찰기일에 감정가의 무려 1,017%인 11억900만 원에 낙찰됐다. 해당 아파트 시세가 1억 4,000만 원 남짓인 것으로 볼 때, 입찰 금액란에 110,900,000원을 적으려다 실수로 '0'을 하나 더 써낸 것으로 추정된다. 이 경우 낙찰자가 10억 원이 넘는 잔금을 납부할 가능성은 없으므로 입찰 시 제출했던 보증금 1,090만 원은 돌려받지 못할 것이다.

출처 : 매일경제 뉴스

실수로 숫자 "0" 하나 더 기입했을 뿐인데 그 정도로 입찰보증금 몰수라니 너무하다 라고 생각할 수도 있다. 하지만 대법원 판례를 보면 본인 과실이다 보니 법률상 어쩔 도리가 없다는 의견이다.

판례

민사집행법에 의한 부동산 경매 절차에서는 민사집행법 제121조 각 호 및 제124조 제1항에 규정된 사유가 아닌 이상 매각을 불허할 수 없고, 최고가 매수 신고인이 착오로 자신이 본래 기재하려고 한 입찰가격보다 높은 가격을 제시하였다는 사유는 민사집행법 제121조 각

호 및 제124조 제1항의 어디에도 해당한다고 볼 수 없으므로, 결국 그러한 사유로는 매각을 불허할 수 없다. [대판2009마2252]

입찰가액란

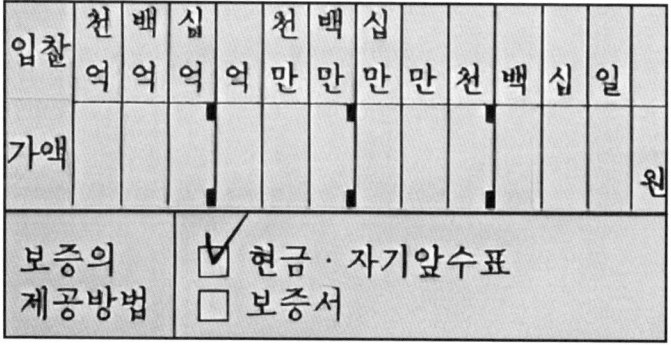

입찰가입 숫자를 실수를 줄이는 방법은 입찰표를 작성할 때 최대한 긴장하지 말고, 전날 밤에 미리 숫자를 확인하여 입찰표를 작성하는 것이다. 미리 작성을 하면 당일 입찰자들이 많아 혼잡하더라도 조급함도 없고 편안하게 입찰봉투를 봉투함에 넣기만 하면 된다. 한번 실수로 입찰보증금을 몰수당하고 싶지 않다면 반드시 입찰가액 숫자를 꼼꼼하게 확인하도록 하자.

부동산 공부는 경매 공부만 한 게 없다

저자의 경험상 부동산 공부를 시작할 때 경매 공부를 먼저 접하는 걸 추천한다. 부동산과 법률을 함께 접할 수 있어 장점이 될 수 있다. 경매 공부를 하면 경매정보지 안에서 부동산 용어, 등기부등본, 건축물대장, 매물 시세, 권리 분석, 취득세 등 많은 내용들을 접할 수 있기 때문이다. 저자도 처음엔 생소한 용어들이 많아 경매정보지 내용을 파악하고 공부하는데 어려움이 있었다. 처음은 누구나 어렵지만 꾸준히 공부하고 관심을 가진다면 어느 덧 크게 어렵지 않게 느껴질 것이다. 또 경매 물건에는 많은 사연이 있어서 지분 경매, 법정지상권, 유치권 등 각 사연에 맞는 법률 공부를 많이 할 수 밖에 없다. 여러분도 주말이나 퇴근 후 틈틈이 부동산 경매 공부에 시간을 투자하길 바란다. 어렵게 생각하지 말고 부동산 경매책부터 1권 구매를 하고 그 안에 있는 용어부터 차근차근 시작하면 된다. 꾸준한 관심이 관건이다. 경매로 사고팔기 어렵다면 일반매매로 매입매도를 직접하면서 공부하는 것도 나쁘지 않고 공인중개사 도전으로 입문하는 것도 나쁘지도 않다. 여러분이 부자가 될 마음이 있으면 부동산 책을 최대한 빨리 접하고 공부를 시작하길 바란다.

📍 재테크 중 부동산이 제일 최고봉

저자는 재테크 방법 중 부동산이 최고라고 생각한다. 저자도 주식, 비트코인 등 여러 재테크 공부를 해보고 실전 투자도 해 봤지만 성향이 부동산과 어울려서 지금은 부동산만 하고 있다. 공직자, 연예인, 재벌가, 기업, 20대 젊은 층, 개인투자자 등 많은 사람들이 부동산에 왜 열망하고 투자를 하는지 잘 생각해보시면 답이 나올 것이다. 부동산 투자를 꼭 큰 종잣돈이 있어야 하는 건 아니니 소액으로도 시작할 수 있다. 첫술에 배부를 순 없지만 그렇게 하나씩 증식시키다 보면 어느새 다른 세상이 열릴 것이다. 아래 뉴스 글을 읽어보고 참고하길 바란다.

MZ세대 36% "미래 재테크 수단 1위는 부동산"

MZ세대가 생각하는 유망한 재테크 수단은 '부동산'인 것으로 조사됐다. 전국경제인연합회가 최근 여론조사기관 모노리서치에 의뢰하여 국내 MZ세대 700명을 대상으로 재테크에 대한 인식을 조사한 결과를 발표했다.

먼저 MZ세대가 현재 가장 많이 활용하고 있는 재테크 수단에 대해 질문한 결과 ▶예·적금(37.5%) ▶주식(33.0%) ▶가상자산(10.3%) ▶부동산(9.8%) 순으로 나타났다. 그러나 향후 자산증식을 위해 가장 중요한 재테크 수단을 묻는 질문에는 '부동산'(36.1%) 응답 비율이 가장 높았다. 다음으로는 ▶주식(32.4%) ▶가상자산(13.1%) ▶예·적금(8.0%) 순으로 조사됐다.

〈MZ세대 미래 자산증식 위해 중요한 재테크〉

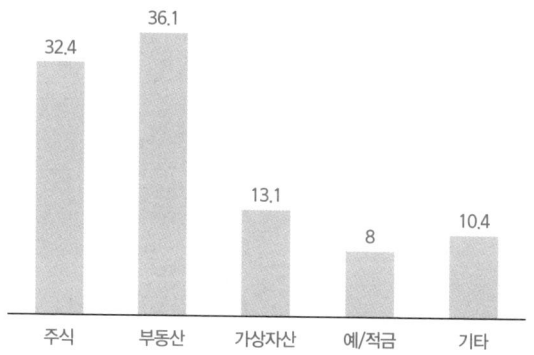

출처: 전국경제인연합회, 데이터솜 뉴스

이는 MZ세대가 현재는 부동산 가격의 급상승과 경제적 여력의 한계로 부동산에 투자하지 못하고 있지만, 미래 자산증식을 위해 가장 중요한 재테크 수단은 부동산이라고 생각한다는 것을 보여준다. MZ세대는 현재는 부동산(9.8%)보다 가상자산(10.3%)을 재테크 수단으로 더 많이 활용하고 있으나, 미래에는 가상자산 선호도가 낮은 것으로 나타났다.

한편 조사대상 MZ세대 중 실제로 가상자산에 투자해본 경험이 있다는 응답은 40.5%로, 절반에 못 미치는 것으로 조사 됐다. 투자 경험이 있는 응답자의 38.0%가 투자 기간이 1~6개월 미만, 35.5%가 6개월~1년 미만으로 대부분이 최근에 입문한 초보 투자자였다. 작년부터 시작된 암호화폐 열풍에 따라 투자를 시작한 MZ세대가 많은 것으로 보인다. 투자 규모는 100만 원 미만이 31.4%, 100만 원~500만 원 미만이 31.1%를 차지해 500만 원 미만의 소액 투자가 62.5%였으나, 가상자산에 1억원 이상 투자한 MZ세대도 2.8%로 조사됐다. 가상자산에 대해 '자산증식을 위한 투자 수단'으로 응답한 비율이 34.9%, '대체 결제수단'이라는 응답은 11.6%로 나타났다. 반면, 가상자산이 '실체 없는 투기 수단'이라는 응답도 43.7%에 달했다.

가상자산에 투자한 이유로는 '근로소득만으로는 자산증식이 어려워서'라는 응답이 49.3%로 가장 많았다. 이어 ▶ 주변에 이익을 본 사람들이 많아서(15.0%) ▶ 소액 투자로 고수익이 기대되어서(13.4%) ▶ 부동산, 주식은 가격 상승 등으로 진입장벽이 높아서(11.2%) 순으로 나타났다.

6.
마케팅 노하우

1) 중개업소를 운영하면서 광고가 제일 중요했다

대로변 중개업소가 아닌 경우에는 광고비용이 어마어마하게 들 것이다. 그렇다고 중개업소를 운영하면서 마케팅 광고를 하지 않는다면 운영을 중단한다는 것이나 다름없다. 부동산 광고는 매물을 홍보하고 고객과의 인연을 만들어주는 연결고리라고 생각하면 될 듯하다. 때문에 온라인 유료 광고 같은 경우 비용이 천차만별이지만 필수적으로 이용할 수 밖에 없다. 손님들도 쉽게 원하는 매물을 미리 문의할 수 있고 시간도 절약할 수 있으니 미리 광고를 보고 움직인다. 특히 젊은 층들은 핸드폰으로 직방, 다방, 네이버, 피터팬 앱 등을 이용하기에 더욱 그렇다. 저자 같은 경우는 다양한 광고방법을 경험하면서 나에게 맞는 광고를 찾고 그 광고들만 운영하고 있다. 왜냐하면 매물 상품에 따라 문의가 잘 오는 광고 종류가 있기 때문이다. 예를 들어 상가사무실 전문 앱, 원·투룸 전문 앱 등 광고 종류마다 특장점이 있어서 이를 잘 파악하고 공고를 하는 게 효과적이다. 여러분도 본인에게 맞는 광고를 찾는 것이 중요하니 모두 한 번씩 경험해보는 것도 도움이 될 것이다. 개업 전에 미리 소속공인중개사로 지내면서 광고 기법을 배우는 것도 큰 도움이 될 수 있다.

＊ 온라인, 오프라인 광고 종류

– **오프라인 광고** : 전면 유리광고, 홍보물, 자료전달, 차량광고, 엘리베이터, 생활정보지 등

– **온라인 광고** : 네이버 광고, 다방, 직방, 네모, 피터팬, 블로그, 카페, 인스타 등

황규상

마케팅 전문가에서 상가전문 공인중개사로 변신한 이유

취사병 출신인 나이기에
어쩌면 상가 중개, 그중에서도
음식점과 카페 중개는 운명이 아니었을까.
이렇게 나는
상가 사무실 전문 중개사의 길을 걷게 되었다.

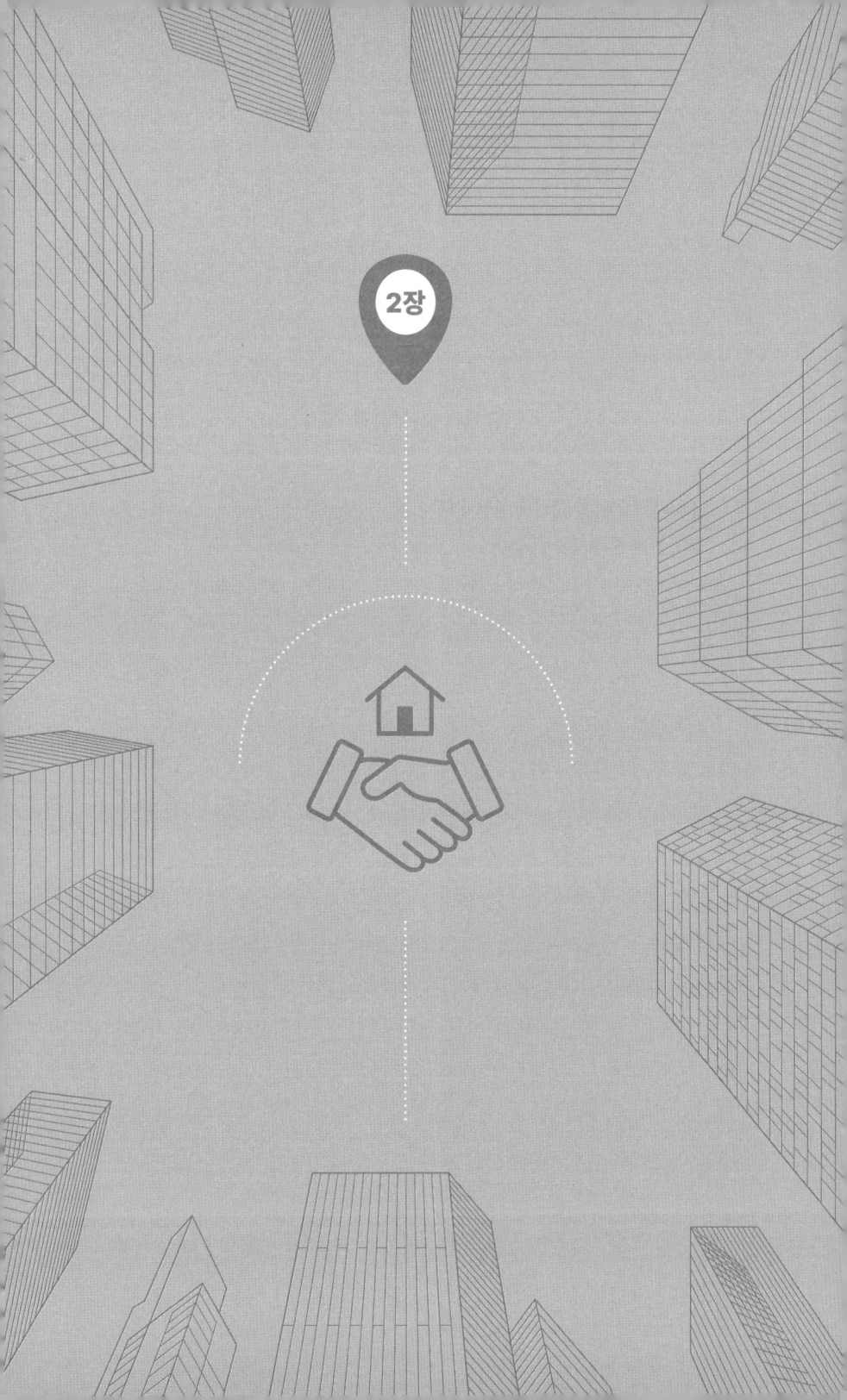

1. 공인중개사를 시작한 계기

1) 아내의 권유로 공인중개사가 되다
: 상가전문 중개사가 된 이유

         8년 전이었다. 공인중개사를 시작하기 전 나는 전자부품 영업과 보험 영업을 거쳐 외국어 출강회사에서 마케팅 업무를 하고 있었다. 하지만 출강회사에서 일하면서 맞지 않는 워라밸, 적은 임금, 경직된 사내 분위기, 비전이 보이지 않는 업무 등에 대해 회의감을 느끼고 결국 퇴사를 했다.

 퇴사를 하고 알바를 하며 어떤 일을 해야 할까 고민하는 나를 보면서 당시 나의 여자친구(현 아내)는 나에게 장기적으로 할 수 있는 새로운 일을 좀 찾아봐야 하지 않겠냐고 이야기했다. 뭐가 있을까? 내가 무엇을 잘할 수 있을까? 고민하고 또 고민했다. 그렇게 고민하고 있는 나에게 여자친구는 공인중개사 일을 해보는 것이 어떻겠냐고 권했다. 당시 아버지도 공인중개사 일을 하고 계셨고, 아무리 레드 오션이라지만 우리나라 부동산은 불패이며, 영업에 적성이 잘 맞고, 상권이나 수도권 지리에 밝은 나였기 때문에 자기 주도적으로 일하며 성과를 이룰 수 있는 직업으로 딱이라는 것이었다. 순간 나는 미래에 대한 오랜 답답함과 고민이 한 번에 해결되는 느낌이었다.

"그래! 공인중개사다!"

나는 얼마 지나지 않아 바로 중개보조원으로 취직하여 부동산 중개의 길로 들어서게 되었다.

처음 취업한 부동산 사장님은 경력 20년의 초고수였다. 오피스텔을 기반으로 아파트, 토지, 상가 가릴 것 없이 중개를 하시는 분이셨다. 부동산에 처음 출근하자마자 사장님은 '남자는 상가와 사무실을 하는 것'이라며 나에게 상가/사무실 중개를 맡겼다. 사장님이 그렇다고 하시니 그런가보다 하고 아무 생각 없이 상가를 맡아 시작하였는데 이것이 지금 내가 주력으로 하고 있는 일이 될 줄이야.

고등학교를 조리과로 졸업하고 취사병 출신인 나이기에 어쩌면 상가 중개, 그중에서도 음식점과 카페 중개는 운명이 아니였을까. 물론 이런 사정까진 모르셨겠지만 나에게 상가/사무실을 추천해 주신 그 사장님께 감사해야 할 일이 아닌가 생각한다.

이렇게 나는 상가/사무실 전문 중개사의 길을 걷게 되었다.

2.
공인중개사 공부 방법

1) 미친 듯이 문제를 풀어라

일을 병행하며 공인중개사 시험을 준비한다는 것은 결코 쉽지 않은 일이었다. 인터넷이나 주변을 보면 '3개월 만에 합격했다', '1개월 만에 합격했다' 이런 사람들이 많았다.

처음 공인중개사 시험을 준비했을 때에는 법에 대한 지식도 없고 그냥 중개 실무 경험만 가지고 시험을 봤다가 낭패를 봤다. 정말 이 시험을 1개월 공부하고 합격할 수 있는 것인가? 의문이 들었다. 내 머리로는 절대 불가능하다고 인정을 하고 다시 준비를 시작했다.

동차에 대한 욕심도 있었지만 쉬면서 공부에만 올인할 수 있는 환경이 아니었기 때문에 '1차와 2차를 나눠서 하자'라고 계획을 세웠고, 출퇴근 시간에는 인터넷 강의를 보고 주말에는 틈나는 대로 책과 이론을 보면서 공부를 했다.

시험이 두 달 앞으로 다가와 모의고사를 봤는데 충격이었다. 문제도 안 풀리고 점수도 형편없었다. 나름 열심히 공부했다고 생각했는데 결과가 너무 처참했다. 난 정말 바보일까. 나는 공인중개사가 될 수 없는 걸까. 절망하며 인터넷을 검색했다. 어떻게 공부를 해야 할까? 시험이 두 달 남은 시점에서 이 점수로 합격할 수 있을까? 인터넷이나 카페의 대부분 공부 방법의 공통점은 "문제를 많이 풀어라"였다. 이해를 하는 시험이 아닌 문제를 풀기 위한 시험이기 때문에 시험 문제가 눈에 익어야 하고 빨리 풀어내는 능력을 길러야 한다는 것이었다.

그때부터 미친 듯이 문제를 풀었다. 공인중개사 기출문제 어플, 모의고사 어플을 다운받아 출퇴근 시간에도 동영상 강의 대신 문제를 풀었고 주말에도 오로지 문제만 풀었다. 민법과 부동산학개론은 특히나 암기보다는 이해를 해야하고 문제에 익숙해져야 하는 과목이기 때문에 문제를 최대한 많이 풀고 익숙해지는 게 관건이었다.

이렇게 두 달 동안 문제 풀기에 올인을 하여 1차를 합격하고 나니

2차에 대한 두려움이 더 커졌다. 이번에 떨어지면 다시 1차와 2차를 해야한다는 두려움. 2년의 시간을 또 써야 한다는 두려움.

    2차는 문제 풀이도 중요하지만 과목별 전략을 잘 세워야 했다. 공인중개사 시험은 만점을 받아야 하는 시험이 아니라 평균 60점과 과락(40점 미만)이 없으면 합격하는 시험이다. 그래서 대부분의 수험생들은 공인중개사법에서 80점 이상을 받고 공법은 과락만 나오지 않고 공시세법은 50~60점 받는 방법으로 공부를 한다.

    위와 같은 방법으로 전략을 세우고 거기에 맞게 공부를 해야 효율적인 공부가 가능하다. 공인중개사법은 암기 코드를 달달 외울 정도로 공부를 해야 한다. 그리고 공법을 포기하는 사람들이 많은데 공법은 반드시 체계도를 그려보고 체계도만 이해한다면 50점 이상은 충분히 받을 수 있다. 오히려 나는 공시법과 세법에 대한 공부는 거의 하지 않았다. 중개 실무 경험으로 공시법은 어느 정도 문제풀이가 되었고 세법은 그냥 포기했다. 쉬운 문제만 놓치지 말자는 전략으로 시험을 봤다.

    1차와 2차를 동시에 준비하고 있다면 하루에 더 많은 시간을 투자해야 할 것이고 나눠서 준비한다면 하루에 4시간 정도, 시험 한 달 전에는 모의고사와 문제 풀이 위주로 6시간 이상 투자한다면 반드시 합격할 수 있다고 생각한다.

3.
개업 전 소공일 때, 개공일 때

1) 공인중개사 자격증은 만능이 아니다
끈기를 가지고 일할 수 있는가?

　　　　　　　　　　　　　　　　정말 많은 노력을 하고 힘들게 공인중개사 자격증을 취득하고 나면 세상을 다 가진 것 같고 이 자격증만 있으면 금방이라도 부자가 될 것이라는 생각을 하는 사람들이 많다. 공인중개사 자격증은 만능이 아니다. 심지어 많은 돈을 번다고 생각하는 변호사, 세무사 등도 결국은 영업의 영역이다. 물론 능력만큼 많은 돈을 벌 수 있지만 자격증만 취득했다고 해서 돈이 들어오는 것은 아니라는 것이다.

　그렇기 때문에 공인중개사 자격증을 취득하고 모든 것이 잘 될 것이라는 생각은 버리고 신중하게 취업을 해서 부동산 중개업을 경험해보는 것을 강력하게 추천한다.

　부동산중개법인에서 일하면서 정말 많은 공인중개사들과 같이 일을 해봤다. 많은 중개사들의 고민은 '이 일이 나와 맞나?', '돈은 벌 수 있을까?'하는 것이었다. 힘들게 자격증을 취득했는데 돈은 그만큼 안 된다는 고민이었다.

　우리나라 부동산 중개 시장은 월급을 주는 곳이 거의 없다. 조건이 좋다면 식대와 주차비 정도를 지원해주겠지만 대부분은 인센티브 제도로, 계약을 하고 중개보수를 받으면 그 수입을 회사와 중개사가 정해진 비율만큼 나눠 갖는 구조이다.

그렇다 보니 취업을 하여 열심히 일해도 계약을 할 때까지는 수입이 없다는 것이 괴로운 현실이다.

부동산 중개업은 매물과 손님을 매칭시켜 조건을 조율하고 계약을 하는 일이기 때문에 가장 먼저 하는 일은 매물 확보이다. 매물을 확보하면 그 매물로 광고를 등록하고 광고를 보고 연락이 오면 미팅을 잡고, 미팅 후 매물이 마음에 들면 조건 조율을 해서 계약서를 쓰고 마지막으로 잔금까지 지불하면 한 번의 프로세스가 끝이 난다.

한 번의 프로세스가 진행되는 기간은 주택의 경우 몇 주에서 1개월 정도, 상가의 경우 3개월에서 6개월 정도가 될 수 있다. 빌딩매매의 경우는 당연히 훨씬 더 길어질 수 있을 것이다. 결국 이 시간동안 수입 없이 일을 해야 한다는 부담이 있기 때문에 자격증만 취득하면 부자가 될 것이라는 생각으로 공부하게 되면 막상 취업을 하고 부동산 중개업을 경험하면서 대부분의 자격증은 장롱속으로 들어가게 된다.

나는 앞서 이야기했듯이 중개보조원으로 먼저 중개업을 시작했다. 공인중개사 자격증 시험이 어렵다고 하고 힘들게 몇 년 걸려 취득해서 일해봤는데 적성에 맞지 않는다면 시간 낭비라고 생각하여 자격증 공부 전 미리 일해보자는 생각이었다.

다행히 나에게 부동산 중개업은 정말 잘 맞았고 특히 상가 중개는 내가 그동안 경험해 온 것들을 활용하기 너무 좋은 일이었다. 그래서 2018년부터 지금까지 상가만 전문으로 하는 중개사가 된 것이다.

2) 결국 개업은 하게 된다

소속공인중개사로 일에 적응이 되면 결국 개업을 꿈꾸게 된다. 어떤 회사든 내가 원하는 모든 것을 다 맞춰 줄 수는 없기 때문이다. 인센티브에 대한 비율, 광고비 배분, 워킹 손님의 배분 등 회사의 입장과 나의 입장은 다를 수밖에 없다. '절이 싫으면 중이 떠나라.'는 말이 있듯이 내가 원하는 것들을 회사가 들어주지 않는다면 결국 내가 떠나서 내가 원하는 회사를 차려야 한다.

부동산도 마찬가지다. 나도 강남의 한 부동산중개법인에서 3년 정도 일을 하면서 정말 많은 도움을 받았고 많은 경험을 했고, 나에게는 정말 감사한 곳이었지만 나의 미래를 위해서 그리고 내가 원하는 중개를 하기 위해서 나도 개업을 하게 되었다.

개업을 하면 모든 것을 내가 결정하고 내가 책임져야 한다. 그리고 모든 비용도 내가 해결해야 한다. 소속공인중개사일 때는 회사에서 지원해 주는 사무실에서 일을 하며, 회사에서 지원해 주는 광고를 이용하여 미팅하고, 고객과 마찰이 생기거나 어려운 일이 있다면 대표와 상의하거나 대표가 해결해 주는 경우가 있지만, 개업을 하고 나면 모든 것을 내가 해결해야 한다.

이런 힘든 점과 비용에 대한 두려움도 있지만 그만큼 내 스타일대로 일할 수 있고 소득도 많아진다는 장점이 있기 때문에 개업을 하는 것이라고 생각한다.

현재 나는 직원이 없다. 컨소시엄으로 같이 협업하는 전문직들과 대표님들이 있지만 따로 직원은 두고 있지는 않다. 그 이유는 아직 내가 직원을 뽑을 준비가 안 되어서다.

직원을 뽑으려면 위에 언급한 것과 같이 직원들의 소득에 대한 고민을 해결해 줘야 한다고 생각한다. 그냥 사무실과 광고를 제공하여 알아서 계약해오면 계약서에 날인만 하는 대표가 아닌, 손님을 제공하고 협의를 도와주고 계약서에 날인을 할 수 있을 정도의 규모를 만들어 놓고 직원을 뽑을 생각이다.

이게 내가 생각하는 개업공인중개사의 역할이고 올바른 자세라고 생각하며 앞으로 나는 이렇게 되기 위한 노력을 할 것이다.

4.
시행착오 및 경험

1) 얻어 걸린 첫 계약

부동산에 취업해서 일을 한 지 2개월이 지나갔다. 그동안 사장님께서 물건 확보하는 방법을 따라 물건을 확보하고 등록하고 광고도 하며 바쁘게 시간을 보냈다. 워킹 손님도 종종 들어왔고 전화로도 문의가 왔지만 좀처럼 계약은 되지 않았다. '상가는 시간이 오래 걸린다'는 사장님의 말씀을 생각하며 조급해하지 않고 꾸준히 매물 작업과 광고 작업을 했다.

어느 날 사장님이 '지식산업센터 매매 물건이 있으면 이분께 연락해 보세요'라며 손님을 전달해 주었다.

내가 처음 부동산을 시작한 곳이 영등포구청 근처였는데, 이 주변으로 지식산업센터는 당산역과 문래역 쪽에 몇 건물이 있었다. 지식산업센터에 입점한 부동산 사장님들에게 전화를 하고 매매 나온 호실들을 확보했다. 이때는 양타(매도인과 매수인 모두에게 수수료를 받는 경우)인지 단타(매도인과 매수인 중 한쪽에서만 수수료를 받는 경우)인지가 중요하지 않았다. 오로지 계약을 하겠다는 의지뿐이었다. 사실 일을 시작한 지 얼마 안 되었기 때문에 계약이 성사될 거라고 생각은 하지 않지만 그래도 문의를 주신 손님에게 최선을 다해 매물을 찾아줘야겠다는 생각뿐이었다.

역시나 첫 매매는 쉽지 않았다. 피부관리샵을 운영하던 손님이라 예약이 없는 오후 시간이나 일이 끝나고 저녁 시간을 통해 매매로 나와 있는 자리들을 직접 보여주고 급매로 나온 자리들은 자료를 만들어 서면으로 브리핑했지만 손님이 원하는 컨디션은 아니었다. 상가 자리를 직접 매매하여 그곳에서 피부샵을 운영하고 싶어 했기 때문에 깔끔한 외관과 내부를 원했는데 저렴한 지식산업센터는 이미 노후화가 된 상태였고, 신축급 지식산업센터는 매매가가 상대적으로 비쌌기 때문이다.

이번에도 역시 사장님이 도움을 주었다. 전화번호가 적힌 종이를 주면서 '이번에 분양하는 지식산업센터의 분양팀장님 번호인데 매매 가능한 상가가 있다고 하니 전화 한번 해보세요'라고 했다. 나는 지체 없이 받은 번호로 전화를 했다. 전화를 받은 곳은 문래역 도보 1분 거리에 준공된 '문래트리플렉스' 분양 팀장님이셨다.

트리플렉스 팀장님은 '현재 모든 호실 분양이 완료되고 분양사무실로 쓰고 있는 1층 상가가 남았는데 매매 손님 있으시면 맞춰 주세요'라고 했다. 생각할 것도 없이 손님께 '신축 상가가 나왔습니다. 위치도 문래역 도보 1분이고 가격도 엄청 저렴한데 한번 보시겠어요?'라고 전화로 바로 브리핑했다. 손님도 집 근처이고 시간도 괜찮다고 해서 약속을 잡고 현장 미팅을 진행했다.

　신축 지식산업센터의 컨디션은 매우 훌륭했다. 깔끔한 외관과 층고가 높고 정리가 잘 되어있는 내부, 그리고 코너 자리까지 내가 생각하기에는 손님이 원하는 조건에 딱 맞는 자리였다. 역시나 손님도 마음에 드는 눈빛이었다.

　현장 안내 및 브리핑까지가 중개보조원으로서 내 역할이라 생각을 하고 손님을 사무실로 데려가 사장님에게 상황을 설명했다. 사장님은 오늘 본 지식산업센터의 장점과 가격의 이점을 한 번 더 설명하고 계약을 하는 게 이익이라고 설명했다. 손님은 조금 더 고민해 보겠다고 하고 헤어졌다. 나는 손님이 결정하기 전까지 정말 너무나 떨렸다. 내 첫 계약이 될 수 있다는 기대감과 다른 날과 같이 거절을 당하지 않을까 하는 불안감 때문이었다. 그리고 며칠 뒤 계약을 하고 싶다는 손님의 전화가 왔다. 2개월 만에 나온 첫 계약! 부동산 중개업에 들어와 첫 계약이 월세 계약이 아닌 매매 계약이라니! 그냥 매매도 아니고 분양계약이라니! 정말 신기하고 놀랍고 기뻤지만 일단 계약서를 쓰기 전에는 어떻게 될지 모르는 일이기 때문에 흥분을 가라앉히고 차분하게 사장님에게 보고한 후 계약 일정 및 잔금 일정을 잡았다.

2) 나는 자격이 없는 사람일까?

　　　　　　　　　　　　　　　　　분양사무실에서 사장님과 손님을 모시고 분양계약을 진행했다. 분양계약이라 분양회사에서 만들어 놓은 계약서를 검토하고 손님의 동의와 함께 도장을 날인했다. 딱히 부동산이 할 일은 없었다. 계약서 검토를 도와주고 내용을 설명해주고 손님의 불안감을 제거해 주는 역할을 했다. 물론 사장님이 대부분을 진행했고 나는 현장 안내와 운전으로 서포트했다.

　계약서 작성을 한 다음 날부터 사장님은 매매 손님과 통화하는 일이 많았다. 종종 나에게 손님과 동행해서 대출을 같이 알아봐 주는 일을 시켰다. 사장님이 시키는 일에 불만은 없었다. 오히려 재미있었다. 모르는 일들을 새롭게 하면서 공부도 하고 경험도 하고 이 경험이 쌓여서 나중에 나에게 많은 도움이 될 것이라고 생각하면서 시키는 일들을 잘 해결해 나갔다.

　그리고 마침 잔금까지 마치게 되었다. 이제 진짜 첫 계약이 마무리된 것이다. 그리고 분양 계약이라 중개보수가 아닌 분양수수료를 받게 되어 그 금액도 내가 예상했던 것보다 많았다.

　월급날이 되어 기대를 하고 출근을 했는데 사장님이 별말이 없었다. '퇴근 전에는 주시는 분이니까 기다려 보자'라고 생각을 하고 광고를 올리고 새로운 매물들을 찾고 있었다. 퇴근을 하고 기다렸던 월급이 입금되었다. 두 달 동안 계약을 하지 못했던 것을 한 번에 보상받는 기분이었다. 앞으로도 이렇게 열심히 그리고 꾸준히 한다면 이 정도 월급을 받을 수 있다는 생각에 정말 기뻤고 일할 의욕이 마구 생겨났다.

　하지만 다음날부터 뭔가 이상한 기분이 들었다. 사장님이 짜증도 많이 내는 것 같았고 이것 저것 시키는 일의 난이도가 매우 높게 느껴졌다. 아침에 하는 청소도 본인 마음에 안 든다고 하시고, 시키는 일이 아니면 찾아서 안 한다고 뭐라고 하시고. 하루는 '약국 자리를 찾는 손님이 있으니 주변 약국에 명함 돌리면서 약국 매물 작업을 해오세요'라고 해서 의욕 넘치게 작업을 하러 나갔다. 정말 추운 겨울이었지만 그냥 식당 작업하듯 약국에 들어가서 약사님을 만나서 '약국 손님이 계셔서 양도 계획 있으시면 연락 부탁드립니다'하며 명함을 드렸더니, 어떤 약사는 내가 보는 앞에서 명함을 휴지통에 그대로 던져버리기도 했고, 어떤 약사는 나를 투명인간 취급하며 쳐다도 안 보시는 사람도 있었다. 매물 작업이라는 게 모든 매물을 다 확보할 수는 없는 것이기 때문에 실망하지 않고 정말 몇 시간 동안 약국을 돌아다니며 명함을 돌렸다. 결국 매물을 하나도 확보하지 못하고 사무실로 들어와 사장님에게 보고했는데 의외로 사장님은 아무렇지 않은 듯 알겠다고 하셨다. 나중에 알고 보니 약국 대부분은 병원컨설팅, 약국컨설팅 업체에서 주로 다루기 때문에 부동산에서 작업하기는 매우 어려운 업종이였고, 사장님이 말한 손님도 사실 없었던 게 아닌가 생각이 됐다.

며칠 뒤 사장님이 잠깐 이야기를 하자고 했다. 첫마디는 '규상씨에게 큰돈을 줘야 하는지 모르겠어요. 한 게 없는데.' 그리고 '근로계약 조건을 조금 변경해야겠어요'라는 것이었다. 내가 이 부동산을 선택한 가장 큰 이유는 기본급이 있었기 때문이었다. 부동산 중개업을 처음 하는 나였기 때문에 몇 달간 계약이 없을 것이라고 생각했고 그래서 기본급을 주는 부동산을 선택한 것이었는데 이제와서 기본급 없이 인센티브는 그대로 적용하자는 말에 크게 충격을 받았다. 그리고 내가 분양수수료를 쉐어 받을 만큼 일을 하지 않았다니 이건 또 무슨 말일까? 내가 그렇게 일을 못 한 거였나? 어떤 부분이 그렇게 부족한 것일까? 정말 많은 생각이 들었다. 그렇다고 사장님이 새롭게 제안한 근로계약으로는 여기에 있을 이유가 없었다. 다른 곳으로 가면 더 좋은 조건으로 일할 수 있는데 왜 그 조건으로 여기에 남아 있어야 하나? 내가 무엇을 그렇게 잘못했나? 손님께 알맞은 상가를 제안하고 브리핑하고 현장 안내까지 했으면 내 역할은 충분히 잘한 것 아닌가?

나는 사장님에게 그만두겠다고 이야기하고 같이 일하던 실장님과 마지막 점심을 먹으면서 사장님이 나에게 한 이야기와 새로운 근무조건을 이야기했다. 실장님은 매우 놀라면서 본인에게도 새로운 근무조건으로 다시 계약을 하자고 했다는 것이었다. 이때 나는 더 이상 개인 부동산에서 일하면 언제든지 근무조건을 바꾸자고 할 수 있고 사장님 기분에 따라 근무환경이 달라질 수 있겠다고 생각하여 지인의 추천으로 강남에 있는 중개법인에서 일하게 되었다.

3) 중개법인에서 옛 사장님의 말을 깨닫다

돈 때문에 회사와 직원의 믿음이 깨져버리는 것이 싫어 추천받은 강남 부동산중개법인에 면접을 봤다. 대표님의 말투와 인성, 마인드가 너무 좋았고 금전적으로는 절대 문제없이 운영을 하고 있다고 자신 있게 말씀하시는 부분 때문에 여기서 일해야겠다고 확정지었다.

중개법인에 들어가면서 나는 모든 일을 혼자 해야했다. 물건 작업, 광고, 손님 미팅까지. 물론 처음 부동산에서도 혼자 했지만 워킹 손님도 많았고 상가에 관련된 매물, 손님은 모두 나에게 몰아 줬기 때문에 내가 능동적으로 움직이지 않아도 어느 정도 일은 돌아갔다. 하지만 중개법인에서는 그렇지 않았다. 같이 일하는 직원들은 동료이자 경쟁자였고 동료들보다 먼저 매물을 확보해야 하고 문의가 겹치는 손님이 있으면 나와 미팅을 하도록 만들어야 했다. 손님 입장에서는 같은 중개법인이지만 이 안에서는 누가 계약하느냐에 따라 중개보수를 가져 갈 수 있느냐 없느냐 결정되기 때문이었다.

기존에 부동산에서 일했던 경험이 있어 중개법인에 들어간 지 한 달 안에 첫 계약을 할 수 있었다. 공동중개로 계약을 한 것이라 내가 준비할 것은 별로 없었다. 건축물대장과 등기부등본을 미리 확인하여 손님에게 식당 개업에 문제없다는 것을 설명드리고 계약일에는 대표님과 동행하여 계약서까지 잘 마무리했다. 우리나라는 관행상 잔금일에 중개보수를 받기 때문에 잔금에 문제없도록 확인해야 할 것들, 준비해야할 것들을 챙기며 잔금을 확인했다.

중개법인에서 첫 계약을 한 뒤에는 정말 혼자서 모든 업무를 해결했다. 협의가 안 되거나 어려운 부분들은 대표님의 조언을 참고했지만 결국 임대인이나 임차인과의 해결은 내가 해야만 했다. 이렇게 혼자 A부터 Z까지 일을 하다보니 지난 부동산 사장님이 나에게 했던 말이 떠올랐다. '규상씨에게 큰돈을 줘야 하는지 모르겠어요. 한 게 없는데.' 그렇다. 그때 나는 초보였고 일을 몰랐고 그냥 현장 안내까지가 내 역할이라고 생각했지만 계약을 한 뒤 사장님은 손님에게 잔금 전날까지 매매 관련된 일로 매일 저녁 전화 통화를 하고 대출에 대한 이야기를 해주고 손님이 자금을 마련하는 스트레스를 온전히 다 받아주고 있었던 것 같다. 그런 스트레스를 받는 동안 나는 아무것도 하지 않은 사람이었다. 또한 부동산 일을 처음 시작했고 사장님이 이것저것 알려주고 있었기 때문에 나는 수동적으로 일을 하고 있었다. 사장님이 시키는 일, 하루에 기본적으로 해야 할 일만 할 뿐, 내가 스스로 찾아서 일을 하고 있지 않았던 것 같았다. 중개법인에서 살아남기 위해 모든 일을 혼자 찾아서 하고 처리해보니 사장님의 마음을 어느 정도는 이해하게 되었다.

4) 강남은 천국이 아니다, 정글이다

많은 공인중개사들이 내 명함을 보고 한마디 한다. '강남에서 하시면 많이 버시겠네요.' '강남이시면 큰 물건 하시겠네요.' 테헤란로에 높게 뻗은 빌딩들, 도산대로에 평당 3억짜리 빌딩들이 즐비한 강남. 여기서 일하면 돈을 많이 벌까? 여기서 일하면 다 저런 빌딩들만 다룰까?

강남에서 일하는 공인중개사 그리고 중개보조원까지 포함하면 과장을 좀 보태서 한 5만 명 정도 된다고 이야기를 한다. 그만큼 엄청나게 많은 사람들이 중개업에 종사하고 있는 것이다. 그 많은 사람들이 전부 대형빌딩을 중개하지는 않는다. 1,000억이 넘어가는 대형빌딩들은 오히려 증권사나 회계법인에서 주관하며 다루고 있고, 몇몇 대형법인과 동네에서 오래 중개업을 하신 분들이 빌딩매매를 다루고 있다고 보면 될 것이다.

나는 강남 중개법인에 들어와서 예전에 경험을 가지고 상가를 전문으로 중개를 했다. 매월 돈을 벌어야 하는 환경에서 큰 물건(높은 임대료 상가)을 다루는 것은 위험부담이 컸다. 큰 물건은 호흡도 길고 손님도 많지 않기 때문에 나 같은 초보가 광고로 계약을 하려면 무권리에 소형 상가를 중점적으로 해야 했다. 그러다 보니 미팅 건수나 계약은 종종 나왔지만 크게 돈이 되지는 않았다. 그리고 대형상가들은 그만큼 역량이 되는 손님들을 만나야 했는데 광고로 유입되는 비율이 정말 적었고 결국 인맥이 중요하다는 것을 깨달았다.

추후에 팀장이 되어 직원들을 뽑을 때 직접 면접관으로 면접을 보게 되었다. 내가 항상 들었던 질문은 '중개사님들은 월 평균 얼마를 버시나요?'였고, 내가 필수적으로 물어봤던 질문은 '왜 이 일을 하게 되셨나요?', '혹시 6개월 동안 수입이 없어도 괜찮으신가요?'였다.

강남은 대박이 있는 곳이 아니다. 그만큼 많은 사람들이 일을 하고 치열하게 경쟁하는 곳이다. 상가 중개를 한다면 정말 인맥이 없는 경우 6개월은 수입이 없을 수 있다는 점을 꼭 알고 시작해야 한다. 마냥 '강남은 비싸니까 한 건만 해도 많이 벌겠지.', '강남은 건물도 많고 손님도 많으니까 계약도 어느 정도 나오겠지.' 이런 안일한 생각으로 강남에 입성한다면 손가락만 빨고 중개업에 지쳐 다른 일을 알아봐야 할지도 모른다.

5) 강남의 개업 공인중개사가 되다

강남의 중개법인에서 일을 하며 어느덧 3년의 시간이 흘렀다. 개인적으로도 새로운 변화가 생겼다. 아내가 출산을 앞두고 있었던 것이다. 자택이 인천이라 강남까지 출퇴근 시간이 만만치 않았고 아이가 태어나면 어느 정도 케어를 할 수 있어야 할 텐데 어떻게 해야 하나 고민에 빠지게 되었다. 이런 고민을 하고 있을 때 중개법인에도 변화가 왔다. 상가/사무실 전문 플랫폼인 '네모' 광고를 더 이상 하지 않고 블로그로만 운영하겠다는 것이었다. 그동안 비싼 가격의 광고를 직원들에게 할당해주면서 많은 미팅과 계약을 만들 수 있는 환경을 제공해 주었는데, 앞으로는 이런 메리트를 없애겠다는 것이었다. 물론 점점 네모의 광고효과는 줄어들고 있었다. 네모는 그동안 광고하던 부동산들의 DB를 수집하여 '네모인'이라는 중개법인을 만들어 네모를 본인들의 홈페이지처럼 운영해 버리면서 여기에 광고비를 쓰는 것이 의미가 없게 된 것이다. 고민이 많이 되었고 타이밍도 무엇인가 결정을 해야할 때였다.

결국 나는 중개법인을 퇴사하고 아버지와 함께 인천에서 새롭게 일을 시작하기로 했다. 강남에서의 경험과 물건, 손님들은 아까웠지만 집 근처에서 아들을 케어하며 새롭게 자리를 잡으면 오히려 더 좋지 않을까 하는 생각으로 아버지와 함께하기로 했다.

아들을 출산하고 인천에서 2개월 정도 일을 하고 있었는데 나와 식당을 계약했던 대표에게 연락이 왔다. '팀장님 지금 볼 수 있을까요? 제가 인천으로 가겠습니다.' 전화를 마치고 1시간 뒤 식당 대표를 만났다. 식당 대표님은 나에게 같이 강남으로 가자고 제안을 했다. 현재 F&B와 세무, 중개, 마케팅을 원스톱으로 제공하는 회사를 만들 예정인데 부동산중개법인을 맡아 달라는 제안이었다. 이 당시 나는 아들이 너무 어려(태어난 지 60일) 인천을 벗어나기 힘들다고 이야기했다. 식당 대표는 충분히 기다릴 수 있으니 내가 강남으로 출근할 수 있는 시기를 확정해 주면 거기에 맞춰 F&B 본사, 세무사 사무실, 마케팅 회사를 만들어 같이 개업을 하자고 했다. 아내와 충분히 상의를 한 끝에 100일의 기적을 믿고 아들이 100일이 되는 날(그 해 3월)에 강남에서 같이 출범하기로 결정했다.

아들은 100일의 기적이 아닌 50일의 기적으로 통잠을 잘 자 주었고, 나는 3월에 식당 대표와 함께 F&B 개업과 필요 서비스를 원스톱으로 제공해 주는 부동산을 창업하게 되었다.

6) 대표적인 F&B 계약 사례

2018년부터 상가를 중개하면서 정말 많은 계약을 해봤지만 그중에서도 가장 기억에 남는 3개 브랜드를 이야기해 보려고 한다.

　첫 번째 브랜드는 '코르바니'와 '알아차림'이다. 양식 다이닝 '코르바니'의 대표는 2호점을 찾기 위해 광고를 보고 나에게 연락을 주었다. 신사동에 당장 볼 수 있는 매물이 있는지 문의하고는 사무실로 찾아왔다. 코로나가 막 시작된 시점이라 지금 오픈을 해도 괜찮을까 걱정이 되었지만 오히려 이런 시기에 좋은 매물들이 많이 나온다고 하면서 좋은 자리를 추천해달라고 했다. 세로수길 쪽에 원하는 조건의 매물 3곳을 보여주었고 그중 무권리에 임대료도 저렴한 식당 자리를 제안하여 검토를 하게 되었다. 결과적으로는 렌트 프리 3개월과 기존 임대료를 동결하는 조건으로 계약을 했다.

　이 계약은 단순히 한 번의 계약으로 끝난 것이 아니라 추후에 '알아차림'이라는 한식 다이닝을 만들어 선릉점, 서래마을점, 여의도점을 오픈하고 최근에는 성수점까지 오픈하게 되었다. 나의 진심과 진정성을 알아준 대표가 점포개발 자체를 나에게 맡기고, 모든 매장을 나와 계약하여 오픈하고 있는 브랜드라는 점이 정말 의미 있는 첫 계약이었다.

두 번째 브랜드는 '버거킹'이다. 지금은 신논현역 3번 출구로 나오면 내가 계약한 버거킹이 보인다. 1번 출구 앞에 있던 버거킹은 계약 기간이 거의 끝나가는 무렵에 인근으로 더 좋은 자리를 찾고 있었다. 그때 나는 신논현역 3번 출구 앞에 비트코인 관련 카페와 전속계약을 맺고 새로운 임차인을 찾고 있었다. '이 자리면 버거킹이 딱 맞지 않을까?' 하고 당시에 같은 중개법인에서 프랜차이즈를 담당하고 있는 담당자에게 카페 자리를 소개했다. 프랜차이즈 담당자도 너무 좋은 자리라며 바로 버거킹 점포 개발자에게 소개를 했고 즉시 미팅이 이뤄졌다. 하지만 계약은 쉽게 이뤄지지 않았다. 코인 카페는 권리금을 원하고 있었고 버거킹은 회사 내규로 권리금을 지급하기 힘들다는 입장이었다. 이 부분을 어떻게 협의해서 해결해야 할까 많은 고민을 하고 있었는데 마침 이 카페 건물이 매매되어 건물주가 바뀌게 된다는 사실을 알게 되었고 그 과정에서 카페의 임대료가 몇 달째 밀려있다는 정보도 얻게 되었다. 이 정보를 가지고 카페 대표와 미팅을 잡아 조율점을 찾았다. 현재 상태에서는 권리금을 요구하다가 새로운 임차인을 구하지 못하면 원상복구까지 하고 나가야 하는데 원상복구 비용이 만만치 않다. 70평 정도 되는 규모였기 때문에 원상복구 비용만 몇 천만 원에 밀린 임대료까지 하면 돌려받을 수 있는 보증금이 없을 정도인데 버거킹에서 마음에 들어 할 때 무권리로 던지고 나오는 게 가장 금전적으로 이득을 얻을 수 있는 방법이라고 설득했다. 많은 자영업자들이 권리금을 못 받고 나오면 엄청나게 손해라는 생각을 많이 하는데 실제로 내가 원하는 권리금만 주장하다가 나중에 원상복구까지 하고 나오게 되면 정말 큰 손해를 본다는 것을 망각하는 경우가 많다.

우려와는 다르게 카페 대표는 며칠 뒤 연락이 와서 무권리도 좋으니 원상복구는 버거킹 측에서 하는 조건으로 계약을 하자고 이야기했고 버거킹과 새롭게 계약을 할 수 있었다.

세 번째 브랜드는 '보므 청담'이다. 광고를 보고 연락이 왔다. 나에게 연락을 한 대표는 논현동에서 한우 오마카세로 유명한 식당을 운영하고 있었고 청담동 쪽에 고급 식당을 오픈할 예정이라고 했다. 조건은 쉽지 않았다. 청담동 자체가 임대료가 비싼 동네이고 평수가 넓어질수록 평당 임대료가 높아지기 때문에 한 달 넘게 압구정 로데오 쪽 매물들과 청담동 명품 거리 쪽 매물들을 보여주면서 피드백을 받았다. 딱 맞는 자리로 꼭 찾아드리고 싶어 보여주었던 자리의 장단점을 파악했다. 그렇게 매물을 찾아다니다가 지하에 공실을 발견했다. 70평 정도 규모에 평당 10만 원도 안 되는 가격! 이 자리가 딱이라고 생각했다. 바로 연락을 하고 미팅 일정을 잡았다. 자리나 조건이 좋았는지 투자자들도 같이 와서 미팅을 했다. 이전에는 BAR로 사용했던 자리였고 공실 기간이 길어서 상태가 매우 좋지 못했다. 그리고 가장 문제가 되었던 건 바로 소방시설이었다. 소방법이 해가 지날수록 강화가 되고 있어서 이전에 BAR를 운영할 때 보다 소방시설 기준이 더욱 빡빡해진 것이다. 강남 소방서 담당자와 통화를 하고 소방허가를 받을 수 있는 기준을 확인하여 소방업체와 미팅을 가졌다. 두 가지 방안 중 하나를 선택해서 공사를 하기로 결정했고, 소방 담당자와의 통화내용을 녹음하고 임대차 계약 작성 시 소방허가가 나오지 않으면 계약을 무효로 하겠다는 특약을 넣어 계약을 마무리했다.

다행히 소방허가가 나왔고 마음 졸이던 몇 주가 지나고 '보므 청담'은 오픈을 하게 되었다. 상가 계약을 하고 나면 나는 또 고객으로 종종 방문하여 식당을 이용하곤 하는데 '보므 청담'은 하루에 두 팀만 예약 받아 운영하는 곳으로 예약이 어려워 아직 방문하지 못했고 사장님도 부담 갖지 말고 천천히 이용하라고 했다. 오픈한 지 4년 뒤 압구정 로데오에서 우연하게 '보므 청담' 대표를 만나 인사를 했다. "벌써 투자금은 회수했고 지금도 잘 운영되고 있습니다. 좋은 자리를 구해주셔서 정말 감사합니다. 다음 가게 오픈 할 때 또 잘 부탁 드립니다." 라고 답해줘서 '정말 보람차고 뿌듯한 계약이 맞구나'라는 생각을 다시 하게 되었다.

5.
분야별 특징

1) 상가 전문 공인중개사?

일반적으로 '공인중개사 사무소, 부동산'이라고 하면 아파트, 오피스텔, 원룸 등 주거용 부동산을 다룬다고 생각한다. 일반인들은 대부분 집을 구하기 위해서 부동산을 찾는 일이 가장 흔하기 때문이다. 하지만 부동산 중개업은 정말 다양한 물건들을 다룬다. 상업용 건물인 상가/점포를 찾는 사람들도 식당, 카페, 미용실, 학원, 병원 등 업종별로 해당 업종에 맞는 물건을 찾아야 하고 거기에 맞는 전문가들이 생기게 된다. 외에도 업무용 사무실, 공장, 토지, 빌딩 등 각각의 전문가가 있기 마련이다.

어떤 공인중개사들은 '모든 부동산을 다 다룬다'라고 하시는데, 그중에서도 본인의 전문 분야가 있을 것이다. 나도 지인들의 집을 찾아주기도 하고, 사장님들의 사무실 이전을 도와드리고, 사옥을 찾는 일도 하고 있지만 나는 나를 소개할 때 '상가 전문 공인중개사, F&B 창업 전문 공인중개사'라고 이야기 한다. 중개업을 하다 보면 한 분야에 대해서 지속적으로 공부하고 경험을 쌓아서 더욱더 날카롭게 만들어 나가기 때문이고 전문 분야에서만큼은 누구에게도 뒤지지 않을 정도로 자신이 있기 때문이다.

나의 부동산 중개업에서 첫 계약은 '식당'이었다. 첫 계약을 하기 위해 손님이 원하는 매물을 엄청나게 찾아다녔다. 자연스럽게 식당 하기 좋은 자리들을 많이 찾았고 그 매물들로 광고를 하다 보니 식당을 찾는 손님들의 문의 전화가 많이 왔다. 그러다 보니 자연스럽게 식당 중개를 많이 하게 된 것이다.

공인중개사로서 F&B 창업을 위한 중개를 하게 되면 일단 자영업자들을 많이 상대하게 된다. 자연스럽게 주변의 식당 사장님들과 친해지고 사장님들이 확장하거나 이전할 때 나를 찾게 만들어야 한다. 일반적으로 거주하는 곳이 아닌 사업을 하고 장사를 하는 공간을 찾는 분들이기 때문에 이 공간, 이 자리에서 얼마나 수익을 낼 수 있는지 파악을 할 수 있어야 한다. 유동 인구는 어느 정도 있는지, 주변 상점들의 매출은 어느 정도 나오는지, 주 고객층은 어떻게 되는지, 회사는 얼마나 많은지 등을 잘 알고 있어야 한다. 그리고 상가 중개의 가장 어려운 점은 '권리금'을 다루고 산전수전 다 겪은 자영업 사장님들을 상대한다는 것 아닐까? 아파트나 주택의 경우 매매로 인한 시세 차익, 거주하기 위한 좋은 주변환경과 내부 상태를 중점으로 중개를 한다. 하지만 상가는 대부분이 임대차 계약이며 양도양수 시 발생하는 권리금을 합리적으로 책정해야 하고 협의를 잘 해야 한다. 권리금은 대부분 양도를 원하는 사장님이 책정한다. 처음에 주고 들어온 권리금, 인테리어 비용, 자리 잡아 놓은 영업 비용까지 계산해서 책정을 하는데 이렇게 책정된 권리금은 양수인이 원하는 금액과 괴리감이 있다. 예전처럼 양도받아 그대로 영업을 하는 경우가 거의 없어졌고, 외식 시장이 좋지 못하다 보니 상가 전문중개사는 이 사이에서 적정한 금액으로 협의를 해줘야 한다. 그렇기 때문에 상가 전문 중개사는 양쪽을 납득시킬 만큼의 경험과 정보를 가지고 조율을 할 수 있는 능력이 꼭 필요하다.

상가중개는 권리금을 다뤄야 하고 권리금으로 양도양수인 간의 의견을 조율하고 나면 임대차 계약을 위해 임대인과 신규 임차인의 의견을 한 번 더 조율해줘야 한다. 마치 한 상가의 계약을 위해 2번의 계약을 진행하는 느낌을 받게된다. 이러한 이유로 상가중개를 하는 분들이 많지 않기 때문에 잘 준비하고 도전한다면 블루오션이 될 수 있을 것이다.

6. 마케팅 노하우

1) 중개업은 사무직이 아니라 노가다이다

흔히들 부동산을 한다고 이야기하면 가만히 앉아 있다가 손님이 오시면 나와 있는 매물을 보여주고 계약을 한다고 생각한다. 공인중개사에 관한 기사나 글들의 댓글을 보면 '집 몇 개 보여주고 중개보수는 왜 이렇게 많이 받냐.', '책임도 안 지면서 너무 비싸다.'는 의견들이 정말 많다. 하지만 이건 정말 중개시장을 너무 모르고 하는 이야기이다. 중개시장은 정말 정글이고 야생이다. 계약을 해야만 수익이 생기는 구조이다. 계약을 하려면 물건과 손님이 필요한데 이를 얻기 위해서는 마케팅이 필수이다. 아파트 단지 내 또는 길가에 부동산을 오픈하면 손님들이 찾아와서 물건도 내놓고 물건 찾고 하던 것들이 예전에 비해 현저히 떨어졌다. 많은 사람들이 인터넷이나 어플을 통해 물건을 알아보고 내놓는 경우가 엄청나게 많아진 것이다. 이건 결국 중개사들 입장에서는 인터넷이나 어플에 광고비를 써야 한다는 뜻이다. 대부분 부동산중개 플랫폼을 가지고 있는 기업들은 본인들이 독점하다시피 하고 있기 때문에 중개사들에게 엄청난 비용을 전가하고 있다. 많은 광고비를 쓰지 않으면 광고를 하지 않는 것보다 효과가 떨어지기 때문에 이런 점을 이용해서 광고비를 과하게 받아가고 있다. 중개사들은 울며 겨자 먹기로 광고를 올리는데 광고를 올리는 것 또한 만만치 않다. 광고를 올리는 시간도 많이 필요하고 물건 작업을 하는 시간도 많이 필요하다.

 부동산 중개업은 노가다이다. 그리고 자신만의 루틴을 만들어야 한다. 아침에 사무실로 출근하기 전에 주변 상가들을 방문하여 명함 작업을 하고, 사무실에 도착하면 종료된 광고를 새로 작업한 매물들로 등록을 한다. 이 작업이 끝나면 점심을 먹으러 나가서 상권도 둘러보고 틈나면 물건 작업도 같이 한다. 점심 식사가 끝나면 사무실에 들어와 블로그 작업을 한다. 부동산에서는 아직 블로그가 힘이 있다. 꾸준히 해야 한다. 블로그 작업이 끝나면 주변 상점 사장님들을 만나 인사드리고 얼굴을 비추며 미리 물건 작업을 해 놓는다. 이런 루틴이 만들어지는데 이 중간중간에 문의 전화를 받고, 미팅도 해야 한다.

 이런 루틴이 매일 반복이다. 주말에도 일해야 하며 업종에 따라 저녁이 바쁜 경우도 있다. 기본적으로 인터넷과 어플을 이용한 광고, 블로그 마케팅은 부동산 중개업에서 필수라고 생각한다.

2) 최고의 마케팅은 인맥이다

내가 생각하는 가장 좋은 마케팅은 바로 인맥이다. 인맥은 영업에 있어 가장 큰 자산이다. 나를 믿어주고 나에게 맡겨주고 나를 소개해줄 수 있는 인맥을 많이 만든 다면 앞서 이야기한 기본이라는 광고는 하지 않아도 될 것이다. 간단하게 예를 들어, 내 가장 친한 친구가 대기업 회장이라고 가정하면 그 회사에서 필요로 하는 사무실 계약, 사옥 매매, 직원들 기숙사 계약 등을 나에게 전부 몰아줄 수 있을 것이다. 이런 인맥을 많이 만든다면 광고를 하지 않아도 일거리는 넘쳐날 수 있다. 물론 대기업 회장이 친구라는 극단적인 예시를 들었지만 간단하게 식당을 하는 친구, 카페 하는 지인, 미용실 하는 친척 등이 내 인맥이 될 수 있을 것이고 이런 인맥을 통해 소개받는 사장님들도 결국 내 인맥이 되는 것이다. 그렇기 때문에 중개를 할 때마다 최선을 다하고 내가 정말 이 분야에서 가장 뛰어난 공인중개사라는 것을 각인시켜 소개를 많이 받는 것이 최고의 마케팅 방법이 아닐까 생각한다.

7. 식당 창업 방법과 노하우

1) 나는 음식점 창업으로 성공할 수 있는 사람일까?

내가 중개업을 하며 수많은 예비 창업자와 상담을 했는데 그냥 막연하게 '음식점을 창업하면 돈을 많이 벌 수 있다.'라고만 생각하고 음식점을 창업하시는 분들이 정말 많았다. 음식점 창업이 절대로 만만한 사업이 아니기 때문에 나는 음식점 창업으로 성공할 수 있는 사람인지 꼭 한번 체크해 보자.

우선 충분한 자금계획과 자금확보가 되어있는지 확인해야 한다. 음식점 창업을 할 때 생각보다 많은 투자비용이 들어간다는 것을 알아야 한다. 보증금, 권리금, 인테리어 비용, 초도물량대금 등 '초기투자비용'만 생각하여 자금 계획을 가지고 창업을 하시는 분들이 생각보다 많다. 정말 좋은 자리 또는 정말 잘나가는 가게를 인수하여 음식점 영업을 시작하는 것이 아니라면 내 사업이 자리 잡는데 충분한 시간이 필요하다. 이렇게 자리 잡는 동안 버틸 수 있는 운영자금이 별도로 더 필요한데 이 부분을 생각하지 못하고 창업을 하는 경우가 많다. 이게 별거 아닐 것 같지만 운영자금의 여유 없이 창업을 했다가는 초조함과 자금난에 쉽게 폐업을 할 수 있고 큰 포부를 가지고 시작한 음식점 사업의 꿈을 초라하게 망가뜨릴 수 있기 때문에 최소 6개월 정도의 운영자금을 추가로 더 준비하는 것이 좋다.

다음은 '매출 대비 수익률 향상과 세금에 대한 공부를 잘할 수 있느냐'이다. 요즘 인스타그램이나 유투브 등을 통해 외식 사업으로 잘나가는 분들이 많이 보이는데, '매출이 몇 억이다, 한 매장에서 이만큼 번다.'라고 말하는 사람들이 늘어나고 있다. 하지만 사업소득은 근로소득과는 다르다는 것을 잘 알아둬야 한다. 직장에서 일하면 4대 보험과 세금을 공제하고 흔히 말하는 세후 월급을 받게 되는데 사업소득은 매출을 전부 가져가는 것이 아니라 임대료도 내야 하고 인건비도 지출되고 재료비도 지출되고 게다가 세금도 생각하는 것보다 훨씬 많이 내야 한다. 그렇기 때문에 수익률 관리나 매출 관리를 잘할 수 있어야 한다는 것이다.

음식점 창업을 하고 1년이 지나 세금 폭탄을 경험하면 아마 스스로 세금 공부를 하게 될 것인데 이걸 스스로 잘 공부할 수 있는 사람인가 생각해봐야 한다.

다음으로 '내 일을 스스로 생각하고 판단하고 미래지향적으로 발전시켜 나가는 성향인가.' 생각해봐야 한다. 위에서도 언급했듯이 음식점 창업은 사업이다. 직장인처럼 월급이 따박따박 들어오는 것이 아니라 내가 얼마만큼 열심히, 아니 내가 얼마나 잘 해냈느냐에 따라 수입이 천차만별이라는 것이다. 또한 오늘은 100만 원을 벌었지만 내일은 0원을 벌 수 있고 오히려 마이너스가 날 수 있는 일이다. 나라는 사람이 흔히 말하는 월급 루팡의 성향이라면 빠르게 생각을 접는 게 좋고, 내가 미래지향적이고 능동적이며 스스로 해결하는 성향인지를 꼭 체크해 보시길 바란다.

다음은 '남들이 쉴 때 일할 수 있는가?'이다. 음식점은 고객들이 음식을 먹으러 오는 곳이다. 즉 쉬는 시간, 쉬는 날에 찾아오는 곳이기 때문에 음식점 창업을 할 경우 남들이 쉴 때 일을 해야 한다는 점을 알아야 한다. 업종에 따라, 상권에 따라 다를 수 있지만 직장인처럼 근무 시간이 일정한 것이 아니라 기본적으로 아침 일찍 출근해서 저녁 늦게까지 일을 해야 하고 휴일 없이, 주말 없이 일해야 할 수 있다는 것을 알고 시작해야 한다.

다음은 '진상고객과 컴플레인에 잘 대처할 수 있는가.'이다. 요즘 들어 특히나 진상 고객들이 많아지는 것 같다. 정말 다양한 진상 고객들이 있는데 예를 들면, 설렁탕집에 남자 셋이 와서 설렁탕은 두 개 시키고 공기밥 무제한이니 밥만 더 먹겠다는 경우도 있을 수 있고 술에 취한 취객이 술주정을 부릴 수도 있다. 맛있게 밥을 다 먹고 마지막에 머리카락이 나왔다고 하는 경우도 있고, 이 밖에도 우리가 생각할 수 없는 무수한 진상들이 언제 어떻게 나타날지 모른다. 또한 정당한 컴플레인이라도 강성의 고객이라면 이런 컴플레인 처리도 잘 해줘야 한다. 이런 고객들에게 제대로 대응하지 못하면 악플이나 낮은 평점, 안 좋은 소문 등으로 의도치 않게 가게 경영이 어려워질 수 있기 때문이다.

마지막으로 '극한의 스트레스 관리를 할 수 있을까?'이다. 위에 언급한 모든 부분이 사실 전부 스트레스로 돌아올 수 있다. 날마다 오르는 재료비, 임대료 인상, 인건비 폭등, 늘어나는 경쟁 음식점들 등 매일매일이 스트레스이며 진상 고객, 컴플레인, 직원들의 불만 등등 셀 수 없이 새로운 스트레스들이 생기는데 이런 스트레스를 잘 관리하고 극복하는 사람이 결국 음식점 창업 후 성공을 할 수 있는 사람인 것이다.

이 중 몇 가지나 나에게 맞는지 체크해보고 내가 식당 창업으로 성공할 수 있는 사람인가를 먼저 파악하며 창업을 시작하면 아무 준비 없이 시작하는 것보다 성공할 수 있을 것이다.

2) 식당 창업에 성공한 사장님들의 5가지 특징

7년째 상가를 전문으로 중개를 하면서 그동안 정말 많은 예비 창업자 및 기존 사장님들을 상담하고 사업 비전 및 음식점 운영 스토리들을 들었다. 약 3,000건 정도의 음식점 창업 상담을 진행했는데 그중에서 식당 창업으로 성공하신 사장님들을 지켜보면서, 내가 느꼈던 공통적인 특징 5가지에 대해서 이야기해보려고 한다.

이 특징들을 잘 기억해서 창업하기 전, 사업을 운영하면서 꼭 기억하고 적용해보면 좋을 것 같다.

먼저 첫 번째, 음식점으로 성공한 사장님들은 명확한 컨셉과 타겟을 잘 설정한다는 것이다. 성공한 사장님들은 유행을 따르지 않고 본인만의 명확한 컨셉이 있었고, 유행을 따라가더라도 똑같이 따라 하는 것이 아니라 아이템을 인용할 뿐 본인만의 컨셉을 꼭 지켰다. 또한 모든 사람이 다 좋아하는 컨셉, 누구나 만족할만한 컨셉은 마케팅 비용이 엄청나게 들어갈 뿐만 아니라 사실상 불가능하기 때문에 내 음식점을 좋아할 수 있는 타겟층을 명확하게 하여 그들에게 지속적인 마케팅을 했다. 즉, 단순히 음식점으로 돈을 많이 벌어야겠다는 생각이 아닌 남들과는 다른, 고객들이 찾아올만한, 고객들이 반할만한 컨셉을 만들어 컨셉에 맞는 타겟층을 설정한 것이다. 좋은 예를 들면, 내가 좋아하는 '알아차림'이라는 한식 다이닝 브랜드의 대표님께서는 '비싸지 않은 가격으로 접근성이 좋은 고급 다이닝을 만들어보자', '해외진출을 위해 한식을 주제로 해서 브랜드를 만들어보자'라는 비전을 가지고 새로운 한식 다이닝 브랜드를 만들었다. 오마카세보다 훨씬 접근하기 쉽지만 분위기 및 음식 퀄리티는 고급스러운 느낌을 주도록 브랜드를 만들려고 했고, 음식의 가격대는 4만 원부터 책정하여 가성비가 좋은 고급 식당을 만들었다. 여기는 일반 소비자들, 데이트하는 커플들도 많이 방문하지만 명확하게 노린 타겟층은 '법인카드를 사용하는 비즈니스 미팅이나 상견례, 생일 행사 등 기념일에 찾는 가족 단위 고객들'로 설정을 했기에 역세권+오피스 상권에 매장을 오픈했다. 그렇게 해서 지금은 50~70평 정도 되는 매장을 5개까지 확장한 상황이며 연말에 또 추가로 오픈할 예정이라는 소식을 들었다.

두 번째는 고객 중심의 서비스를 한다는 것이다. 고객은 모든 사업의 핵심이다. 성공하는 사장님들은 고객의 니즈를 파악하고 이를 충족시키기 위해 끊임없이 노력하고 있다. 음식점을 운영하고 만들어가는 것은 당연히 사장님 자신이지만, 음식점을 이용하고 이곳에 돈을 쓰는 사람들은 바로 고객이기 때문이다. 나만 좋아하고 나만 원하는 컨셉의 음식점이 아닌, 고객들이 어떤 것을 원하고 어떤 것을 좋아하는지를 잘 파악하고 이런 것들을 제공해야 하기 때문에 고객의 피드백을 경청하고, 서비스 개선에 적극적으로 반영하는 것이 중요하다는 것이다. 논현동에 '정육공방'이라는 소고기 오마카세가 있는데, 이곳 사장님께서는 손님들의 의견을 자세히 듣고 적극적으로 수렴하시기 위해서 직접 서빙을 하시면서 고객분들께 음식 맛이나 불편 사항은 없는지 체크를 하시고, 또 요리도 직접 하시면서 어떻게 하면 좀 더 고객 취향을 반영해서 음식을 만들 수 있을지 고민을 많이 하시는 분이다. 이러한 이유 때문인지 현재 연말까지 예약이 꽉 차 있고, 이용하기 정말 힘든 맛집으로 유명한 곳이 되었다.

세 번째는 효율적으로 운영 관리를 한다는 것이다. 음식점 운영에 있어서 효율성은 매우 중요한데, 항상 상담할 때 이야기하지만 매출이 1억인데 순수익이 100만 원이라면 분명 문제가 있는 것이 아닐까? 그렇기 때문에 효율적인 운영이 정말 중요하다. 비용과 공간을 낭비하지 않도록 재고관리에도 힘써야 하고, 요즘 인건비가 매우 높기 때문에 인력 운영도 효율적으로 해야 하고, 마케팅 부분이나 식재료, 기타 잡비 등 간단한 부분에서의 비용 절감도 잘 생각해야 한다. 즉, 다양한 운영 측면에서 체계적이고 효율적인 관리가 이루어져야 한다는 것이다. 내가 계약했던 설렁탕집 '스지옥' 사장님은 이 부분을 정말 잘하시는 것 같다. 여기 사장님은 우선 임대료를 줄이기 위해서 손품과 발품을 엄청 팔았다. 많이 임장을 다니고 조금 덜 비싸면서 상권은 활성화된 동네로 가게 자리를 알아봤다. 그래서 주거와 오피스가 적절히 섞인 좋은 상권에다가 40평에 넓은 매장을 100만 원대 월세로 구해서 고정비를 많이 세이브 했고, 아침 일찍 출근해서 설렁탕 육수를 미리 대량으로 준비하면서 원가도 잘 조절하고 있었다. 그리고 요즘은 음식점 인력을 구하기가 정말 힘든데 스지옥 사장님은 '아 뭔가 우리 가게만의 직원 교육 시스템을 만들어야겠다.' 이렇게 생각을 하고 <스지옥 직원 교육 시스템>을 만들어서 잘 교육받은 직원을 고정으로 두고, 또 새로운 직원이 와도 스지옥 교육 시스템 하에 업무를 잘 배울 수 있게 만들었다. 그리고 사장님 본인은 파트타이머 역할을 하면서 매장 두 곳을 돌면서 잘 운영 관리하고 있다.

네 번째는 지속적인 마케팅과 홍보를 한다는 것이다. '내가 맛있는 음식을 제공하면 손님들이 많이 찾아주겠지?', '인테리어를 멋지게 하면 SNS를 통해서 맛집이 되지 않을까?'라는 단순한 생각으로 음식점을 창업하고 아무런 마케팅을 하지 않는다면 절대로 성공할 수 없다. 시장에서의 경쟁은 매우 치열한데 특히 음식점 시장은 그 어느 영역보다도 치열하다. 성공하는 사장들은 절대 가만히 기다리고 있는 것이 아니라 지속적인 마케팅과 홍보 활동을 통해 식당의 브랜드 가치를 높이고, 새로운 고객을 유치하고 있다. 네이버에서 'OOO 맛집'으로 한번 검색을 해 보면 많은 음식점들이 나오는데 이런 플레이스 상위 노출이 그냥 올라가는 것일까? 유명해지면 알아서 노출이 되는 걸까? 지속적인 마케팅을 하고 있는 것이고 그만큼 비용을 투자하고 있는 것이다. 또한 인스타그램, 블로그 등 지속적인 마케팅을 통해 노출 빈도를 높이고 내 가게로 찾아올 수 있게 만들고 있는 것이다.

마지막으로 시장에 대한 유연성과 혁신적인 마인드를 가지고 있는 것이다. 음식점 시장의 트렌드와 유행은 정말 빠르게 변한다. 물론 한 가지 메뉴로 몇십 년 전통을 이어오고 있는 음식점들도 있겠지만, 유행하는 아이템이나 트렌드는 짧으면 1년도 안 되어서 바뀌고 길어도 4~5년을 지속하지 못하는 것 같다. 이러한 시장의 변화에 빠르게 적응하고, 새로운 트렌드를 반영하는 유연성이 필요하다. 이에 맞게 끊임없는 메뉴개발과 필요할 때에는 혁신적인 인테리어 변경 등을 통해 고객에게 새로운 경험과 트렌드에 맞는 감성, 서비스를 제공하는 것도 정말 중요하다. 앞에서 말했던 '알아차림'의 경우에도 한식이라는 어떻게 보면 진부하고 너무나도 익숙한 아이템을 가지고 현재 트렌드에 맞게 다이닝, 고급화, 오마카세, 코스요리의 느낌으로 잘 변화시켜 승승장구하고 있다.

무작정 창업하는 것, 유행하는 아이템, 프랜차이즈로 오픈하는 것은 정말 위험하기 때문에 이 다섯 가지 특징을 사업에 잘 적용하여 식당 창업을 해야 할 것이다.

3) 식당 창업 전 상권분석 하는 방법

먼저 "상권분석"을 왜 하

는 것일까? 좋은 상권을 찾기 위함이다. 그렇다면 좋은 상권은 어떤 상권일까? 바로 내가 창업하려는 음식점에 적합한 상권이 좋은 상권 아닐까? 예를 들어, 강남이라고 해서 무조건 좋은 상권일까? 누군가에게는 좋은 상권이 될 수 있고 누군가에게는 전혀 갈 이유가 없는 상권이 될 수도 있다. 그렇기 때문에 내가 창업하려는 음식점의 컨셉이 잘 통할 수 있는 그런 상권을 찾아야 하는데, 첫 번째로 이야기하고 싶은 상권분석 팁은 바로 '아이템과 컨셉을 명확히 하라.'이다. 왜냐하면 내 식당의 컨셉이나 아이템이 어떤 것이냐에 따라 상권을 선택하는 기준이 달라지기 때문이다. 예를 들어, 내가 고급 다이닝을 하겠다 한다면 유동 인구가 많은 곳보다는 상권 안의 집값이 높고, 소득수준이 높은 곳이 더 중요할 것이고, 내가 저가형 음식점으로 박리다매를 하겠다 한다면 집값, 소득수준보다는 유동 인구가 많고 많은 사람이 쉽게 접근할 수 있는 상권이 훨씬 좋을 것이다. 또 다른 예는, 내 식당의 컨셉이 공간을 활용하여 90% 이상 예약을 해서 손님들이 찾아오는 곳이라면 꼭 1층을 고집할 이유가 없을 것이고, 유동 인구가 많은 곳보다는 지도에서 검색했을 때 찾아오기 쉽고 편한 곳을 찾아야 한다. 그렇기 때문에 상권분석을 하기 전 반드시 내가 창업하려는 식당의 컨셉과 아이템을 구체적으로 설정해야 한다.

이제 두 번째. 진짜 상권분석 팁은 그냥 집에 앉아서 스마트폰 하나만 있으면 할수 있는 방법이고 매우 편리한 방법이다. 바로 빅데이터에 기반한 [상권분석 시스템] 활용하기이다. 주로 이용하는 사이트 세 가지를 알아보자.

〈오픈업〉

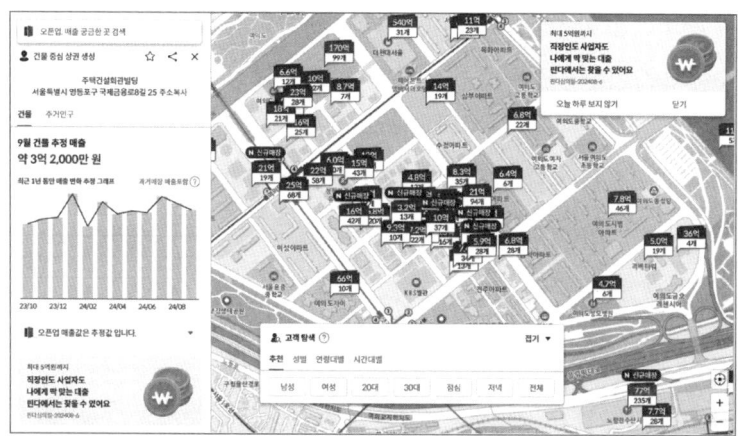

출처: 오픈업 홈페이지

　오픈업은 점포의 매출을 확인할 수 있는 시스템이다. 모바일이나 PC로 볼 수 있기 때문에 언제 어디서든 사용이 가능하다는 장점이 있다. 물론 정확한 매출은 아니지만 카드사 매출을 기반으로 점포의 매출을 측정해 주는데, 확인해본 결과 5~10% 정도 오차율은 있지만 '어느 정도 수준의 매출이 나온다'라고 확인할 수 있는 매우 유용한 사이트이다. 우리가 창업을 하기 전 나와 비슷한 컨셉이나 종류, 비슷한 크기의 매장들의 매출이 얼마나 나오는지 확인을 하게 되면 내가 이 상권에 창업했을 때 기대수익을 대략적으로 파악해 볼 수 있다는 점이 정말 큰 장점이다. 그리고 내가 들어가려는 상권의 전체적인 매출을 통해 이 상권의 시장규모도 파악할 수 있다. 또한 오픈업에서는 배후세대, 상권 결제 시간대, 요일, 주말과 휴일, 성별, 연령대별 데이터를 알 수 있기 때문에 이런 데이터를 활용하여 나에게 적합한 장소인지 알 수 있게 해준다. 그리고 가장 큰 장점은 무료라는 점이다. 이전에는 이렇게 어떤 상권이나 점포의 매출을 확인하려면 카드사에서 제공하는 서비스를 이용해야 했는데, 이 서비스 이용 금액이 연간 몇천만 원 수준으로 매우 높은 비용을 지불해야 했다. 그런데 이와 거의 똑같은 서비스, 오히려 다른 데이터를 더 제공하는 서비스임에도 불구하고 무료라는 점이 정말 대박이다. 이게 언제 유료화될지는 모르기 때문에 빨리, 많이 활용해 봐야할 것 같다.

〈나이스비즈맵〉

출처: 나이스비즈맵 홈페이지

    나이스 비즈맵은 음식점의 종류를 정말 세밀하게 나눠서 그에 맞춘 데이터를 제공해 주는 시스템이다. 지역-업종을 선택해서 보고서 작성을 요청하면 상권특성, 밀집도, 시장규모, 매출규모, 점포 수, 결제단가/이용건수, 비용/수익통계, 매출 비중, 고객비중, 유동 인구 등의 데이터를 보고서 형식으로 받아볼 수 있다. 대부분의 상권분석 시스템이 서울이나 수도권을 한정해서 데이터를 제공하는데 반해 이 나이스비즈맵은 지방 데이터까지 제공한다는 점이 큰 장점이고, 동종업계의 데이터를 한 번에 알아볼 수 있게 보고서 형식으로 준다는 점이 또 하나의 큰 장점이다. 특히 유동 인구 체크를 할 때 활용을 많이 하는 편이다.

〈비즈gis의 gis분석툴〉

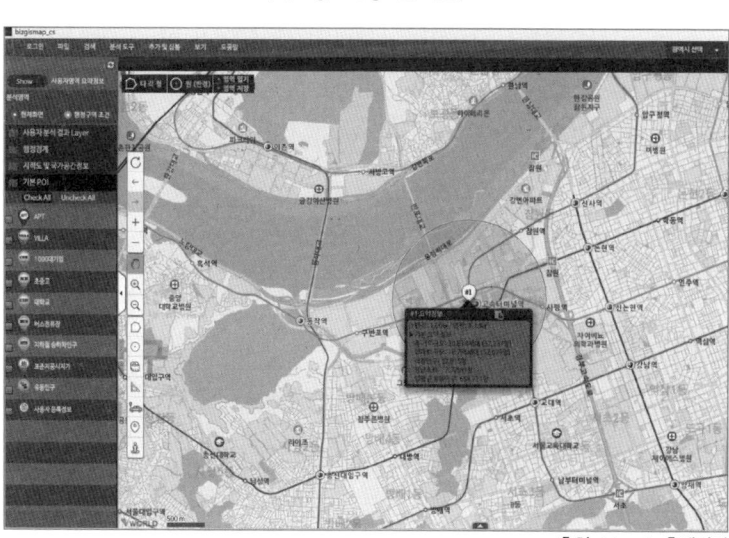

출처: biz-gis 홈페이지

gis 분석툴은 선택한 상권 안의 총 세대규모, 아파트 세대규모, 직장인구, 평균소득, 일 평균 유동 인구를 파악할 수 있고 지도안에서 아파트의 평균가격, 우리나라 1,000대 기업의 위치, 초·중·고등학교의 위치, 대학교 위치, 버스정류장 위치, 지하철 평균 이용객 수, 표준공시지가 등을 확인할 수 있는 시스템이다.

이 세 가지 시스템만 활용하더라도 집에 앉아서 또는 이동 중에도 상권분석은 충분하게 할 수 있다.

　세 번째, 이건 내가 상권분석에서 정말 중요하게 생각하는 부분이다. 요즘에 '상권분석 안 해도 된다', '발품 팔지 않아도 된다.' 이런 이야기를 하는 사람들도 많은데 나는 절대로 그렇게 생각하지 않는다. 내가 공부를 해서 어느 정도 상권이 정해졌다? 그럼 거기로 우선 나가봐야 한다. 가서 유동 인구나 실제 거리 분위기, 시장의 느낌을 꼭 확인해야 한다. 시장을 전혀 보지 않고 데이터로만 창업을 해서 성공한다면 왜 1년에 50%가 넘는 식당들이 폐업을 할까? 반드시 현장에 나가서 최소한 내가 영업할 시간만큼은 또 평일과 주말 1주일 정도는 직접 나가서 그 시장의 느낌과 분위기를 꼭 파악해야 한다. 사례를 하나 이야기해보면, 아시는 분이 샤브샤브 칼국수집을 했었는데 이 동네가 오피스 상권에 상주 직장인구가 정말 많아서 바로 계약을 하고 운영을 했었다. 점심에 웨이팅도 길고 너무 바빠서 사람들도 더 쓸 정도였다. 운영을 하다 보니 러쉬 타임에는 정말 바빴지만 저녁에는 손님이 거의 안 오길래 뭐가 문제일까 생각해보니 이 자리가 대중교통 이용이 어려운 자리였다. 그래서 직장인들이 저녁을 거의 먹지 않고 집으로 가거나 상권지로 나가서 저녁 식사나 술을 마시는 것이었다. 직접 현장에 나가서 최소한 1주일이라도 본인의 영업시간만큼은 상권을 지켜보았다면 이런 문제점을 미리 파악할 수 있었을 텐데 하는 아쉬움이 남는 사례였다.

　그리고 내가 계약하고 싶은 상가가 있다면 거기 가서 현재 임차인과 대화를 해보는 것도 좋은 방법이다. 계약할 때 임대료는 얼마나 올렸는지, 최근에 임대료는 언제 올렸는지 등의 질문을 통해 그 건물 임대인의 성향이 무난한지, 깐깐한지, 칼 같은지 등을 알 수 있기 때문이다. 식당 운영을 하다 보면 임대인의 성향이 생각보다 많은 영향을 끼칠 수 있기 때문에 이런 방법을 통해서 임대인의 성향을 확인하는 것은 정말 중요한 포인트가 될 수 있다. 그리고 전에는 이 자리에서 어떤 장사를 했었는지도 알아두면 정말 좋다. 하지만 이런 것을 신경 안 쓰시는 분이 대부분이다. 상담했던 고객 중 한 분이 이전에 국밥집을 오픈을 했는데, 기존에도 국밥집을 하다가 쫄딱 망한 자리에 오픈한 것이다. 단순하게 국밥집하던 자리니 손볼 곳도 별로 없고 비용도 많이 들어가지 않아서 그 자리를 선택했다고 한다. 하지만 그 자리가 이전엔 왜 장사가 잘되지 않았을지는 생각 못 했고 결국 얼마 유지하지 못하고 폐업을 하고 말았다.

상권분석을 꼭 스스로 공부하고 현장도 확인한다면 실패하지 않는 식당 창업을 할 수 있을 것이다.

4) 단기간에 폭망하는
식당의 특징과 직원 관리 노하우

자영업 하시는 분들의 가장 큰 고충은 직원 관리가 아닐까? 직원 관리는 안정화가 좀 되었다 싶으면 문제가 생기고 개인사나 이런저런 문제들이 자주 발생하게 된다. 또 요즘은 특히 외식업이 인력을 구하기도 매우 힘들고 오래 근무하는 직원마저 드문데, 만약 직원 공백이 생기게 되면서 사장들은 난관에 부딪히게 된다. 좋은 직원들이 함께 해야만 음식점의 운영과 관리가 편해지고, 그만큼 매출도 안정적으로 올라갈 수 있는데 이것이 힘들어지니 결국 단기간에 문을 닫고 폐업을 하는 사례들이 증가하고 있다.

직원 관리가 안 되는 사장님의 특징은 무엇일까? 바로, "누구에게나 좋은 사람이 되고 싶어 한다." 누구에게나 좋은 사람이 될 수 있다면 얼마나 좋을까? '호불호'라는 말이 있듯이 사람들은 누구나 좋아하고 싫어하는 특성이 전부 다 다르다. 누구에게나 좋은 사람이 되려고 여기에 맞추고 저기에 맞추다보면 결국 운영 기준이 모호해진다. 이 직원이 이거 해달라고 하면 해주고, 저 직원이 저거 해달라고 하면 또 해주고, 결국 모든 사람에게 맞추려고 하다 보면 이도 저도 안 되는 경우가 되어버린다. 사장은 내 가게와 직원들을 성장시키고 먹여 살려야 하는 위치이며 우리 가족들을 이끌어가는 존재이다. 한 개인으로서 좋은 사람이 되는 것은 뭐라고 할 수 없지만 사장이라면 이런 부분을 확실히 해야 할 필요가 있다.

또한 "판단과 기준을 명확하게 하고 거기에 맞춰 확고하게 일을 처리해야 한다."

직원들이 잘못하거나 일을 제대로 수행하지 못했을 때 단호하고 명확하게 이야기해줘야 한다. '좋게좋게'라는 생각을 버리고 미리 공표한 기준에 맞춰 지적하고 잘못한 부분이 있다면 그 부분을 명확하게 이야기해야 한다. 쓴소리하기 미안해서 다른 이야기하고 농담 식으로 이야기를 해버리면 직원들도 사장이 하는 말을 장난으로 알아듣거나 권위 없이 듣기 때문에 일이 해결되지 않게 된다. 기준을 정하고 그에 맞게 명확하게 이야기를 해줘야 직원들도 기준을 따르려고 할 것이며 불만이나 다른 말이 나오지 않을 것이다.

그렇다면 어떻게 직원 관리를 해야 할까? 직원 관리를 잘하시는 사장들을 살펴보니 직원들의 행동을 본인의 탓으로 돌린다는 공통점이 있었다. 일을 잘하는 직원을 뽑은 것도 일을 못하는 직원을 뽑은 것도 모두 자신이 면접을 봤거나 자신이 선임한 사람이 면접을 보고 뽑은 직원이기 때문에 일을 잘하든 못하든 자신이 선택한 직원이고 그에 따른 책임을 진다고 생각한다. "아, 이 직원은 일은 너무 못해서 스트레스 받아.", "아, 이 직원은 근태가 너무 안 좋아." 이런 생각해봤자 변하는 것은 아무 것도 없다. 내가 선택한 직원은 우리 가게의 기준에 맞게 교육하고 거기에 맞는 상벌을 줘야 한다. 이것이 제대로 되어야 모든 직원들이 규정에 맞게 행동을 하게 되고 그래야만 업장이 제대로 돌아갈 수 있게 된다.

성공적인 직원 관리로 영업장을 늘려나가시는 사장들을 만나보고 느낀 직원 관리 잘하는 노하우를 정리해보면 첫 번째, 업무 시스템을 매뉴얼화해서 일 잘하는 기준을 만들어야 한다. 사장의 주관적인 기준으로 평가하는 것보다 우리 가게의 일을 매뉴얼화하고 그것을 기준으로 일 잘하는 직원과 못하는 직원을 구분해야 한다. 정확한 기준이 있어야 직원들도 불만을 갖지 않고 일할 수 있고 그 기준에 맞게 일하려고 노력할 수 있게 된다는 것이다. 또한 직급체계를 명확히 하고 직급에 맞는 임무와 책임을 주게 된다면 직원들도 책임감을 가지고 일하게 되고 사장 입장에서도 직원들을 직급에 맞게 관리할 수 있게 된다.

두 번째, 직원들이 열심히 일할 수 있는 동기부여를 줘야 한다. 매출이 높은 가게의 직원들은 모두 즐거울까? 직원들의 반응은 대부분 두 가지로 나뉘게 된다. 힘들어하거나 즐거워하거나. 왜 그럴까? 바로 인센티브 여부에 따라 반응이 나뉘는 것이다. 매출이 늘고 일은 많은데 인센티브 없이 월급만 받는다면 직원의 입장에서 손님이 많은 것보다는 손님이 없는 것이 일하기 편하고 좋을지도 모른다. 하지만 매출에 따라 직원들에게 인센티브가 돌아간다면 일이 바쁘더라도 매출이 올라가는 것이 눈에 보이고 거기에 따른 인센티브를 받을 생각에 일을 더 열심히 하게 된다는 것이다. 꼭 인센티브가 아니더라도 홀팀 대 주방팀, 매장이 여러 개 있다면 매장별로 매출 대결/신메뉴 대결을 한다거나, 직원들에게 교육의 기회를 줌으로써 직원들의 성장을 돕고 그것을 주제로 하여 직원들과 소통을 원활하게 할 수도 있을 것이다. 직원들과 소통이 잘 되고 직원들이 즐겁게 일할 수 있는 환경을 통해 누구나 일하고 싶은 가게로 만들 수 있을 것이다.

세 번째, 정기회의를 통해 직원들의 근무상태를 피드백 해줘야 한다. 주간회의 또는 월간회의를 정해두고 그 시간에 그동안 직원들의 업무평가와 피드백을 주는 것이 가장 효과가 좋다. 직원들이 잘하고 있는 부분이나 잘못한 부분을 실시간으로 피드백을 주게 되면 중복되는 피드백이 생길 수 있고 듣고 있는 직원 입장에서는 일하는 도중이라면 제대로 인지하지 못할 수 있으며 엄청나게 심한 스트레스를 받을 수 있고 그만큼 힘들어하며 퇴사할 확률이 높아진다. 실시간으로 직원들의 직무상태를 체크하고 이걸 한 번 더 정리해서 일정한 시간에 피드백을 해주는 것이 직원들에게 피드백 전달이 잘 되고 직원들도 스트레스를 적게 받아 긍정적인 효과가 나올 것이다.

5) 대 폐업의 시대에서 자영업으로 살아남는 방법

현재 자영업자 폐업률이 역대 최대치를 기록하고 있다.

고금리와 고물가 등으로 소상공인과 자영업자의 대출이 코로나19 때보다 크게 늘었으며, 대출을 갚지 못해 폐업하는 경우도 증가하고 있다. 정부는 이들을 지원하는 예산을 올해보다 늘렸지만, 현장 체감이 어려운 만큼 실질적인 대책을 마련해야 한다는 전문가 지적이 나오고 있다.

24일 한국은행에 따르면 은행의 개인사업자(자영업자) 대출 잔액은 지난달 말 기준 455조 7,000억 원으로, 코로나19 전인 2019년 8월 말(329조 9,000억 원)보다 38.1% 증가했다.

대출과 연체액은 늘었지만, 소상공인이 이를 갚지 못해 지역신용보증재단이 대신 변제한 은행 빚도 크게 늘었다. 국회 행정안전위원회 소속 더불어민주당 양부남 의원이 신용보증재단중앙회에서 제출받은 자료에 따르면 올해 1~7월 지역신보 대위변제액은 1조 4,450억 원으로 전년 동기 대비 59.9%나 늘었다. 대위변제액은 2021년 4,303억 원에서 2022년 5,076억 원으로 소폭 늘었으나, 지난해 1조 7,126억 원으로 3배 이상 증가했다.

대출금을 갚지 못해 폐업하는 소상공인도 늘었다. 지난 1~7월 지급된 노란우산 폐업 공제금은 8,881억 원으로 전년 동기 대비 12.4% 상승했다. 노란우산 폐업 공제금은 코로나19 전인 2019년 6,142억 원에서 2020년 7,283억 원, 2021년 9,040억 원, 2022년 9,682억 원, 2023년 1조 2,600억 원으로 지난해 처음 1조 원을 넘는 등 갈수록 심각해지고 있다.

중소기업 폐업도 늘었다. 지난 1~7월 전국 법원에 접수된 중소기업 법인 파산 신청 건수는 1,153건으로 전년 동기 대비 32.5% 증가했다. 폐업 신고를 한 사업자도 역대 최고치를 기록했다. 이달 국세청 국세 통계에 따르면 지난해 폐업 신고를 한 사업자(개인·법인)는 98만 6,487명으로, 2006년 관련 통계 집계 이후 가장 많다.

출처: 아시아투데이 – "사상 최악의 대출 폐업률" 벼랑 끝 자영업 소상공인 증가... 정부 지원 방안은?

코로나19 팬데믹 때보다 38%나 증가했다고 하는데, 그 말은 '자영업자 폐업신청 100만 시대'라는 것이다. 고물가, 고금리로 대출률은 팬데믹 때보다 크게 오르고, 빌린 대출을 갚지 못해 폐업하는 일도 부지기수이다. 또 절대자가 된 배달 앱에는 높은 중개수수료를 내고 실속 없는 장사를 하면서 울며 겨자 먹기로 비용을 감수하고 있다. 이렇게 고물가와 내수 침체로 자영업자들의 어려움이 극에 달한 상황에도 내년도 자영업자 고용보험료는 삭감되었다. 물론 정부의 자영업자를 살리기 위한 방편들이 나오지만 피부에 와닿지는 않는 현실이다.

이렇게 어려운 자영업 시장 상황에서 사장님들께 조금이나마 힘을 보태기 위해서 "자영업 대 폐업의 시대에서 살아남는 노하우 3가지"를 알려드리려고 한다.

먼저 '소자본으로 창업'을 해야 한다는 것이다. 초기 투자금을 최소화하고 운영자금의 비중을 높여야 나중에 가게를 정리하기도 쉽고 가게를 유지하는 것도 편해진다. 초기 투자금을 낮춰서 억 단위 매출이 안 나오더라도 적당히, 많이 벌 수 있는 매장을 만들어야 한다는 것이다. 어설프게 비용을 투입하는 순간 매출에 대한 압박과 스트레스는 더욱 커지게 되기 때문이다. 예전처럼 경기가 좋고 소비자들의 소비력이 받쳐줄 때에는 자금을 많이 투자하는 만큼 매출로 벌어드릴 수 있었지만 지금 같은 시장에서는 리스크가 매우 크기 때문에 운영 가성비가 좋은 매장으로 만들어 놓는 것이 안정적이고 살아남을 수 있는 가장 좋은 방법이다.

초기 투자금을 최소화하는 방법으로는 신도시 상가, 신축 상가는 피해야 한다. 이런 상가들은 보증금과 임대료가 높기 때문에 상대적으로 초기 투자금이 많이 들어가게 된다. 외관상 적당히 연식이 있는 건물을 선택한다면 보증금을 낮게 잡고 창업을 할 수 있다. 또한 인테리어는 컨셉에 맞게 강조할 부분에만 신경을 쓰고 나머지 부분은 저렴하고 무난하게 한다. 기존에 식당 자리가 내가 하려는 컨셉과 비슷하거나 내가 손보지 않고 사용할 수 있는 부분이 많다면 권리금을 잘 협의해서 들어가는 것이 오히려 인테리어 비용을 아낄 수 있는 방법이다. 그리고 집기, 시설은 중고로 구매하거나 인수하는 식당이 쓰던 것을 재활용하는 것이 좋다. 요즘 폐업하는 곳들이 엄청나게 많다 보니 얼마 쓰지 않은 집기들이 중고시장에 많이 나오는데, 새것 같은 중고 제품들이 정말 많기 때문에 발품을 팔아 이런 집기들을 구하는 것이 초기 자금을 낮추는데 훨씬 유리해진다.

두 번째, 저렴한 가격과 대중적인 메뉴를 구성해야 한다. 지금 시장 상황은 소비심리가 매우 위축되어 있고 소비력도 매우 낮아진 상태이다. 예전부터 나온 "무지출 챌린지"라는 단어만 봐도 현재 시장 상황을 알 수 있고 또한 현재의 삶에 충실하고 현재를 즐기는 "욜로"에서 필요한 것만 사고 불필요한 소비는 줄이는 "요노"가 대세가 되어 버렸다. 좋은 걸 사고, 좋은 장소에 가고, 좋은 걸 먹고 이걸 자랑하던 시장에서 이제는 모든 지출을 아끼고, 오히려 지출을 안 하는 시장이 되어 버린 것이다. 그렇기 때문에 이제는 고급 음식점, 비싼 음식점을 하면 유지가 정말 어려워졌다. 사람들이 찾질 않으니까. 얼마 전 길을 지나다가 '김치찌개 5,900원'이 눈에 들어왔다. 바로 다음 날 점심에 찾아갔는데 나는 단순히 가격만 보고 간 것이었다. 김치찌개 맛은 무난했고, 밑반찬 네 가지 정도에 김치, 무말랭이 등 평범한 반찬이지만 정갈하게 잘

담겨 나와 한 끼 아주 잘 먹고 나왔다. 이 가격에 다시 안 갈 이유가 없다는 생각이 들었다. 저렴한 가격과 대중적인 메뉴를 통해 고객들을 끌고 와야 하고 이 고객들은 단골로 만들어야 한다. 소비자들이 자주 방문할 수 있는 조건으로 만들어야 지금 시장에서 버틸 수 있을 것이다. 무조건 저렴한 가격, 대중적인 메뉴. 잊지 말자.

세 번째, 가게 동선과 시스템을 최대한 효율적으로 만들어야 한다. 매출을 많이 내는 것도 중요하지만 실제로는 순이익이 얼마나 나오는지가 더 중요하다. 요즘 원재료 가격, 인건비가 정말 많이 올랐기 때문에 앞서 이야기한 것처럼 저렴한 가격으로 고객을 모으고 이 고객들을 단골로 만들어야 하는데 물가를 반영해서 가격을 올리면 고객이 오지 않을 것이다. 결국 순이익을 높일 수 있는 방법 중 가장 좋은 방법은 인건비를 줄이는 것이다. 인건비를 줄이기 위해서는 주방과 홀의 동선이 정말 중요하다. 동선이 얼마나 효율적이냐에 따라서 직원이나 알바 2명 쓸 것을 1명만 써도 가게가 운영될 수 있기 때문이다.

예를 들면, 20평짜리 식당에 주방을 10평으로 만든다면 주방이 넓어 안에서 일하는 환경은 좋겠지만 넓어진 주방의 크기만큼 손님을 받을 수 있는 테이블의 수는 줄어들게 된다. 그리고 주방이 너무 넓어지면 동선이 커지게 되고 오히려 비효율적인 주방이 될 수 있다. 그렇다고 주방을 너무 작게 만들면 주방에서 일하는 직원들끼리 동선이 겹치고 부딪히고 사고가 발생할 수 있기 때문에 처음부터 인테리어 디자인을 할 때 이런 부분을 잘 반영해서 동선을 효율적으로 쓸 수 있도록 만들어야 한다.

홀에서도 인건비를 줄일 수 있다. 요즘은 테이블 오더나 키오스크가 매우 잘 나와 있고 소비자들 인식에 거부감도 많이 줄었기 때문에 이런 것들을 활용하면 운영 시스템을 더욱더 효율적으로 만들 수 있을 것이다.

위 3가지를 잘 기억하고 적용하면 지금처럼 힘든 시장 상황을 반드시 이겨내고 성공할 수 있을 것이다.

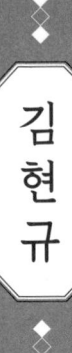

김현규

공인중개사는 파는 사람과 사는 사람을 조율하는 협상가

꼬마빌딩은 연면적이 1000m² 미만의 5층 이하, 5억 이하 규모의 주거지역에 위치한 건물을 꼬마빌딩이라고 말한다.
강남의 경우 같은 규모 대비 땅값이 더 비싸기 때문에 100억 이하까지 보고 있다.

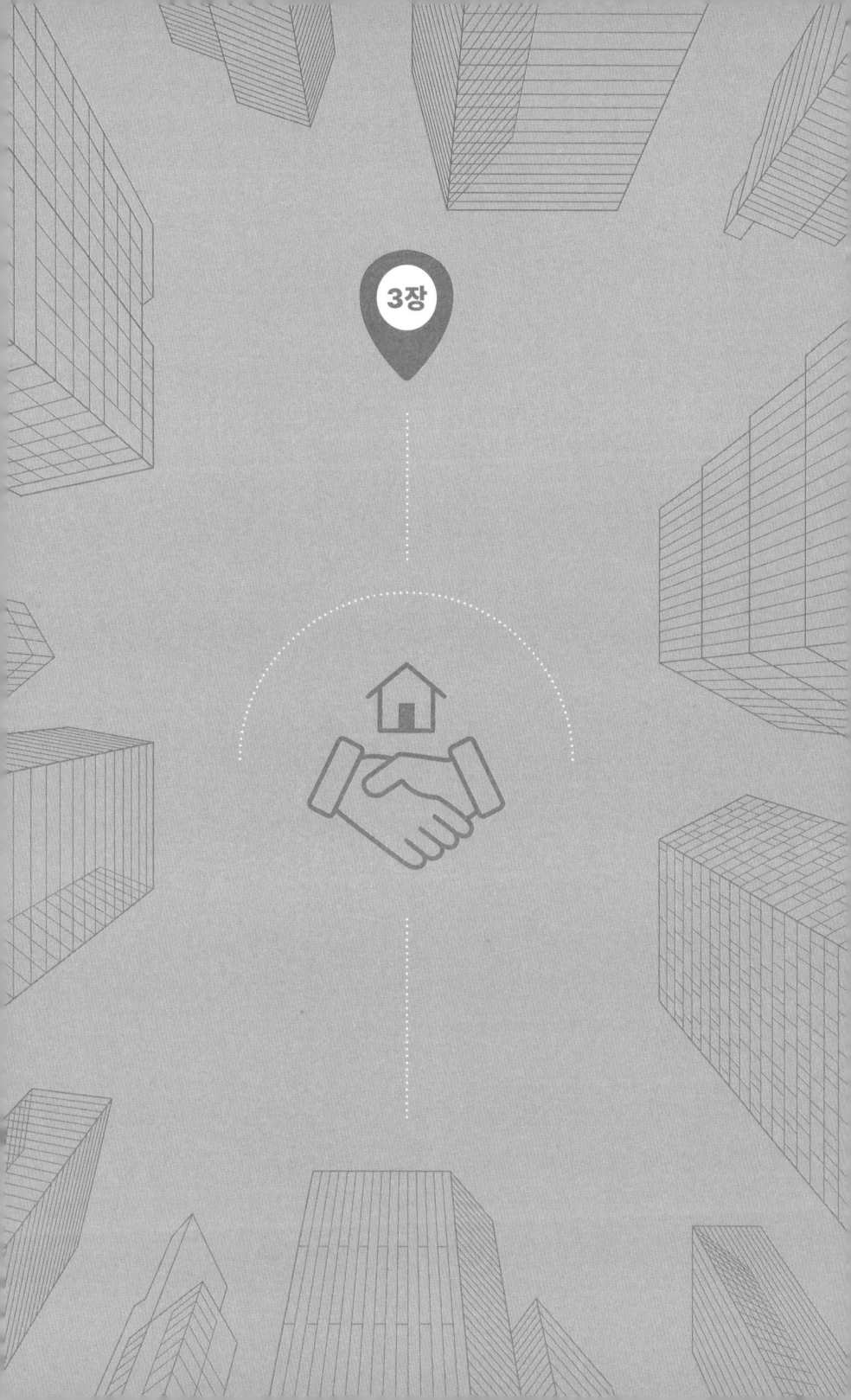

1.
공인중개사를 시작한 계기

공인중개사는 사는 사람과 파는 사람 중간에서 협상을 조율하는 사람이라고 생각합니다. 그래서 저는 공인중개사하면 협상이라는 단어가 제일 먼저 떠오릅니다. 처음에 저에게 공인중개사를 제안한 건 아내의 권유였는데, 처음 권유는 심플했습니다.

> 아내 : 공부를 해보는 게 어때? 법무사? 세무사? 공인중개사?
> 나 : 법도 모르는데? 나 문과야. 부동산 아무것도 모르는데?

며칠이 지나 아내가 다시 말했습니다.

> 아내 : 현재 상황에서 더 좋아지기 위해 할 수 있는 건 공부밖에 없어, 그러니깐 마음먹고 공부 한번 해봐. 월급만 받아서는 절대 성공할 수 없어! 다른 게 필요해! 결혼도 해야지!

진지하게 얘기를 하고 나서, 며칠을 혼자 고민했습니다. 부동산도 관심없는데 할 수 있나? 협상해야 하는데 내가 협상해 본 적이 있나?

아직 20대인데 부동산을 하는 게 맞나? 여러 가지 생각이 들면서 선뜻 결정하지 못하고 있을 때, 아내는 벌써 인강을 결제하고 책까지 주문해 버렸습니다. 자의 반 타의 반으로 시작한 게 공인중개사의 시작이었지만, 지금 생각해보면 아내가 그때 권유를 잘했다고 생각합니다.

공인중개사 시험은 당해 10월 마지막째 주 토요일에 치뤄지는데, 인터넷 강의 시작은 10월에 시험이 끝나고 11월부터여서 바로 공부를 시작했습니다. 처음엔 일도 하면서 공부도 하려니 뭔가 집중도 안 되고 힘들었습니다. 처음 듣는 단어들, 특히 민법, 세법, 공법 하나도 아는게 없어서, 시험을 합격할 수 있을까 싶었습니다.

생각해보면 공인중개사 자격증 없이도 부동산에서 일을 할 수 있지만 그때는 그런 걸 몰랐고, 일단 자격증을 따야겠다는 생각밖에 없었습니다.

일과 공부를 병행하면서 하다가 결국 두 마리 토끼를 잡을 수 없다고 판단했고 아내도 옆에서 도와줄 테니 공부에만 집중하는 게 좋을 것 같다고 했습니다. 덕분에 공부에만 온전히 집중할 수 있었고, 그렇게 1년 공부해서 30회 동차로 합격을 할 수 있었습니다.

공부를 다시 하기가 쉽진 않았고 고등학교 이후로 공부에 크게 관심이 없던 터라 힘들었던 부분도 많았지만 시작부터 끝까지 해낼 수 있었던 건 아내의 도움이 제일 컸습니다. 아내도 같이 공부하면서 함께 문제를 풀고 오답노트도 만들어가다 보니 대화 자체가 부동산에 관련된 얘기도 많이 하게 되었습니다. 서로가 미래를 꿈꾸면서 시작한 첫 번째가 바로 이 공인중개사 공부였기 때문에 그 어떤 것보다 동기부여가 많이 되었던 점이 가장 크다고 생각합니다.

2.
개업 전 소공일 때, 개공일 때

    30회 공인중개사 자격증을 취득하고 바로 일자리를 알아보기 시작했는데, 어떤 분야로 일을 해볼까 생각하다가 아파트와 원룸은 왠지 모르게 끌리지 않았고 상가 사무실을 알아보려고 취업사이트를 찾아보다가 강남에 몇 군데 이력서를 넣었습니다. 당시에 처음 일했던 곳은 상가 사무실을 전문으로 하는 부동산이였는데 나름 그 분야에서 일을 잘하는 젊은 부부가 운영하는 중개법인이었습니다. 팀장 3명이 참여하는 면접을 보고 합격했다고 당일 연락이 오길래 이때만 해도 부동산 문턱이 생각보다 낮구나하고 생각했지만 이것저것 따지는 것보다 몸으로 먼저 부딪혀가며 일을 하는 성격이라서 첫 번째 면접 본 이후 추가 면접 없이 바로 다음 날 출근을 하게 되었습니다.

    상가 사무실을 배우러 왔는데 갑자기 중개법인의 업무 방향이 바뀌어 버렸습니다. 당시에 남자 사장님께서 빌딩매매를 전문으로 부동산으로 변경하고자 생각하시다 보니, 기존에 상가 사무실을 전문으로 하는 직원들도 전부 나가게 되는 사건이 벌어졌습니다. 신규로 들어온 저 같은 소속공인중개사들은 의향을 물어봤고 하나를 전문으로 배우면 더 좋지 않을까 싶은 생각에 계속 일하기로 마음먹었습니다.

    이게 꼬마빌딩매매를 시작한 계기입니다.
    대다수 강남의 중개법인의 시스템은 이렇습니다. 회사와 팀장이 수수료를 분배하고, 팀장수수료 일부를 밑에 팀원에게 나누어주는데 처음 시작한 팀원들은 많이 벌 수 없는 구조이고 회사에서 기본급 또는 활동비를 팀원들에게 지원을 해주기도 하지만, 내가 처음 간 중개법인은 그런 게 없었습니다. 교통비는 물론 식비도 없이 바로 맨땅에 헤딩하는 영업의 시작이었습니다. 신입 팀원의 주된 업무는 매물 확보와 보고서 작성, 그리고 교육을 목적으로 하는 블로그 포스팅 작성인데 체계적인 교육을 받지 못한 게 지금도 아쉬운 부분 중에 하나입니다. 어찌보면 당연한 것이 갑자기 하루아침에 빌딩매매를 전문으로 바꿔다보니 교육시스템은 있을 리 만무했고 손님에게 '이거 좋은 매물이에요. 사세요.' 이게 전부였습니다. 신입직원들은 회사에 없는 매물을 확보해야 인정받기 때문에 매물 확보가 최우선이어서 사무실에 오래 앉아있을 수 없었습니다. 오전에 얼굴 비춰주고, 오후에 어디갈지 한번 정리하고 밖으로 나갔습니다. 건물주를 만나서 물건을 받으면 그래도 그날 할당량은 채우는 건데, 그렇지 못한 날들도 당연히 있었고 그런 날엔 빈손으로 사무실에 들어와서 블로그를 쓰고는 했습니다. 그렇게 할당량을 채우면 금액대가 작은 손님부터 연락을 주기 시작하는데, 손님과 미팅 일정을 잡으면 처음 미팅은 담당팀장과 같이 나가서 팀장이 미팅하는 내용을 들으면서 습득해야 했습니다.

 중개법인의 경우 팀장의 역량이 굉장히 중요합니다. 팀장 밑에 평균 3~5명 정도 팀원들을 두고 영업을 하는데, 그 팀원들을 먹여 살리는 건 회사가 아니라 팀장인 경우가 많습니다. 내 팀원의 물건으로 계약을 만들어야 담당 팀원에게도 수수료가 나가는 구조이다 보니 팀장의 역할이 매우 중요할 수밖에 없습니다.

 당시에 다녔던 중개법인은 건물매매에 막 뛰어든 입장이었고, 계약이 많이 나오지 않는 상황이었습니다. 같이 입사한 동기가 운 좋게 한 달 만에 본인 물건으로 계약이 나오긴 했지만, 보통 정산은 잔금 때 중개수수료를 받으면서 하는데, 건물매매 특성상 잔금은 평균 3개월 이상 걸리기 때문에 정산받기 전까지 열심히 영업활동을 지속적으로 해야 합니다.

일한 지 6개월이 지났지만 크게 진행되는 게 없이 하루하루 물건 작업을 하면서 시간을 보냈었는데 시작이 잘못된 게 아닌가 생각이 들기도 했지만 현재 내가 개업해서 중개 일을 할 수 있었던 건 과거의 시행착오가 있었기에 가능했다고 생각이 듭니다. 내가 속한 팀의 팀장은 해당 중개법인에서 에이스라는 말을 듣는 팀장이었고 나머지 팀원 4명은 계약을 1건도 못한 상황이었는데, 그때 당시 다니고 있던 중개법인에 대한 불만이 조금씩 쌓여가던 시점에 팀장이 팀원들을 모아서 같이 일하길 권유했습니다. 개업하기 위해서는 대표를 할 사람이 필요했는데 같이 나온 팀원들 중에서 중개사 자격증이 있는 사람이 둘뿐이었고 팀장은 대표를 맡기 어려운 사정이 있어 아내와 상의한 후 내가 대표를 맡기로 결정했습니다.

처음에 대표라는 타이틀은 저에게 너무 무거웠습니다. 솔직히 계약서도 한 번 작성해보지 못한 상황에서 계약이 생기면 모든 걸 준비하고 진행해야 한다는 게 너무 부담이었지만, 이제와서 생각해보면 소속공인중개사 생활없이 바로 개업하는 부동산 대표님들은 다들 이런 생각을 했으리라 생각이 되는데, 자리가 사람을 만든다고 하는 말이 꼭 맞는 것 같습니다. 하나둘씩 그 전 직장에서 경험하지 못했던 부분들을 개업하게 되면서 직접 부딪혀가며 배울 수 있었고 이게 지금의 자양분이 되었다고 생각합니다.

소속공인중개사일 때 처음 배운 게 꼬마빌딩매매였기에 개업도 빌딩 전문으로 개업을 했는데 첫 계약이 쉽게 나올 줄 알았지만 계약은 나오지 않았습니다. 처음 계약이 나오기까지 6개월 정도의 시간이 걸렸는데 개업하면서 준비하는 기간 동안 매물 정리, 매물작업 등 당장 영업활동 하기엔 준비해야 할 것들이 많았습니다. 당장 수입이 없어서 분양사무실에서 분양물건을 매매하기도 했고, 첫 계약이 나오기 전까지 버티지 못했던 담당 팀장과 더불어 같이 일하던 직원도 나가게 되었습니다. 그렇게 3명만 남게 되었지만 오히려 우리만의 시스템을 더 견고하게 만들고 단합하면서 계약을 만들어내고 지금까지 유지할 수 있었습니다.

빌딩 전문으로 운영하는 중개법인에서 일하는 소속공인중개사들은 보통 기본급이 없는 곳이 많다고 알려져 있는데, 보통 기본급을 준다고 하면 식비와 교통비 정도가 전부입니다. 그렇다 보니 기본급 없이 일하는 중개법인 직원들의 퇴사율은 꽤 높은 편이라고 할 수 있습니다. 아파트를 전문으로 하는 부동산은 보통 기본급+인센티브 조건이 많은데 빌딩매매의 경우 빌딩 가격 대비 수수료가 크다보니 기본급보다는 비율 높은 걸 선호하는 경우가 많습니다. 저도 처음 직원이 오면 기본급(교통비와 식대)을 일정 기간 지급한 뒤 의사를 물어보면 대부분 기본급 없이 비율 높은 구조를 선택하는 경우가 많았습니다. 상업용 건물 매각 시 중개수수료는 0.9% 이내에서 협의를 하게 되는데, 단순히 30억 꼬마빌딩을 양타로 계약 시 총 5,400만 원이라는 꽤 많은 수수료를 받을 수 있습니다. 그렇다 보니 부동산에서는 기본급을 주는 것보다 회사와 직원 간의 수수료 배분을 높게 주려고 하는데 수수료 많이 준다고 포장하지만, 결국 기본급을 못 받고 영업 활동하는 직원들은 버틸 수가 없어 퇴사하는 경우가 많습니다. 그런 구조이다 보니 몇몇 중개법인에서는 직원을 소모품처럼 사용하는 경우도 많은데, 저도 그런 시행착오를 겪으면서 느꼈던 부분이 많습니다. 그래서 어쩌면 뜬구름 잡는 소리일 수 있지만 직원들을 꾸려서 조직을 만들 때 규모는 작아도 같이 신뢰할 수 있고 오래갈 수 있는, 대표와 직원 관계가 아닌 서로 파트너의 관계로 일할 수 있는 조직을 만들어서 이끌어가는 게 하나의 목표입니다.

3.
첫 거래 경험

    소공 때부터 개공 때까지 첫 거래가 나온 시점은 부동산 입문하고 거의 1년이란 시간이 지나서였습니다. 그동안 손님들에게 브리핑을 계속해도 가격이 안 맞아서 못 사고, 대출이 부족해서 못 사고, 가격을 갑자기 올리는 바람에 못 사고 등등의 일이 비일비재하던 찰나에 나온 첫 계약. 그건 강동구에 위치해 있는 7억짜리 꼬마빌딩이었습니다.

    7억짜리 꼬마빌딩이 있냐 싶겠지만 실제로 있습니다.

    대지 15평 연면적 22평 2종일반주거지역에 위치한 지상 3층 규모의 건물로 신축한 지 오래되지 않은 전체 근생 건물이었습니다. 해당 물건은 이미 시장에 많이 풀려있던 물건이었는데 개업하면서 작업한 물건이었습니다. 대지면적이 15평이라 실제로 층당면적이 7~8평 정도 밖에 나오지 않는 작은 건물이긴 했지만, 건물 인근으로 2,000여 세대의 아파트 배후세대와 더불어 단독 다가구 주거배후세대도 많았고 지하철역으로 이동하는 동선 내 위치해 있어서 소규모로 1층에서는 장사를 하고, 2층과 3층은 원룸으로 사용하거나, 소규모 사무실로 사용하기 좋았던 매물이었습니다. 매수인에게 그렇게 브리핑했고 매수인도 그렇게 활용할 수 있음을 현장과 내부실사를 통해 확인하면서 수긍하여 본인들이 일부 사용하면서 임차를 줄 생각으로 매입한 물건이었습니다. 7억짜리 물건이라고 해도 쉽게 생각하진 않았고 실제로도 쉽지 않았습니다. 그 이유는 해당 건물은 신탁등기가 되어있었던 물건이었는데, 매도자가 신축을 하면서 신탁사를 통해 대출 받아 진행한 물건이어서 담보신탁이 설정되어 있었습니다. 첫 매매 계약의 시작이 담보신탁물건이었고 브리핑하고 현장실사를 하고 물건매수를 판단하기까지 3일밖에 걸리지 않았는데, 가격을 조율하면서 신탁 물건에 대한 거래방법을 알지 못했던 당시 저는 인터넷을 통해 많이 찾아보고 공인중개사협회에 물어봐 가면서 신탁사와 매도자, 매수자 3자 간의 소통을 통해 결국 가계약금을 받고 3개월 후 수수료를 입금 받을 수 있었습니다. 그때 통장에 꽂힌 금액은 1,000만 원이었습니다.

아파트나 사무실 상가 다양하게 했다면 첫 계약은 더 쉽게 나왔을 수도 있다고 생각하지만 그건 중요하지 않았습니다.

첫 계약. 얼마나 준비하고 또 준비했는지 모릅니다. 가슴이 쿵쾅거리고, 불안하기도 하고, 내가 실수하는 게 아닌가 싶고, 물론 이제와서 느끼는 거지만 다 쓸데없는 걱정들이었다는 사실. 잔금까지 마치고 나서 느꼈던 기분은 이거였습니다.

"이거 돈 된다. 할 수 있는 거였네?"

부동산을 아무것도 모르는 상태에서 임대부터 접할 수도 있었지만,

그 단계를 건너뛰고 매매부터 시작하는 나로서는 이게 돼? 라는 의문이 많았는데, 결국 1건을 마무리하고 든 생각은 "할 수 있다" 였습니다.

4.
분야별 특징

앞서 말했다시피 내가 주력으로 하는 분야는 꼬마빌딩을 전문적으로 매매하는 일입니다. 꼬마빌딩이 주목받기 시작하고 처음 일했던 중개법인에서 임대를 버리고 매매만 전문으로 하는 부동산으로 전환하게 된 건 꼬마빌딩이 시장에서 주목받기 시작했기 때문입니다.

꼬마빌딩의 정의는 대략 이렇습니다.

연면적이 1,000㎡ 미만의 5층 이하, 50억 이하 규모의 주거 지역에 위치한 건물을 꼬마빌딩이라고 보통 일컫는데, 강남의 경우 같은 규모 대비 땅값이 더 비싸기 때문에 100억 이하까지 보는 게 맞습니다.

꼬마빌딩의 인기가 높았던 이유는 크게 2가지였는데

- 주택규제
- 낮은 금리

전 정권에 들어 다주택자들에 취득세 및 양도세에 대한 규제가 엄청 심했던 건 부동산에 관심이 있으신 분들이라면 누구든지 알고 있는 사실입니다. 투자자들은 대체 상품들을 찾기 시작했고, 그때 주목받기 시작한 상품들이 지식산업센터, 생활형 숙박시설, 꼬마빌딩이었습니다. 꼬마빌딩의 관심이 높았던 이유는 법인으로 투자하면 적은 돈으로 매입할 수 있고 시세차익까지 볼 수 있다는 사실이 알려지기 시작하면서부터였습니다.

꼬마빌딩에 투자하기 위해서는 적어도 내가 투자할 수 있는 현금이 얼마가 있어야 하는지가 제일 궁금할 텐데, 극단적으로 말하면 돈 한 푼 없이도 매입은 가능합니다. 하지만 극단적인 레버리지를 활용해서 투자하는 방식은 개인적으로 추천하지는 않습니다.

꼬마빌딩은 큰 틀에서 보면 3가지 유형으로 분류 할 수 있습니다.

1) 임대수익형

임대수익형은 말 그대로 임대수익이 높은 꼬마빌딩을 말할 수 있습니다. 통상적으로 서울에 상업용 기준 꼬마빌딩의 평균 임대수익률은 2% 중반이라 말할 수 있고, 강남의 경우 2%도 안 나오는 건물도 많습니다. 여기서 제가 말하는 임대수익형이란 상업용 건물의 경우 수익률이 3% 이상인 것과 다중주택, 원룸, 고시원 같은 경우 수익률이 4~6% 이상 나오는 물건들을 말합니다. 수익형 빌딩의 경우 은퇴하신 분들이나 추가적인 현금흐름을 만들고 싶은 분들이 찾는 경우가 많은데, 이런 꼬마빌딩의 단점은 나중에 환금성이 다소 떨어지긴 합니다. 이유는 주택의 경우 대출이 원활하게 나오지 않기 때문에 보유 현금이 많이 필요하기 때문이고, 추가적으로 자녀들에게 상속되었을 때도 쉽게 처분하지 못해 곤란해하는 경우도 많이 들었습니다. 수익형 빌딩 중에 조심해야 할 또 다른 하나는 높은 임대료가 측정된 건물 또는 리스백 조건의 건물입니다. '리스백'이란 sales&leaseback의 줄임말로 매도자가 임차인으로 들어가 건물을 사용하는 방법으로 보통 인근 건물의 수익률보다 높게 측정되어 있습니다. 임대료를 높게 받으면 좋은 게 아닌가 싶겠지만, 리스백하는 임차인이 계약 만료 또는 중도 퇴실하게 되어 공실이 되면, 이후 들어오는 임차인은 같은 조건으로 임차를 할 수 없게 됩니다. 주변보다 높게 형성된 임대료로 인해 신규 임차인들은 내 건물을 선호하지 않게 되고 장기간의 공실 또는 이자에 대한 부담이 늘어날 수 있습니다.

그렇다면 임대시세는 어떻게 파악할 수 있을까요? 인근 부동산에 전화하거나 방문을 해야 할까요? 네이버부동산을 통해 간단하게 파악 가능합니다.

〈NI(평당 임대료)〉

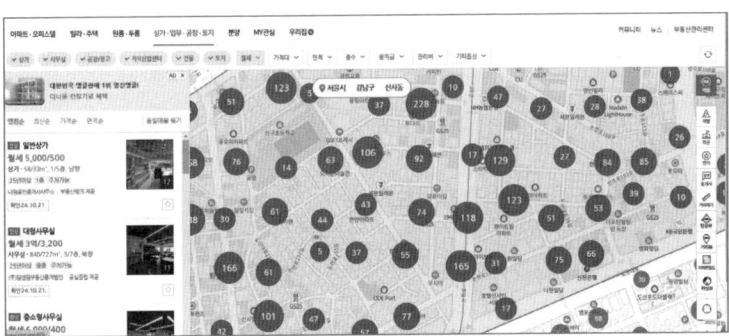

NI는 평당 임대료를 말하는 용어입니다. 네이버 부동산에 상가/사무실 월세로 전환하고 내가 검토하고자 하는 인근 임대매물들을 확인할 수 있습니다. 매물을 클릭해서 보면 정보란에 계약면적/전용면적 두 가지를 볼 수 있는데 여기서 우리가 볼 건 계약면적입니다. 면적을 평수로 변환하고 임대료/평수를 하면 평당 임대료를 확인할 수 있고,

엑셀로 구분해서 정리해 놓으면 동네의 대략적인 임대 시세 파악이 가능하고 파악한 내용으로 지금 검토하고 있는 매물의 임대료 수준을 파악할 수 있습니다.

단, 검토하는 건물이 신축이나 리모델링을 했을 경우, 구축과 비교했을 때와는 당연히 임대료 차이가 날 수 있는데, 어느 정도 차이가 나는지 확인해보면 됩니다.

〈사례1〉

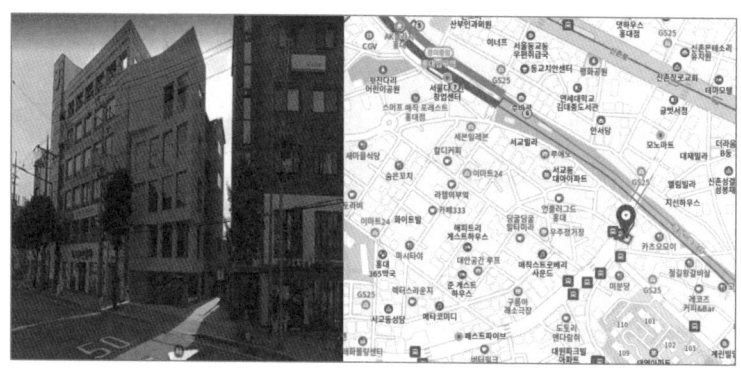

2021년에 매입하고 2023년에 리모델링을 한 후 게임 업체가 전체 통임대를 들어와 있던 건물의 거래사례입니다. 해당 건물은 홍익대학교 정문과 가까이 위치해 있으면서 대로변에 가시성 좋은 노후된 건물이었습니다. 당시 매입을 43억에 하고 리모델링 후 재매각에 성공했는데 당시 해당 건물의 호가는 65억, 수익률은 3.62%의 나오는 건물이었습니다. 리모델링 이후에 공실 상태에서는 매각이 쉽지 않았던 건물이었으나, 통임대를 맞추고 나서 수익률이 높아지다 보니 시장에 나오고 나서 빠르게 매각이 되었습니다. 매각이 마무리된 금액은 59억 5,000만 원, 수익률은 3.97%였습니다. 그리고 2024년 9월에 한 번 더 재매각이 되었는데 이때 매각된 금액은 65억, 수익률은 3.62%였습니다.

앞선 사례를 보면 임대수익이 잘 나오는 경우 재매각도 수월하게 이뤄진다는 걸 알 수 있습니다.

2) 시세차익형

시세차익형은 말 그대로 시세차익을 많이 볼 수 있는 형태의 꼬마빌딩입니다.

시세차익을 많이 보기 위해서는 핵심지역에 투자를 해야하는데, 통상 강남 3구와 더불어, 마·용·성이라고 불리는 마포, 용산, 성동구가 이 지역입니다. 이 지역에 위치한 건물을 매입한다면 다른 곳에 비해 높은 시세차익을 볼 수 있는 확률이 생기는데 이때, 포기해야 할 부분은 임대수익입니다. 임대수익도 잘 나오면 시세차익도 많이 볼 수 있는 건물은 있습니다. 하지만 내가 가지고 있는 예산으로는 부족합니다. 통상 꼬마빌딩을 처음 알아본다거나 투자를 할 때, 가용할 수 있는 현금은 대략 10억 이하로 많이 문의가 오는데 현금 10억이라면 서울에 위치한 40억대 꼬마빌딩을 매입할 수 있습니다. 수익률을 높이는 방법이 있는데 그건 리모델링이나 신축을 통해 개발행위를 하면 주변 시세 대비 높은 임대료로 셋팅이 가능합니다. 상가 사무실 수요가 많은 지역에 개발행위를 한다면 주변보다 높은 수익률의 건물구성을 만들 수 있습니다.

2022년도에는 빌딩시장이 호황이었는데, 이때는 개발할 수 있는 오래된 단독주택 등을 매입해서 아무런 개발행위 없이도 시세차익을 볼 수 있었던 예외적인 시기도 있었습니다. 그 시장에서는 매입한 지 1년이 채 지나지 않았어도 시세차익이 4~5억 이상 거뜬하게 재매각 가능했었는데, 이게 가능한 이유는 부동산의 입지라고 생각합니다.

아래 사례는 강남구 신사동에 위치한 1년 이내 단기매각을 통해 수익을 본 사례입니다.

〈사례2〉

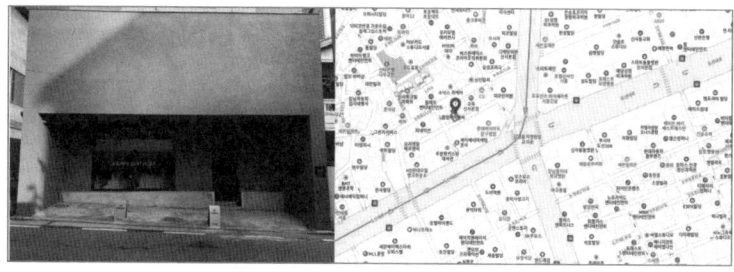

2021년 7월 매입해서 2022년 1월 매각한 사례로 6개월 만에 단순 시세차익 7억 6,000만 원 이득을 본 사례입니다.

신사동 을지병원사거리 인근에 위치한 대지가 26평 연면적 33평 지하 1층 지상 2층 규모의 작은 꼬마빌딩입니다. 당시 매수인은 화장품 사업을 하시는 대표님으로 사옥으로 사용하기 위해 매입하셨습니다. 대출은 80%를 발생시켜 자기자본금 및 세금 포함해서 8억으로 강남에 있는 꼬마빌딩을 매입하셨는데 리모델링 검토를 하시다가 신축으로 계획을 변경함으로써 매각을 결정하시고 2022년 1월에 37억 8,000만 원으로 재매각을 하셨습니다. 재매각을 할 수 있었던 결정적인 이유는 입지, 법인투자라고 생각합니다. 당시 을지병원사거리로 위

례신사선 개통이 예정되어 있던 부분도 있고 강남에 30억대 전체 근생인 건물은 찾아보기 어려웠습니다. 매매가 역시 환금성이 좋은 금액대였던 부분도 있으며, 또한 개인으로 투자 시 1년 이내 재매각을 하면 양도세가 중과되어 70% 세금이 발생합니다. 하지만 법인의 경우 단기 양도 시 양도세가 중과되지 않아 위와 같은 매각이 가능했었습니다.

3) 사옥형

꼬마빌딩을 투자할 때 제일 유리하다고 생각하는 점이 바로 사옥형 건물을 매입하는 방법이 있습니다. 내가 사용할 사무실 또는 내가 사용할 업장이 필요하다면 월세를 들어가지 말고 건물매입을 하는 걸 추천합니다. 기본적으로 상업용 건물은 대출이 잘 나오는 편인데, 강남의 경우 감정가 대비 80%까지 대출이 나오기도 합니다. 그리고 공동담보 설정할 부동산이 있다면 거의 90%까지 나오기도 합니다. 사업자의 경우 매출이나 신용만 받쳐준다면 추가적으로 대출이 용이하게 나오는 방법이 있는데 벤처기업인증 또는 기술보증기금을 통해 시중은행에서 대출 받는 것보다 좋은 조건으로 대출도 가능합니다. 사무실을 임대해서 사용하다 보면 불편한 점들이 몇 가지 있는데, 첫 번째는 인테리어 비용은 사무실을 옮길 때마다 발생하는데 사무실 특성상 시설 권리비를 챙겨서 나오기 어렵다는 점입니다. 두 번째는 계약 기간 종료 시 인상되는 임대료입니다. 임대인은 1년마다 월세를 5% 상한 내에서 인상할 수가 있기에 매년 임대료가 오른다면 그 부담도 만만치 않습니다. 세 번째, 건물주가 같은 건물을 사용한다면 수시로 건물을 사용하는 부분에서 지적을 받을 수 도 있습니다. 이런 불편한 부분들이 있기에 임대료를 내지 않고 건물을 매입해서 대출금에 발생하는 이자를 납부한다고 생각해보면 추가적으로 얻을 수 있는 이익이 있습니다. 첫 번째는 나만의 사옥이기에 주변 눈치 볼 것 없이 인테리어 및 건물을 사용할 수 있고, 건물 전체를 사용하는 것이 아니라면 일부층 임차를 주어 이자 비용을 충당하는 방법도 있습니다. 제일 큰 장점은 추후 매각을 통해 시세차익을 볼 수 있다는 건데, 이건 건물주가 아니면 만들어내지 못하는 수익입니다.

〈사례3〉

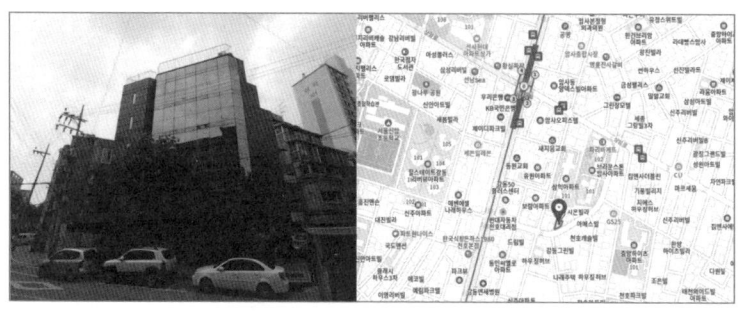

이번에 소개할 사례는 기존 사무실을 임대하면서 사업을 하던 IT업계 대표가 사옥을 매입한 사례입니다. 기존 여의도에서 사무실을 임대하면서 사업을 하던 A 대표는 사옥 마련을 하기 위해 매수 문의를 했습니다. 문의한 물건은 강동구 천호동에 위치한 건물로 매도자가 사옥으로 사용 중인 건물이었습니다. 매도자와 매수자는 둘 다 사업 확장을 위한 매각과 매수 이슈였고, 매수자가 사용하기에 당시 사옥 규모와 가격대가 부합했습니다. 매입가는 28억 5,000만 원 대지 52.3평 연면적 159.1평 지하 1층 지상 6층 규모의 지하철 역세권 도로변에 위치한 건물이었습니다. 가격조정도 원활하게 이루어져, 주변 거래사례 대비 합리적인 가격으로 매입한 사례입니다. 당시 대출은 매매가 대비 75%를 일으켜서 매입했고 매수 문의에서 계약까지는 일주일이 걸리지 않았던 사례입니다. 매수부터 계약까지 일주일밖에 걸리지 않았던 이유는 직원들 출퇴근을 고려한 입지와 더불어 매수자가 생각한 만큼의 가격조정과 직접 사용해야 할 건물의 사용조건이 부합했기에 빠른 결정이 가능했던 사례입니다.

이제는 꼬마빌딩을 매입할 때 알아야 할 기본적인 세금에 대해 간단하게 알아보려 합니다. 기본적으로 빌딩 매입할 때 가장 관심 있게 봐야 할 세금은 취득세, 양도세 두 가지입니다.

＊취득세

기본적으로 토지 및 상가 건물의 취득세는 4%로 동일합니다. 농어촌특별세 및 지방교육세까지 포함해서 4.6%로 이 숫자 하나만 기억하면 되는데 다만, 취득세가 중과가 되는 두 가지 경우로 첫 번째는 법인의 주택취득과 두 번째는 법인의 취득세 중과요건이 있습니다.

현재 취득세법 상 법인이 주택을 취득할 때 취득세는 12%, 농어촌특별세와 지방교육세까지 포함하면 13.4%의 세율로 중과가 됩니다. 일부 꼬마빌딩의 경우 일부층 주택이 포함되어 있는 상가주택을 예로 들 수 있는데, 이때 법인이 상가주택을 매입한다면 주택면적에 해당하는 부분은 취득세가 중과됩니다.

두 번째로, 법인이 수도권 과밀억제권역 중과를 받는 경우입니다. 우리가 꼬마빌딩을 매입할 때 제일 많이 검토하는 지역은 단연코 서울입니다. 서울에 투자하는 이유는 지방보다 높은 환금성과 지가상승이라고 할 수 있는데 서울의 경우 전 지역이 과밀억제권에 포함되어 있습니다. 법인의 경우 과밀억제권역 안의 부동산을 취득 시 취득세가 중과될 수 있는데 사유는 다음과 같습니다.

1) 법인 본점 소재지가 수도권 과밀 억제권역 내 위치
2) 수도권 과밀억제권 내 법인 본점/지점 설립 후 5년 미경과 법인
3) 수도권 과밀억제권역 내 부동산 취득 시
4) 부동산 임대사업을 하지 않는 경우

4가지 모두 충족이 되면 취득세는 9.4%로 중과되는데 4.6% 대비 2배 이상 중과되기 때문에 매입할 때 중과된다면 생각보다 자금에 여력이 없을 수 있습니다. 꼬마빌딩 매입의 현재 트렌드는 신규법인으로의 취득인데 그렇기에 취득세 중과요건을 잘 따져보고 고려해야 합니다.

* **양도세**

우리나라에 현재 양도세율은 과세표준이 10억 초과 시 최대 45%의 세율로 양도세를 내게 되는데 꼬마빌딩을 취득하고 매각하게 되면 평균적으로 과세표준이 10억 이상은 나온다고 할 수 있습니다. 그렇다면 개인으로 매입하고 매각 시 절반 이상을 세금으로 내야 합니다. 반면에 법인의 경우 양도세는 없고, 법인세가 있을 뿐인데, 법인세의 경우 2억 초과 200억 이하일 때 세율이 19%입니다. 개인양도세율인 45%와 비교하면 26%나 절감할 수 있는데 법인의 또 하나의 장점은 개인보다 비용처리할 수 있는 항목이 많기 때문에 생각보다 양도했을 때 세금이 적게 나옵니다.

〈개인과 법인의 양도세 차이〉

개인

과세표준	기본세율
1,400만 원 이하	6%
5,000만 원 이하	15%
8,800만 원 이하	24%
1억 5천만 원 이하	35%
3억 원 이하	38%
5억 원 이하	40%
10억 원 이하	42%
10억 원 초과	45%

법인

과세표준	세율
2억 이하	9%
2억 초과 200억 이하	19%
200억 초과 3,000억 이하	21%
3,000억 초과	24%

그렇기 때문에 꼬마빌딩을 투자해야 한다고 하면 법인으로 투자는 필수라고 할 수 있습니다. 단, 임대수익을 목적 또는 장기보유를 목적으로 한다면 개인으로 투자하는걸 고려하는데 법인으로 매입한 꼬마빌딩의 임대료를 개인으로 가져오기 위해서는 배당소득세(15.4%)도 고려해야 할 대상이기도 하고 개인으로 빌딩을 보유 시 보유 기간 15년 이상이면 최대 30%까지 장기보유특별공제를 받을 수 있기 때문입니다. 이제 꼬마빌딩을 투자할 때 필수적으로 알아두어야 할 사이트들이 있는데 몇 가지 소개해볼까 합니다.

(1) 디스코, 밸류맵, 부동산플래닛

세 가지 사이트 공통점은 꼬마빌딩 매물들을 볼 수 있는 사이트입니다. 모바일 앱도 있기 때문에 편하게 접할 수 있습니다. 네이버 부동산의 경우 상업용 건물은 지번을 확인할 수 없어서 어떤 건물인지 쉽게 파악하기 어렵습니다. 하지만 위 세 가지 사이트의 경우 매물을 올렸을 때 지번까지 확인 가능하며 바로 로드뷰로 건물도 볼 수 있는 장점이 있습니다. 실거래 기반으로 되어 있기에 과거에 어떤 건물이 팔렸는지, 가격은 어떤지 시세파악도 할 수 있으며 부동산 플래닛의 경우 AI추정가를 확인할 수 있어 대략적으로 매물의 가격에 대한 평가도 가능합니다.

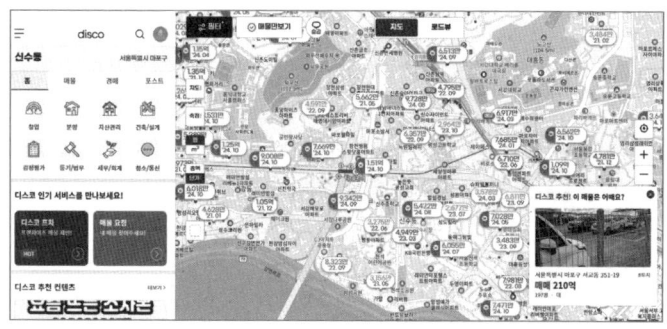

(2) 랜드북, 공간의가치, 밸류쇼핑, 랜드바이저

위 사이트들은 AI추정가와 관련된 사이트들입니다. 일부 사이트는 유료로 추정가를 확인할 수 있는데 각자 AI추정가를 확인하는 알고리즘이 다르기에 같은 물건으로 추정가를 확인해도 사이트마다 상이할 수 있습니다. 보통은 주변 거래사례 기반으로 추정가를 낸다고 하기에 거래가 많은 지역의 경우 은행감정가와 비슷하게 나오는 경우는 많지만 그렇지 않은 지역의 경우, 차이가 크기 때문에 참고하는 용도로 보면 좋은 사이트들입니다. 나 같은 경우에도 매물을 접수했을 때나 손님이 감정가가 얼마 나오냐고 물어봤을 때 먼저 4개의 사이트에서 추정가를 확인하여 평균값을 확인해서 전달하는 경우가 있습니다.

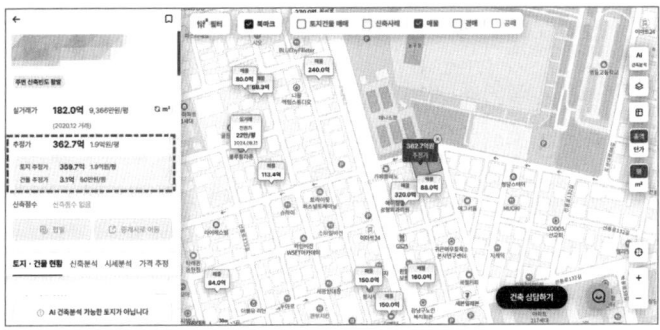

(3) 서울시 도시계획포털

꼬마빌딩을 검토하다 보면 지구단위계획구역 안에 있는 건물들이 있습니다. 지구단위계획구역의 경우 해당 구역을 계획적으로 개발하기 위해 지정해 놓은 구역이라 간혹 신축부지라고 검토하고 있는데 지구단위계획상 단독 개발이 안 된다거나 용적율이 다를 수 있습니다. 그럴 때 서울시 도시계획포털에서 지구단위계획 내용을 참고해서 단독 개발이 가능한지, 건축선은 없는지 용적율은 잘 받았는지 확인할 수 있습니다.

(4) 토지e음

토지이용계획을 열람을 할 수 있는 사이트입니다. 여기서 한 번 더 기본을 생각하고 가야 하는데 우리는 꼬마빌딩을 매입하고 있지만 결국은 토지를 매입한다고 봐야 합니다. 토지라는 기본가치 위에 건물이 올라가 있는 것이기 때문에 토지의 가치가 곧 건물의 가치라고 해도 무방하다고 생각합니다. 지역마다 토지의 활용 여부가 다 다릅니다. 앞서 얘기한 지구단위계획에 포함됐는지, 아니면 토지거래허가구역인지 여부를 한 눈에 파악이 가능한데 지적도면을 통해 용도지역과 필지의 경계선도 간단히 확인할 수 있습니다.

이제 꼬마빌딩의 매물도 확인을 할 수 있다면 지금부터는 사람들과 친해져야 합니다. 꼬마빌딩 하나를 매입하기 위해서는 특정 인물과 친해지는 게 좋은데 대표적으로 이 사람들입니다.

① 공인중개사
② 은행지점장
③ 건축사
④ 법무사 및 세무사

① **공인중개사**

공인중개사와 친해져야 하는 건 당연한 일입니다. 다만, 말하고 싶은 건 인간적으로 친해지셔야 한다는 점을 말씀드리고 싶습니다. 1층 부동산의 공인중개사일 수도 있고 중개법인의 공인중개사일 수도 있는데 기본적으로 공인중개사들은 본인들의 이득에 따라 움직이는 사람들입니다. 상담을 해도 통화나 문자로 하기보다 만나서 얼굴 보고 미팅을 하고 미팅을 요청한다면 거절하지 말고 응해주는 게 좋습니다. 그리고 매물을 받아본다면 임장가는 건 필수 필수 필수!! 모바일 또는 컴퓨터로 로드뷰를 통해 검토해보는 건 의미가 없습니다. 부동산에 공식처럼 나오는 말이 있는데 "부동산은 현장에 답이 있다."입니다. 부동산은 말 그대로 움직일 수 없는 동산이지만 현장은 마치 살아 움직이는 생물과도 같습니다.

중개사가 전달해준 내용과 다르게 임차인이 바뀌어 있을 수도 있고 인근 건물이 신축을 하고 있다거나 상권이 좋다고 했는데 막상 가보면 상권이 죽어서 유동인구조차 없는 상권이 되어있을 수도 있습니다.

임장을 열심히 하는 분들의 경우 아침에 가보고 점심에 가보고 퇴근 시간에 가보고 늦은 시간에도 가보며 열정적으로 임장을 하시는 분들도 많습니다. 꼭 임장을 통해 건물을 검토하고 부족한 부분이나 궁금한 점은 공인중개사에게 바로바로 피드백을 주고 내가 진정성 있게 물건을 검토하고 있음을 어필하고 인간적으로 다가가야 공인중개사에게 흔히 말하는 급매 물건 또는 숨겨진 A급 물건들을 제공받을 수 있습니다. 그리고 꼭 공인중개사라서 말씀드리는 내용은 아니지만 어떤 일이건 노력 대비 많은 이익이 있다면 더 노력하는 모습을 보여주는 법입니다.

꼬마빌딩은 아파트와 다른 성격의 부동산입니다. 지역마다, 위치마다, 현재 세워진 건물상태마다, 다 다른 부동산이라고 할 수 있습니다. 그렇기에 아파트와 다르게 난이도가 있는 중개 분야입니다. 공인중개사법에 나와 있듯이 상업용 건물의 매매 시 0.9% 이내에서 협의 가능합니다. 하지만 많은 분들께서 이 수수료를 협의하려고 하는데 단언코 말씀드리지만 0.1~0.2%의 휘둘리지 마시길 바랍니다. 꼬마빌딩을 투자하면 보통 건물 1채로 끝나지 않습니다. 신규매입을 할 수 있고 재매각을 하는 경우도 있는데 이럴 때 인간적인 관계를 쌓아둔다면 추후 있을 상황에서 더 좋은 결과를 만들어 낼 수 있습니다.

② 은행지점장

꼬마빌딩 투자의 꽃은 레버리지 즉, 대출이라고 해도 무방합니다. 대출은 통상 1금융권을 통해 진행하는데 은행마다, 지점마다, 지점장님마다 성향이 다릅니다. 그래서 보통은 주거래 은행에서 대출을 하기를 원할 수도 있지만 꼬마빌딩을 매입하기 위해서는 비딩이 필요합니다. 지점장님을 어떻게 만나야 하는지가 고민이라면 걱정할 필요는 없습니다. 물건을 소개해주는 공인중개사들은 여러 지점의 지점장님을 알고 있기 때문에 거래를 위해서 더 좋은 금리조건과 대출금을 실행시켜줄 수 있는 은행을 소개시켜 줄 겁니다. 대출금 기준 10억이라고 가정했을 때 금리 0.1% 차이면 연 100만 원 차이가 납니다. 꼭 대출은 비교하시는 걸 추천합니다.

③ 건축사

꼬마빌딩을 매입하면 제일 많이 하는 게 리모델링이나 신축행위입니다. 리모델링이나 신축행위를 할 때 제일 많이 필요한 게 바로 건축사인데 건축사의 역량에 따라 결과물이 좌지우지된다고 해도 과언이 아닙니다. 보통 건축사가 설계를 하고 시공업체들과 견적을 비교해서 공사를 진행합니다. 꼼꼼하고 좋은 건축사라면 공정마다 각별히 신경 써서 일을 진행해주기에 믿고 일을 맡길 수 있는 건축사와의 친분은 꼭 필요합니다. 건축사를 알아둬야 하는 이유는 굳이 개발행위가 아니더라도, 건물에 위반건축물이나 용도변경, 그리고 건물의 하자 발생 시 해결방법 등 건축사의 도움이 필요한 부분이 정말 많다는 걸 꼬마빌딩을 매입하거나 매입하는 과정에서 많이 느끼실 수 있을 겁니다.

④ 법무사 및 세무사

법무사는 흔히 신규법인을 만들 때와 등기처리를 할 때, 그리고 추후 꼬마빌딩을 운영하면서 임차인과의 분쟁이 있을 때 법적으로 많은 도움을 줄 수 있습니다. 세금은 부동산을 투자하기 위해서는 필수적으로 따라오는 존재입니다. 그리고 법인을 만들어 운영을 할 때에는 복식 장부를 사용하기 때문에 기장을 맡기는 편이 좋은데 단순히 기장을 맡겨서 처리하기보다는 지속적인 투자와 세금 관련 상담을 받을 만한 친한 세무사와 친해지길 추천합니다.

5.
마케팅 노하우

　부동산광고는 보통 온라인과 오프라인 두 가지로 나눌 수 있습니다. 온라인은 네이버부동산을 많이 생각하지만 빌딩매매에 있어서는 네이버부동산은 많이 활용하고 있지는 않습니다. 꼬마빌딩은 부동산 광고를 할 때 많이 쓰는 플랫폼이 디스코, 밸류맵인데 그 이유는 매수인이 건축물에 대한 정보나 직접적인 주소, 건물의 외관을 로드뷰로 빠르게 확인할 수 있기 때문입니다.

　저 같은 경우에는 많은 플랫폼을 이용해서 다방면으로 광고를 하고 있는데 네이버 블로그, 인스타그램, 유튜브 등 SNS를 통해서도 진행하고 있습니다. 요즘 젊은 층의 꼬마빌딩 투자가 늘어나고 있다 보니, 젊은 층을 타겟으로 할 때는 SNS를 많이 활용하는 편입니다. 실제로 저도 많이 활용하고 있고 많은 도움을 받고 있기도 합니다.

　그리고 요즘 대세는 퍼스널 브랜딩입니다. 지금은 SNS를 통해 개인을 PR하는 시대라고 생각합니다. 요즘 남녀노소 가릴거 없이 인기 있는 SNS는 바로 유튜브와 틱톡이라고 말할 수 있습니다. 10대에서부터 70대까지 정말 다양한데 나도 그걸 체감하고 있습니다. 매물에 대한 문의 전화가 와서 어디서 보고 연락주셨냐고 하면 유튜브나 틱톡이라는 얘기를 많이 합니다.

　예전에는 SNS를 통해 매물을 소개하는 게 중점이었다면 이제는 개인이 부동산이나 전문적인 지식을 영상으로 담아내면서 자연스럽게 본인과 더불어 내 중개사무소를 어필할 수 있게 된다는 점입니다. 영상을 통해 마음에 드는 사람이 있으면 연락을 하고 소통하면서 계약하는 사례가 많이 늘어나고 있습니다.

지금 부동산 실무를 알려주는 강의를 들어보면 예전에는 법률에 관련하여 민간자격증을 취득했던 LBA가 유행이었다면 지금은 유튜브나 틱톡 등 영상을 만들고 편집하는 과정들이 필수로 들어가 있으며 공인중개사협회에서도 강의비용을 받고 별도의 수업을 마련하여 그 방법들을 알려주고 있습니다.

유튜브와 틱톡을 하면 좋은 점은 부가적인 수익도 창출할 수 있다는 점인데 당장 수익을 창출한다는 목적보다는 우선 나를 홍보한다는 목적으로 가볍게 시작하면 좋다고 봅니다. 나를 홍보하다 보면 자연스럽게 영업활동으로 이어지고 꾸준히 하다 보면 수익도 창출할 수 있습니다.

한 가지 예로, 강남의 모 중개법인은 예전에 네이버 광고로만 한 달에 1,000건 이상 광고를 진행하다가 최근에는 네이버 광고비용을 줄이고 줄인 비용을 유튜브 제작에 투입하여 네이버 광고를 했을 때보다 더 많은 계약과 함께 인지도와 더불어 많은 수익을 올리고 있습니다. 한 건당 1,700원이 저렴하다고 느낄 수 있지만 네이버 광고는 한 달이 지나면 다시 올려야하는 소모성에 불과한 광고입니다. 하지만 유튜브는 영상을 삭제하지 않는 이상 계속 노출이 된다는 점입니다.

부동산영업도 결국 마케팅에서부터 시작이라고 생각합니다. 마케팅 비용을 아껴야 한다고 생각한다면 이제라도 생각을 바꿔보시는 걸 추천하고, 중개를 통해 수입이 발생한다면 수입의 10% 이상은 마케팅 비용으로 집행하는 걸 추천하고 그게 부동산을 운영하는 부분에 있어 좋은 시너지를 만들어낼 수 있다고 생각합니다.

6. 앞으로 주목해야할 곳

1) 광운대역

광운대역세권 개발사업을 계획한 지 40여 년 만인 2024년 10월에 착공을 시작했습니다. 그동안 말만 무성했던 개발계획 중 하나였는데 착공을 시작하면서 일대가 떠들썩합니다. 인근 물류부지였던 곳을 주상복합단지 건설을 목적으로 하는 개발로 전체 156,492㎡ 면적의 대규모 개발사업입니다.

공공용지, 상업업무용지, 복합용지 섹터를 3곳으로 나눠서 진행하는데 공공용지에는 실내체육관, 도서관, 청년창업지원 등 지역주민을 위한 문화복합공간으로 조성할 예정이고 상업업무용지에는 초고층 랜드마크 건물을 지어 호텔, 업무, 상업시설 등으로 구축해 동북권 최대 경제중심지로 만들 계획이라고 합니다. 마지막으로 복합용지에는 거리공원, 열린 광장, 테라스형 상가 및 공동주택 약 3,400여 세대를 지을 계획이라고 합니다.

현재 일대의 상권은 광운대역을 기준으로 초입과 광운대학교를 끼고 있는 도로상권이 전부인 곳이고 주거배후세대가 풍부한 위치입니다. 그리고 배후에 있는 강북 최대 재건축단지라고 알려진 월계 미미

삼(미성, 미륭, 삼호) 아파트의 재건축까지 이어진다면 광운대역 일대의 인프라는 더욱더 좋아질 수밖에 없다고 생각합니다.

수도권광역철도 GTX-C노선도 예정되어 있는 광운대역은 강북의 새로운 경제, 문화 중심지가 될 수 있다고 생각합니다.

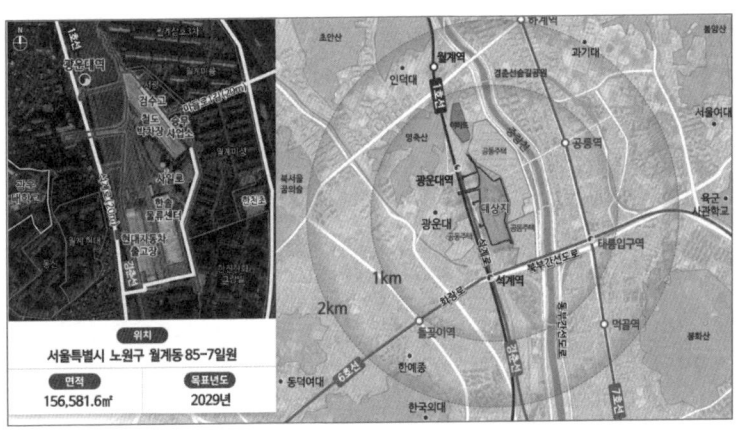

2) 문래동

서울에 대표적인 준공업지역을 생각하면 떠오르는 곳이 어디가 있을까요? 대표적으로 성수동과 영등포를 떠올릴 수 있습니다. 성수동은 이미 오를 만큼 올랐고 지금도 지가상승이 두드러진 곳입니다. 성수동을 대체할 수 있는 곳이 바로 영등포에 위치한 문래동이라고 생각합니다. 문래동 준공업지역은 꽤 오래 전부터 주목은 받았지만 크게 두드러지지 않았습니다. 하지만 제 생각은 문래동은 숨은 보석과도 같은 동네라고 생각합니다.

문래역 7번출구를 나와서 직진하면 문래동 창작촌이라는 곳이 나옵니다. 이쪽은 현재도 공장이 많은 곳인데 최근 공장 속 골목골목에 식당, 카페, 술집들이 많이 입점해 있습니다.

개인적으로 해당 동네를 보면 성수동과 비슷하다고 느끼는 이유가 문래동 창작촌은 아뜰리에 거리, 건너편은 아직은 낮은 건물들밖에 없지만 고밀개발이 가능한 준공업지역이기에 연무장길 같은 모습으로 바뀔 수 있다고 생각합니다.

최근 영등포와 구로 등 준공업지역에 백화점이나 마트, 대기업 본사 등 대형 상업 시설로 개발할 경우 용도지역을 일반상업지로 상향해주는 방안이 나왔습니다. 용도지역 상향으로 대기업의 본사나 백화점 등의 개발이 이뤄진다면 일대가 더욱더 발전할 수 있기에 이번 발표는 해당 지역에 또 다른 좋은 호재로 다가올 수 있습니다.

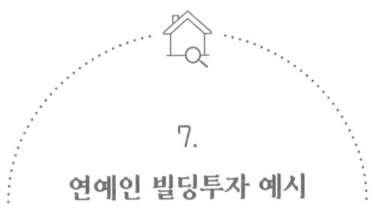

7. 연예인 빌딩투자 예시

연예인들의 투자가 투기라고 한창 기사가 나온 적이 있었습니다. 앞에서 설명했다시피 연예인이 빌딩을 구입했다는 어떤 기사를 보면, 대출을 80% 이상 받아서 구입한 경우가 많습니다. 연예인이라 가능한 거다라고들 하지만, 실제로 많은 사람들이 하고 있는 투자방법입니다. 연예인들이 빌딩을 투자한 지역으로 알려진 곳들은 핵심지역 또는 떠오를만한 지역에 투자한 경우가 많습니다. 꼬마빌딩매매를 하면서 연예인들이 투자한 빌딩의 위치는 현업에서 중개를 하는 저에게는 좋은 소스이기도 합니다. 연예인빌딩 매입사례를 모아보면서 느낀 건 대부분의 연예인분들이 투자한 위치는 핵심지역이라고 할 수 있는 강남, 서초, 마포, 용산 등에 위치해 있습니다. 높은 시세차익을 보고 재매각한 사례도 있지만 핵심지역에 투자했지만 손해만 보고 매각한 사례도 있습니다. 대표적으로 어떤 연예인이 투자에 성공했는지 그리고 실패했는지 사례를 통해 한번 알아보고 좋은 사례들을 통해 빌딩매입에 눈을 뜰 수 있습니다.

1) 좋은 사례

2pm 준호 × 신사동 매매사례 신사동 642

2pm 준호 씨는 올해 7월 강남구 신사동에 위치한 건물을 175억 원에 매입했습니다. 신사동에서도 요즘 다시금 주목받고 있는 압구정

로데오상권 내 위치한 건물로 인근으로 사무실, 브런치 카페, 네일샵 등 평일 주말 모두 유동인구도 많은 위치라고 할 수 있습니다.

대지 98평 연면적 251평 지하 1층 지상 4층 규모의 건물로 2종일반 주거지역에 위치해 있는 건물입니다. 사거리 코너에 위치해 있어 가시성도 좋고 전층 근생시설로 되어있는데 매입 당시 토지 평당가는 약 1억 7,900만 원에 매입했습니다.

준호 씨가 매입한 신사동 일대는 지가상승과 더불어 최근에 거래가 많이 이뤄지는 곳이기도 합니다. 2022년~2024년까지 일대 거래사례를 보면 일대 최고가는 평당 2억 8,000만 원까지 거래된 걸 볼 수 있으며 준호 씨가 비슷한 입지의 건물은 최고 2억 6,000만 원에 거래된 게 확인됩니다.

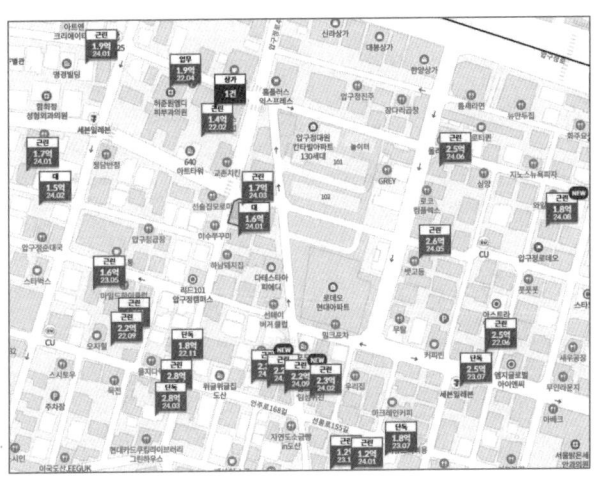

당장 건물에서 나오는 임대료는 적은 편이지만 해당 지역의 건물들은 임대수익률을 보고 매입하는 경우보다 지가상승이 두드러지는 위치이기 때문에 재매각을 통한 시세차익 또는 신축이나 개발행위를 할 가능성이 큽니다. 바로 옆 건물은 최근 가수 비 씨가 매입해 사옥으로 사용할 계획을 유튜브를 통해 밝혔으며 압구정 현대아파트 재건축에 따라 호재도 풍부한 위치라고 할 수 있습니다. 준호씨의 투자는 핵심지역 핵심상권에 매입한 좋은 사례라고 할 수 있습니다.

소유 × 연남동 사례 연남동 241-30

　씨스타의 소유 씨는 연남동에 위치한 건물을 매입 후 리모델링해서 재매각까지 성공했습니다. 대지 38평 규모의 지하 1층 지상 2층 규모의 단독주택을 매입했는데 2016년 당시 매매가 15억 7,000만 원 평당 4,131만 원에 매입을 했습니다.

　당시 해당 골목은 연남동 핵심상권은 아니었지만 '툭툭누들타이'라는 가게가 생기면서 인기였고 해당 골목 인근이 툭툭상권이라고 불렸던 시기입니다. 소유 씨는 당시 노후된 건물을 매입해서 리모델링을 했고 매입하고 5년 만에 32억에 재매각하면서 단순 시세차익 16억 3,000만 원의 이득을 얻고 재매각에 성공했습니다.

좌측은 리모델링 전 단독주택의 모습이고 우측은 소유 씨가 매각 당시의 건물의 모습인데 신축이 아닌 리모델링을 했지만 신축 이상의 결과물입니다.

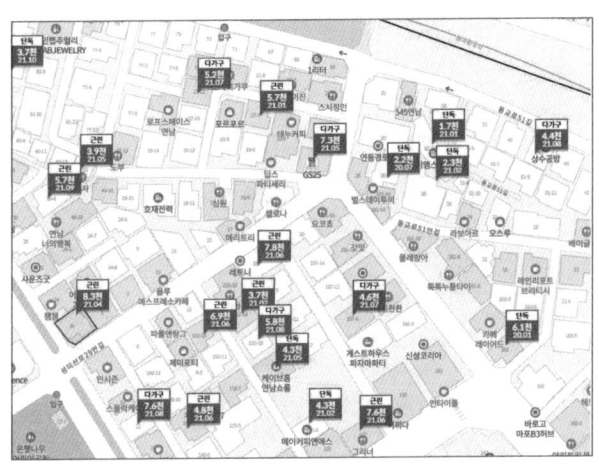

2021년 당시 주변 매각사례를 보면 단연코 소유 씨가 매각한 금액이 최고가였음을 사진을 통해 알 수 있습니다. 소유 씨의 사례의 특징은 2가지입니다. 유망한 지역을 미리 선점했다는 점과 리모델링을 통해 가치상승을 시켰다는 점에서 잘 샀기도 샀지만 재매각도 아주 성공적으로 한 사례라고 할 수 있습니다.

2) 아쉬운 사례

소지섭 × 역삼동 매매사례 역삼동 720-7

배우 소지섭 씨는 2018년 6월에 역삼동에 위치한 건물을 293억에 매수하셨습니다. 현재 스타필드 교차로 코너에 있는 건물로 테헤란로에 접해있으면서 8차선 x 5차선 코너에 위치해 있어 가시성 또한 좋은 건물이었습니다.

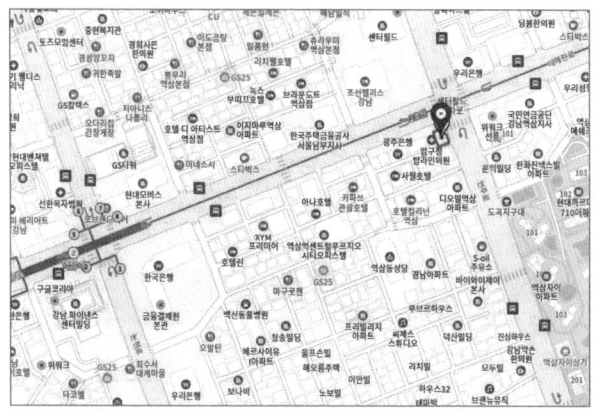

지하 3층 지상 15층 규모의 일반상업지에 위치해 있는 건물로 누구나 한 번쯤 가져보고 싶은 건물이라고 할 수 있습니다. 매입 당시 210억의 대출을 발생해서 매입했는데 매도자께서는 유명 영어 강사로 해당 건물을 영어 학원으로 계속 사용하다가 계약 기간 종료 후 나가면서 한동안 공실로 유지되었습니다.

공실로 인한 부담인지 소지섭 씨는 2019년 10월 317억에 재매각은 성공했지만, 계산해보면 손해보고 매각했다는 걸 알 수 있습니다.

취득록세 4.6%, 중개보수 0.9% 감안해도 16억 정도의 비용을 추가하면 309억 재매각까지의 이자 비용도 감안하면 손해봤다고 볼 수 있습니다.

매입 당시 평당 약 2억 8,000만 원에 매입하셨는데 옆 건물이 2017년 평당 2억 9,000만 원에 매매 됐다는 걸 보면 매입은 잘했다고 보여집니다. 보유하고 있으면 지가상승은 보장되는 입지였지만 아마 대출 이자의 부담으로 매각하셨으리라 생각되는데 인근 대로변 시세가 현재 토지 평당 약 7억 정도 되는 걸 감안하면 현재 시세는 약 700억 정도로 생각해볼 수 있습니다.

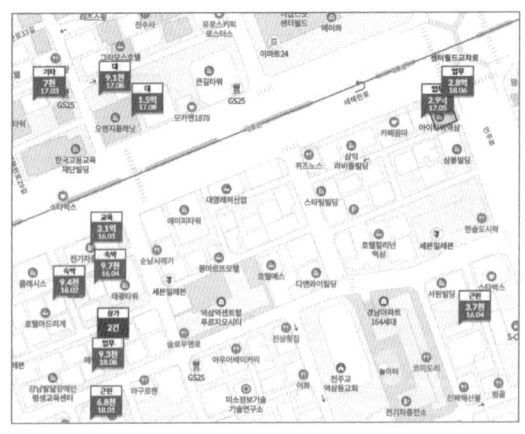

입지를 바라보는 안목은 좋았다고 생각하지만 리스백 형식의 건물로 임차인이 나갔을 때 공실 리스크와 높은 비중의 대출로 인한 이자 부담 부분에 있어 아쉬움이 남는 사례라고 할 수 있습니다.

강민경 × 합정동 매매사례 합정동 410-4

강민경 씨는 2022년 합정동에 위치한 건물을 65억에 매입하셨습니다. 지하 1층 지상 5층 규모의 건물로 토지 평당가 약 1억 4,900만 원이었습니다. 강민경 씨가 매입한 건물은 홍대에서부터 합정까지 연결되는 상권 이면에 위치해 있는데 상권도 유동인구도 풍부한 위치입니다.

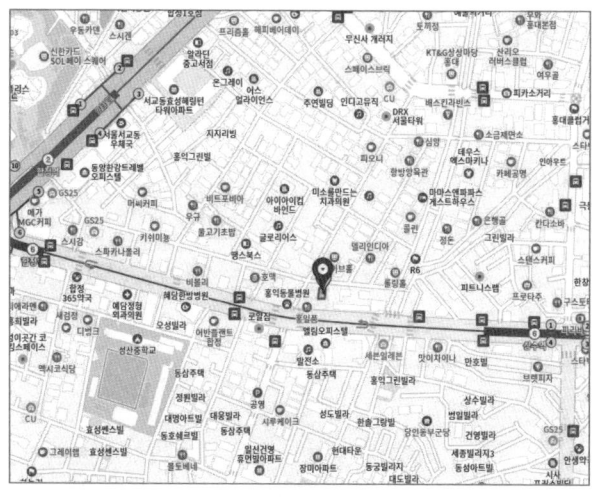

해당 골목은 패션, 식당, 카페 등의 임차인들이 분포되어있었기에 의류브랜드 사옥 및 쇼룸으로 활용하기에는 좋은 위치입니다.

매입 당시가 코로나19가 유행하던 시기였다 보니 금리가 낮았을 때였고 만약 임대업을 목적으로 했다면 대출금에 대한 이자도 부담이 었을 수 있겠지만, 매입 당시 대출 70% 이상, 현금은 약 15억 정도 들었다고 판단이 됩니다.

당시 코로나19 시기에는 제로금리였던 상황이었기에 당시 꼬마빌딩시장은 역대급 활황을 겪었던 시기입니다. 그 시기에는 누구나 대출은 70~80% 받는 게 당연했던 시절이었고 강민경 씨 역시 현금흐름이 좋은 연예인이었기에 무리없이 가능했던 대출이었습니다.

합정동 건물은 현재까지 보유 중에 있으며 본인이 운영하는 의류브랜드의 사옥으로 사용하고 있는데, 직접사용 목적으로 매입한 좋은 사례라고 생각할 수 있지만 가격적인 측면에서는 그렇지 않다

고 생각합니다.

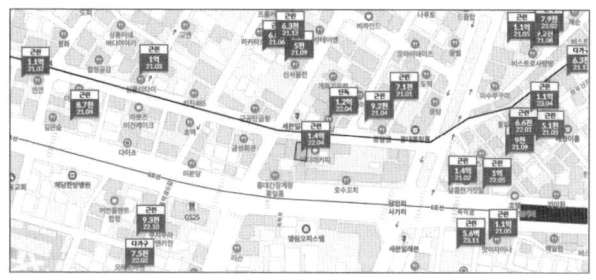

    2022년~2024년 통틀어서 거래사례를 보면 강민경 씨가 매입한 금액대가 일대 최고가를 유지 중에 있으며 아직 재매각이 되지 않아 그 이상 주고 팔 수 있다없다 논하기 애매하지만 매입을 비싸게 하지 않았나 하는 아쉬움이 남는 사례입니다.

    하지만 강민경 씨의 사례에서 좋은 점이라고 할 수 있는 부분은 본인이 건물을 직접 사용한다는 점입니다. 임대료를 내지 않고 은행이자를 부담하면서 자기 건물을 사용한다는 점은 추후 사무실을 옮겨 다닐 때마다 발생하는 기회비용을 아낄 수 있으며 재매각을 했을 때는 시세차익까지 볼 수 있다는 점입니다. 자영업을 하고 있으신 분들은 생각을 한번 바꿔 볼 필요가 있는 부분입니다.

조 승 희

나는 토지매매 전문 공인중개사이다

토지 투자는 어렵다는 편견이 있다. 반은 맞고 반은 틀리다.
맞는 이유는 공부할 양이 방대하다.
웬만한 사람들은 임야라는 지목도 모르는게 현실이다.
반이 틀린 이유는 플랫폼의 발달이다. 전국 어디서든
위성지도나 로드뷰로 처음 가본 지역까지 모두 볼 수 있다.

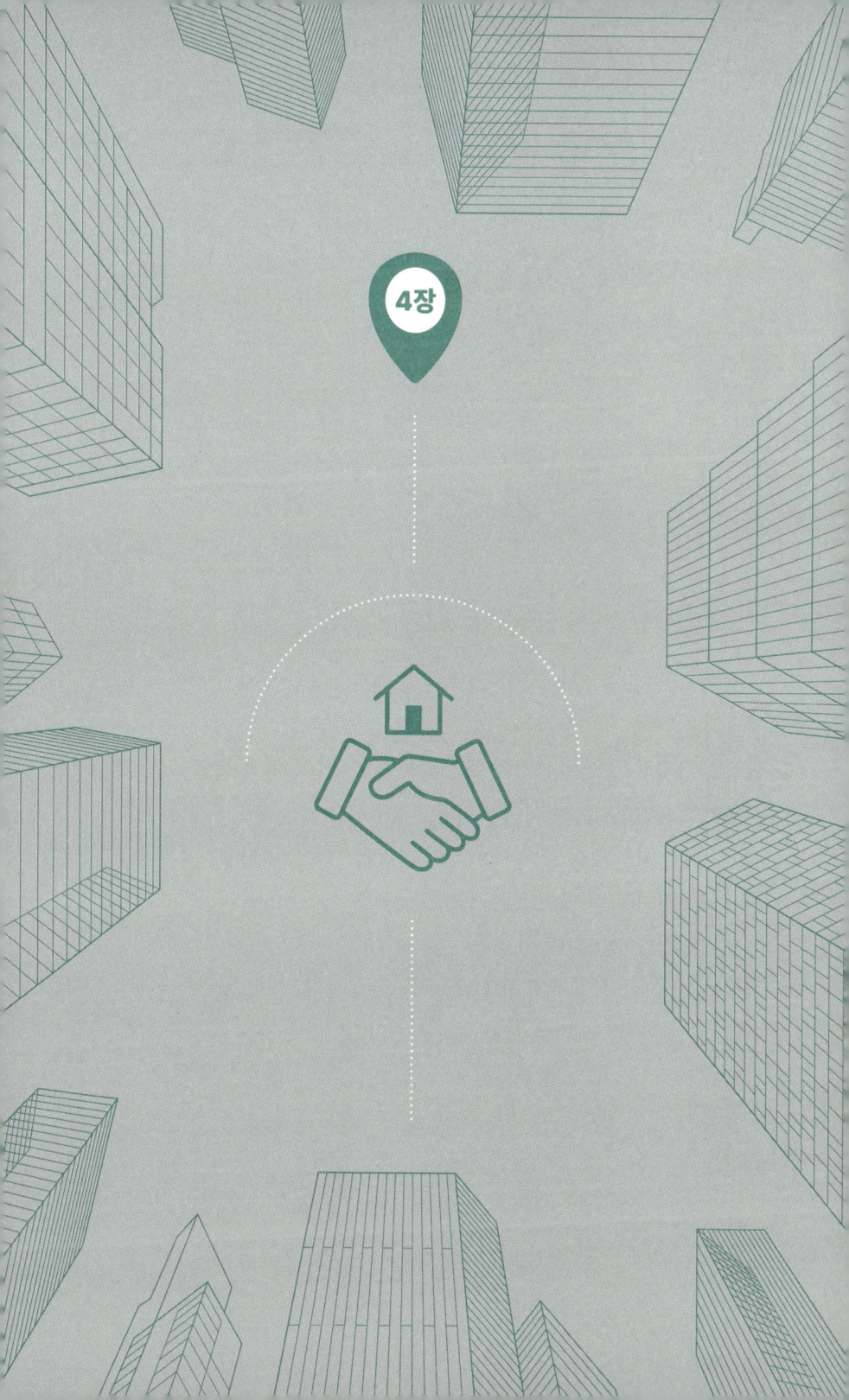

1.
들어가며

"로또 1등이 된다면 무엇을 하시겠습니까?"

대부분 사람들은 집, 자동차, 주식 등 다양하게 투자하겠다고 할 테지만 저는 땅에 투자하고 싶습니다. 부동산을 운영하면서 만난 소위 부자라는 사람들은 대부분 땅을 가지고 있습니다. 땅에 대한 안목이 있으셨던 거죠. 물론 아파트 투자도 제법하시고 주식이나 다양한 금융상품에도 많은 투자를 하셨습니다만 역시 가장 큰 수익을 안겨준 건 땅 투자였습니다.

 땅 투자라고 하면 막연하게 어렵게 느껴집니다. 많은 종잣돈이 필요로 할 것처럼 느껴지고 좋은 땅을 알아보러 여기 저기 시간 내서 다녀야 할 것 같고. 길가에 허름하게 세워진 부동산 사무실도 방문 해야 할 것 같습니다. 토지를 처음 접하는 일반인이라면 왠지 문 두드리기도 부담스럽습니다. 뻘줌하게 앉아서 나이 드신 사장님 말씀에 귀 기울여 보지만 왠지 화만 내는 듯한 말투에 기가 죽습니다. 모든 게 어렵죠.

하지만 시대가 변했습니다. 토지 부동산이라고 해서 이전처럼 무겁고 딱딱하지 않습니다. 네이버 매물로 쉽게 접할 수 있고 유튜브로 공부도 할 수 있습니다. 공부할 수 있는 서적들도 잘 나오는 편이라 관심만 있다면 공부하는 건 쉽습니다.

이전에는 종잣돈을 모아서 땅 좀 샀다하면 대단한 부자가 된 거 마냥 놀라곤 했었습니다. 하지만 요즘에는 어디 지역 땅? 어떻게 샀어? 대출은? 하고 가볍게 얘기 나눌 수 있을 정도로 기본적인 관심사입니다.

앞으로 토지 시장은 큰 변화를 보일 겁니다. 지금 아파트 시장이 변한 것처럼요. 지금이야 가진 자만의 투자 상품이겠지만 조금만 지나면 직장인들도 쉽게 투자할 수 있는 상품으로 변할 겁니다. 그때를 위해 지금은 공부할 타이밍입니다. 처음이 어렵지 조금만 알고 나면 쉬운 게 땅 투자입니다. 어느 땅을, 어떻게, 언제 사야하는 지 지금부터 차근차근 배워보도록 하죠. 시작합니다.

2.
토지는 어떻게 공부해야 할까?

1) 토지는 관심부터

토지 투자라고 하면 지레 겁부터 먹습니다. 돈이 많아야 하는 거 아닌가? 잘못 사면 어떡하지? 그래서 시작도 못하고 포기하기 일쑤입니다. 현재 직장을 다니는 분들이라면 엄두도 못내는 게 토지 투자입니다. 주말에 시간내서 임장 한번 다녀와 볼까? 생각은 해봅니다만 귀중한 주말에 잘 알지도 못하는 땅을 보러 다닌다는 게 쉽지 않습니다. 이마저도 누구 아는 땅, 친구의 권유, 부모님 집안 사람 땅처럼 아는 데만 가는 게 일쑤이고 새로운 호재거리가 넘쳐나는 지역을 가긴 더더욱 두렵기만 합니다.

영어 공부와 마찬가지로 관심이 먼저입니다. 영어 공부한다고 막연히 책부터 펼치다가는 한 달도 못 가 포기하죠. 토지 공부도 마찬가지입니다. 공부를 한다면 우선적으로 책을 사서 보실 텐데 오히려 독이라고 말씀드리고 싶습니다. 토지 기초상식 같은 강의 영상을 보면 어려운 국토개발법, 용도지역, 지목, 개발허가행위 등 말만 들어도 복잡한 내용이 대부분입니다.

가장 좋은 방법은 일단 나가보는 겁니다. 나가더라도 지역을 선택해서 가셔야 할 텐데 한 번쯤 들어본 지역을 가보는 게 좋습니다. 만약 뉴스에서 세종시 토지가 52주째 상승 가격을 보이고 있다는 소식을 얼핏 들었다면 막연하게 가보는 겁니다. 지금처럼 날씨가 좋은 날 가족들과 나들이 간다 생각하고 그 지역 특산물, 맛집을 찾아 가보는 거죠. 그리고 느끼는 겁니다.

아, 이 동네는 이런 분위기구나. 아, 저게 뉴스에서 말한 산업단지 예정지역이구나. 눈으로만 보는 겁니다. 눈으로 봤다면 관심이 갑니다. 괜히 집에 와서 세종시 산업단지 검색도 해보고 그 지역 네이버 매물도 한 번씩 훑어보게 되죠. 분명히 처음 가본 지역인데 관심도가 높아졌습니다. 이런 방법으로 관심도를 높인다면 토지 투자 공부에 첫 삽을 뜬 겁니다. 이제부터는 쉽습니다. 관심이 생겼으니 토지 용어 공부도 해볼 테고 관심 있는 지역 매물도 한 번씩 클릭하게 됩니다. 낯선 용어는 검색창에 검색도 해보고 괜히 도서관에 가서 관련 책들도 빌려보고 용기를 내서 담당 중개사무소에도 연락도 해보고. 이러다가 마음에 드는 매물이 나오면 고심 끝에 매매도 해봅니다.

다들 이렇게 시작했습니다.

2) 토지 공부, 제대로 배우는 방법

토지를 배우고 싶다. 그럼 무엇부터 공부하면 좋을까요? 유튜브 강의처럼 20개가 넘는 용도지역부터 외울까요? 아니며 28개나 되는 지목부터 외울까요? 다 필요 없습니다. 용도지역, 지목은 저희도 다 못 외웁니다. 쓰던 것만 쓰거든요.

토지를 공부할 땐 목적을 두고 공부해야 합니다. 참 뻔한 말이겠죠? 다시 영어 공부와 비교해 보겠습니다. 당장 하와이로 여행을 간다고 치면 무슨 영어부터 공부해야 할까요? 가서 비즈니스 영어 회화를 공부해야 할까요? 문법? 작문? 말도 안 되죠. 우선적으로 필요한 영어는 식당가서 주문하는 법 같이 일상 회화부터 배워야 합니다. 당장은 그것만 필요하죠. 토지 공부도 마찬가지입니다. 쓰는 것만 공부하시면 됩니다. 만약에 본인이 시골가서 주말농장을 해보고 싶다면 주말농장용 토지 100평~200평 정도 작은 토지가 필요하겠죠? 그런데 상업지역, 일반 주거지역 등 말도 안 되는 것부터 외우고 있으면 될까요? 당장 주말농장에 필요한 전, 답, 과수원 같은 농지만 알아보면 될 텐데 괜한 주거지역, 상업지역을 굳이 공부할 필요가 없습니다. 지목도 28개가 다 필요 없듯이 본인의 목적인 주말농장, 이에 관한 내용만 제대로 공부하시면 됩니다.

3) 토지 공부에 필요한 준비물

토지 공부에 필요한 준비물은 없습니다. 요즘같이 인터넷이 발달된 시대에는 굳이 필요한 용품들이 없죠. 임장갈 때 신고갈 장화같은 거 하나면 준비물로 충분합니다.

   토지 대부분의 정보는 인터넷으로 해결이 가능합니다. 우리가 흔히 아는 네이버 지도나 카카오맵으로 매물의 모습을 볼 수 있고 길과 주변 시설 등은 로드뷰를 통해 직접적으로 확인 가능합니다. 또한 디스코나 땅야 같은 토지 사이트로 토지의 정보, 지목, 용도지역, 크기까지 세세하게 알 수 있고 토지이음으로 토지에 대한 이용계획까지 전부 알 수 있습니다.

[디스코] www.disco.re
[땅야] www.ddangya.com
[토지이음] www.eum.go.kr

이러한 정보를 얻으려고 이전에는 부동산마다 찾아다니고 싫은 소리 들어가며 동행하고 했지만 이제 그런 시대는 지났습니다. 밖이 덥거나 추워도 상관없는 시대가 되었습니다. 매물 정보 또한 네이버 매물에서 쉽게 찾아볼 수 있고 유튜브나 네이버 카페, 카카오톡으로 다양한 매물들을 접할 수 있습니다. 토지를 보는 눈이 길러졌다면 그러한 매물들 중에서 옥석을 찾을 수 있습니다.

4) 필수적으로 공부해야 하는 내용

토지를 알아본다면 그래도 필수적인 용어 정도는 알고 가야 합니다. 특히나 용도지역이나 지목에 따라 토지 가격이 달라지고 허가나 건축이 이루어지지 않을 수 있습니다. 예를 들어 멋들어진 카페를 차리고 싶어 토지를 알아보던 중 길가에 저렴한 토지가 나왔다 칩시다. 부동산 말만 듣고 매입했던 토지에 건축을 시도하려 알아보던 중 그 자리는 용도지역이 될 수 없어 허가가 변려됩니다. 시세보다 높은 가격에 덥석 산 거라면 되팔지도 못하고 돈은 돈대로 날리고 이러지도 저러지도 못하는 상황이 생깁니다. 반대로 본인이 멋스러운 자연경관에 집을 짓고 싶어합니다. 부동산 말만 듣고 급매로 나온 좋은 토지를 매입하고 집을 짓습니다. 집을 짓기 위해 이곳저곳 알아보던 중 한 가지 사실을 알게 됩니다. 농촌에서 살만한 주택을 짓기 위해선 이 정도 용도지역은 필요가 없다는 사실 말이죠. 사실 필요 이상으로 웃돈을 주고 주택을 짓기 위한 토지를 산 게 된 겁니다. 예를 들어 제육볶음을 하기 위해 돼지 앞다리살로 해도 충분한 걸 정육점 사장님 말 듣고 돼지 안심을 산 꼴이 된 겁니다. 사실 되긴 되죠. 그런데 굳이 필요 이상으로 사실 필요는 없다는 점입니다.

본인이 용도지역과 지목에 대해 자세히 공부했다면 이러한 불상사는 일어나지 않았을 겁니다. 처음부터 토지를 찾을 때 '어느 정도 상하수도가 되어있고 주변에 민가 좀 있고 대형차가 왔다가 갔다 할 수 있는 진입도로가 있는 토지가 필요합니다' 라고 구체적으로 말을 해놓았다면 본인 용도에 맞는 알맞은 토지를 사실 수 있었을 텐데 말이죠.

그래서 토지 공부를 시작할 때 필수적으로 공부해야 할 내용이 지목과 용도지역입니다. 아래 내용으로 가볍게 한번 살펴보죠.

① 지목

지목은 사용 목적에 따라 토지의 종류를 구분해 놓은 겁니다. 총 28개로 나눠져 있으며 한 토지에 여러 개의 지목이 겹쳐있다면 주된 토지 용도대로 결정됩니다. 또한 일정한 지목이 사용 형태에 따라 변경이 가능합니다. 예를 들어 논 농사를 짓던 답을 전으로 지목을 변경하는데 큰 어려움은 없습니다. 다만 농지(전, 답, 과수원 등)를 산지와 같은 임야로 변경할 때에는 어려움이 따릅니다. 지목 변경은 미리 신청하는게 아닌 건축물이 준공 승인을 받았을 때 비로소 변경 신청이 가능합니다.

총 28개나 되는 지목 모두를 외울 필요는 없습니다. 우리가 토지를 투자한다만 농지(전, 답, 과수원 등)와 임야 정도만 알면 됩니다. 평당 가격대가 높지만 알짜배기 토지를 원한다면 건축물을 짓을 수 있는 '대'도 공부해 두면 좋습니다. '대'는 건축물같이 건물을 지을 수 있는 토지를 말하며 일반적인 농지보다는 고가에 거래되곤 합니다.

임야는 농지에 해당되지 않기 때문에 취득 조건이 까다롭지 않습니다. 또한 일반적으로 토지 크기가 크며 주변에 흔히들 볼 수 있는 토지이다 보니 가격이 저렴하고 개발행위에 적합합니다. 실제로 시골길에 가다보면 산을 깎아서 공사하는 현장을 종종 목격하실 텐데 그러한 토지 대부분이 임야입니다. 농지와 대, 그리고 임야 정도만 알고 계신다면 토지 투자하는데 큰 무리는 없습니다.

[표1-1] 지목

지목	부호	설명
전 (밭)	전 (田)	물을 상시적으로 이용하지 않고 곡물·원예작물(과수류는 제외한다)·약초·뽕나무·닥나무·묘목·관상수 등의 식물을 주로 재배하는 토지와 식용(食用)으로 죽순을 재배하는 토지
답 (논)	답 (畓)	물을 상시적으로 이용하며 벼·연(蓮)·미나리·왕골 등의 식물을 주로 재배하는 토지
과수원	과 (果)	사과·배·밤·호두·귤나무 등 과수류를 집단적으로 재배하는 토지와 이에 접속된 저장고 등 부속시설물의 부지. 다만, 주거용 건축물의 부지는 "대"로 한다.
목장용지	목 (牧)	다음의 각 목의 토지. 다만, 주거용 건축물의 부지는 "대"로 한다. 가. 축산업 및 낙농업을 하기 위하여 초지를 조성한 토지 나. 축산법 제2조제1호에 따른 가축을 사육하는 축사 등의 부지 다. 가목 및 나목의 토지와 접속된 부속시설물의 부지
임야	임 (林)	산림및 원야(原野)를 이루고 있는 수림지(樹林地)·암석지·자갈땅·모래땅·습지·황무지 등의 토지
광천지	광 (鑛)	지하에서 온수·약수·석유류 등이 용출되는 용출구(湧出口)와 그 유지(維持)에 사용되는 부지. 다만, 온수·약수·석유류 등을 일정한 장소로 운송하는 송수관·송유관 및 저장시설의 부지는 제외한다.
염전	염 (鹽)	바닷물을 끌어들여 소금을 채취하기 위하여 조성된 토지와 이에 접속된 제염장(製鹽場) 등 부속시설물의 부지. 다만, 천일제염 방식으로 방식하지 아니하고 동력으로 바닷물을 끌어들여 소금을 제조하는 공장시설물의 부지는 제외한다.

대	대(垈)	가. 영구적 건축물 중 주거·사무실·점포와 박물관·극장·미술관 등 문화시설과 이에 접속된 정원 및 부속시설물의 부지 나. 국토의 계획 및 이용에 관한 법률 등 관계 법령에 따른 공장부지 조성공사가 준공된 토지
공장용지	장(場)	가. 제조업을 하고 있는 공장시설물의 부지 나. 산업집적활성화 및 공장설립에 관한 법률 등 관계 법령에 따른 공장부지 조성공사가 준공된 토지 다. 가목 및 나목의 토지와 같은 구역에 있는 의료시설 등 부속시설물의 부지
학교용지	학(學)	학교의 교사(校舍)와 이에 접속된 체육장 등 부속시설물이 부지
주차장	차(車)	자동차 등의 주차에 필요한 독립적인 시설을 갖춘 부지와 주차전용 건축물 및 이에 접속된 부속시설물의 부지. 다만, 다음 각 목의 어느 하나에 해당하는 시설의 부지는 제외한다. 가. 주차장법 제2조 제1호 가목 및 다목에 따른 노상주차장 및 부설주차장(주차장법 제19조 제4항에 따라 시설물의 부지 인근에 설치된 부설주차장은 제외한다) 나. 자동차 등의 판매 목적으로 설치된 물류장 및 야외전시장
주유소용지	주(住)	다음 각 목의 토지. 다만, 자동차·선박·기차 등의 제작 또는 정비공장 안에 설치된 급유·송유시설 등의 부지는 제외한다. 가. 석유·석유제품 또는 액화석유가스 등의 판매를 위하여 일정한 설비를 갖춘 시설물의 부지 나. 저유소(貯油所) 및 원유저장소의 부지와 이에 접속된 부속시설물의 부지
창고용지	창(倉)	물건 등을 보관하거나 저장하기 위하여 독립적으로 설치된 보관시설물의 부지와 이에 접속된 부속시설물의 부지
도로	도(道)	다음 각 목의 토지. 다만, 아파트·공장 등 단일 용도의 일정한 단지 안에 설치된 통로 등은 제외한다. 가. 일반 공중(公衆)의 교통 운수를 위하여 보행이나 차량운행에 필요한 일정한 설비 또는 형태를 갖추어 이용되는 토지 나. 도로법 등 관례 법령에 따라 도로로 개설된 토지 다. 고속도로 휴게소 부지 라. 2필지 이상에 진입하는 통로로 이용되는 토지
철도용지	철(鐵)	교통 운수를 위하여 일정한 궤도 등의 설비와 형태를 갖추어 이용되는 토지와 이에 접속된 역사(驛舍)·차고·발전시설 및 공작창(工作廠) 등 부속시설물의 부지

제방	제 (堤)	조수 · 자연유수(自然流水) · 모래 · 바람 등을 막기 위하여 설치된 방조제 · 방사제 · 방파제 등의 부지
하천	천 (川)	자연의 유수(流水)가 있거나 있을 것으로 예상되는 토지
구거	구 (溝)	용수(用水) 또는 배수(排水)를 위하여 일정한 형태를 갖춘 인공적인 수로 · 둑 및 그 부속시설물의 부지와 자연의 유수(流水)가 있거나 있을 것으로 예상되는 소규모 수로부지
유지(溜地)	유 (溜)	물이 고이거나 상시적으로 저장하고 있는 댐 · 저수지 · 소류지(沼溜地) · 호수 · 연못 등의 토지와 연 · 왕골 등이 자생하는 배수가 잘 되지 아니하는 토지
양어장	양 (養)	육상에 인공으로 조성된 수산생물의 번식 또는 양식을 위한 시설을 갖춘 부지와 이에 접속된 부속시설물의 부지
수도용지	수 (水)	물을 정수하여 공급하기 위한 취수 · 저수 · 도수(導水) · 정수 · 송수 및 배수 시설의 부지 및 이에 접속된 부속시설물의 부지
공원	공 (公)	일반 공중의 보건 · 휴양 및 정서생활에 이용하기 위한 시설을 갖춘 토지로서 국토의 계획 및 이용에 관한 법률에 따라 공원 또는 녹지로 결정 · 고시된 토지
체육용지	체 (體)	국민의 건강증진 등을 위한 체육활동에 적합한 시설과 형태를 갖춘 종합운동장 · 실내체육관 · 골프장 · 승마장 · 경륜장 등 체육시설의 토지에 접속된 부속시설물의 부지. 다만, 체육시설로서의 영속성과 독립성이 미흡한 정구장 · 골프연습장 · 실내수영장 및 체육도장, 유수(流水)를 이용한 요트장 및 카누장, 산림 안의 야영장 등의 토지는 제외한다.
유원지	원 (園)	일반 공중의 위락 · 휴양 등에 적합한 시설물을 종합적으로 갖춘 수영장 · 유선장(遊船場) · 낚시터 · 어린이놀이터 · 동물원 · 식물원 · 민속촌 · 경마장 등의 토지와 이에 접속된 부속시설물의 부지. 다만, 이들 시설과의 거리 등으로 보아 독립적인 것으로 인정되는 숙식시설 및 유기장(遊技場)의 부지와 하천 · 구거 또는 유지[공유(公有)인 것으로 한정한다]로 분류되는 것은 제외한다.
종교용지	종 (宗)	일반 공중의 종교의식을 위하여 예배 · 법요 · 설교 · 제사 등을 하기 위한 교회 · 사찰 · 향교 등 건축물의 부지와 이에 접속된 부속시설물의 부지

사적지	사 (史)	문화재로 지정된 유적·고적·기념물 등을 보존하기 위하여 구획된 토지. 다만, 학교용지·공원·종교용지 등 다른 지목으로 된 토지에 있는 유적·고적·시념물 등을 보호하기 위하여 구획된 토지는 제외한다.
묘지	묘 (墓)	사람의 시체나 유골이 매장된 토지 도시공원 및 녹지 등에 관한 법률에 따른 묘지공원으로 결정·고시된 토지 및 장사 등에 관한 법률 제2조제9호에 따른 봉안시설과 이에 접속된 부속시설물의 부지. 다만, 묘지의 관리를 위한 건축물의 부지는 "대"로 한다.
잡종지	잡 (雜)	지목의 종류 중 하나로 갈대밭, 실외에 물건을 쌓아두는 곳, 돌을 캐는 곳, 흙을 파내는 곳, 야외시장, 비행장, 공동우물, 영구적 건축물 중 변전소, 송신소, 수신소, 송유시설, 도축장, 자동차운전학원, 쓰레기 및 오물처리장 등의 부지 및 다른 지목에 속하지 않는 토지를 말한다. 다만 원상회복을 조건으로 허가받은 돌을 캐내는 곳 또는 흙을 파내는 곳은 제외된다.

② **용도지역**

 용도지역은 토지 이용에 맞게 구역을 정해 놓은 거라 보면 됩니다. 건축물을 지을 때 용도나 높이, 그리고 바닥면적 등 기준을 정해 놓은 지표가 필요한데 그게 바로 용도지역입니다. 건축물의 높이(용적률)나 면적(건폐율)을 결정짓는 지표로써 한 토지에는 하나의 용도지역만 지정되어 있습니다. 용도지역은 국토개발에 의해 대대적으로 변경은 가능한데 개개인이 목적에 따라 변경 신청할 수 없습니다. 때문에 처음부터 매입할 때 용도지역을 잘 살펴보아야 하고 목적에 맞는 알맞은 용도지역을 골라야 합니다.

 초보자가 투자로 적합한 토지는 도시지역 중 녹지지역과 비도시지역 중 관리지역인 계획관리지역 정도만 아서도 크게 실패하지 않습니다. 만약 부동산 중개인이 보전관리지역 같이 행위 자체가 한정적인 토지를 앞으로 여기에 산업단지가 들어온다, 이 일대가 아파트 단지로 탈바꿈 할거다 하더라도 쉽게 넘어가선 안 됩니다. 정부에서 발표한 개발 고시가 있더라도 시행되기까지 상당한 시간이 소요되며 만약 개발사업이 무산된다면 고스란히 피해는 본인이 감수해야 합니다. 먼저 언급한 도시지역인 자연녹지지역이나 관리지역인 계획관리지역처럼 활용도가 높은 토지였다면 웃돈을 주더라도 나중 시세차익을 노릴 수 있겠지만 보전관리지역이나 농업진흥 구역처럼 보전, 관리만 할 수 있는 토지는 대대손손 물려줘야 할지 모릅니다. 그래서 용도지역 종류를 잘 숙지하시고 왜 전문가들이 특정 용도지역을 추천하는지 꼼꼼하게 공부하셔야 합니다.

[표 1-2] 용도지역

지역(법)		세 분(시행령)	지정목적
도시지역	주거지역	제1종전용주거 제2종전용주거 제1종일반주거 제2종일반주거 제3종일반주거 준주거	• 단독주택 중심의 양호한 주거환경 보호 • 공동주택 중심의 양호한 주거환경 보호 • 저층주택 중심의 주거환경 조성 • 중층주택 중심의 주거환경 조성 • 중·고층주택 중심의 주거환경 조성 • 주거기능에 상업 및 업무기능 보완
	상업지역	중심상업 일반상업 근린상업 유통상업	• 도심·부도심의 상업·업무기능 확충 • 일반적인 상업 및 업무기능 담당 • 근린지역의 일용품 및 서비스 공급 • 도시내 및 지역간 유통기능의 증진
	공업지역	전용공업 일반공업 준공업	• 중화학공업, 공해성 공업 등을 수용 • 환경을 저해하지 아니하는 공업의 배치 • 경공업 수용 및 주·상·업무기능의 보완
	녹지지역	보전녹지 생산녹지 자연녹지	• 도시의 자연환경·경관·산림 및 녹지공간 보전 • 농업적 생산을 위하여 개발을 유보 • 보전할 필요가 있는 지역으로 제한적 개발허용
관리지역		보전관리 생산관리 계획관리	• 보전이 필요하나 자연환경보전지역으로 지정이 곤란한 경우 • 농·임·어업생산, 농림지역으로 지정이 곤란한 경우 • 도시지역 편입이 예상, 계획·체계적 관리 필요
농림지역		–	• 농림업의 진흥과 산림의 보전을 위하여 필요
자연환경 보전지역		–	• 자연환경등의 보전과 수산자원의 보호·육성

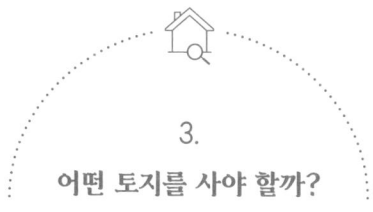

3. 어떤 토지를 사야 할까?

1) 용도에 따른 토지 구매방법

부동산을 하다보면 용도에 맞지 않은 토지를 매입하여 낭패를 보는 경우가 허다합니다. 단순 시세차익을 위해 투자하는 거라면 어떠한 토지도 괜찮습니다. 어차피 토지 시세는 꾸준히 우상향이기 때문이죠. 하지만 당장 집을 지을 토지를 찾는데 엉뚱한 농림지역 토지를 매입하였다면 여럿 고생하는 길입니다. 앞서 소개한 지목과 용도지역을 대략적으로 숙지하셨다면 목적에 따라 토지 매입하는 방법에 대해 알아보겠습니다.

① 귀농, 귀촌을 위한 주택 토지

도심지에서 부동산을 하다 보니 은퇴를 위한 귀농 토지를 찾는 분들이 제법 찾아오십니다. 중장년분들께서 여유로운 농촌 생활을 위해, 그리고 한적한 전원주택을 짓기 위해 토지를 알아보시는데요. 단순히 자연을 벗 삼아 살고 싶다면 전원주택, 농사를 지으면서 농업인의 생활을 꿈꾼다면 농가주택입니다. 사실 둘을 나눈다는건 큰 의미는 없습니다만 좀 더 복잡한 농가주택에 대해 써보겠습니다. 사실 전원주택은 큰 비용이 들어갈 뿐이지 짓는 건 행정적인 문제가 없습니다.

농가주택을 짓기 위해서는 크게 두 가지 방법으로 토지를 매입하면 됩니다. 기존에 농지를 매입해서 농가주택을 짓는 방법과 기존에 주택이 딸린 토지를 매입해서 수리를 하는 방법입니다. 요즘 젊은 세대 중에선 한적한 시골 생활을 위해 저렴한 농가주택을 매입해서 사는 모습을 종종 볼 수 있는데요. 사실 오래된 농가주택을 수리하는 건 보통 힘든 게 아닙니다. 게다가 농가주택 대부분이 몇십 년은 훌쩍 지난 것들이 많아 기둥이나 벽면, 그리고 지대가 약한 주택들이 많습니다. 게다가 크기가 보통 작죠. 가볍게 농사를 지으면서 주택에 사실 거라면 토지를 매입하여 짓는 방법이 좋습니다. 한번 짓고 나면 몇십 년은 쓸 수 있고 본인 취향이 들어간 거라 애착이 더욱 갈 테죠.

농가주택을 짓기 위해선 우선 농업인이 되어야 합니다. 농업인이 되려면 아래와 같은 조건을 충족하여야 하는데요. 이 중에서 가장 적합한 조건을 맞춰 농업인 신청을 하시면 됩니다.

[농업인 기준]
①1,000㎡(302.5평) 이상의 농지를 경작, 재배하는 자
②농지에 330㎡(100평) 이상의 온실, 비닐하우스 등의 경작자
③소 2마리, 돼지·양 10마리, 닭·오리·거위 100마리 이상 또는 꿀벌 10군 이상 사육하는 자
④1년 중 90일 이상 농업에 종사하는 자
⑤1년 중 120일 이상 축산업에 종사하는 자
⑥농업 경영을 통한 농산물의 연간 판매액이 120만 원 이상인 자

농업인으로 등록을 하였다면 농가주택을 지을 수 있는 혜택이 따라오는데 조건이 있습니다. 주택 부지는 약 부지 660㎡(200평) 이내이며 연면적은 150㎡(45평) 이내 건축하여야 합니다.

왜 이렇게 어렵게 조건을 맞춰 농가주택을 짓느냐? 이유는 혜택이 많습니다. 일반적으로 전원주택 같은 걸 짓고 사셔도 무방합니다만 이왕 귀촌을 하셨다면 혜택을 받는 게 좋겠죠?

농가주택은 기본적으로 양도 시 1세대 1주택 비과세 적용을 받습니다. 본인이 일반 주택을 가지고 있더라도 농가주택을 소유하면 주택 수에 포함이 되질 않습니다. 단, 새롭게 취득한 농가주택은 2년 이상 보유하여야 적용을 받습니다.

농가주택을 짓기 위한 토지를 매입할 때 주의점이 있습니다. 농어촌 대부분의 집들이 대지가 아닌 농지 상태에 그대로 지어진 경우가 많습니다. 보통 오래된 집은 50년이 훌쩍 넘은 집들도 있다 보니 자연스럽게 경계가 없으며 무허가 건물인 경우도 허다합니다. 대지와 주택의 소유자가 다른 경우도 있으며 도로에 경계가 넘어가 있는 경우도 많습니다. 대지와 주택의 소유자가 다르다면 추후 지상권 문제로 다툴 수 있으니 사전에 알아보셔야 합니다. 농가주택뿐만 아니라 농촌에 대지를 구입할 때 주의점이죠. 바로 나대지(건축물이 없는 대지)를 매입하였더니 낡은 구옥이 있습니다. 눈으로는 안 보이는데 서류상으로 오래된 집이 있었던 것이죠. 매매를 했지만 서류상으로 토지만 매입한 것이기 때문에 철거하는데 어려움이 있습니다. 이러한 일들이 비일비재하기 때문에 토지 구입에는 많은 공부가 필요하며 전문가를 통해 구입하셔야 합니다. 또한 계약 전 토지대장, 건축물대장, 건물등기부등본 등 다양한 공적 장부를 발급받아 이상이 없는지 체크하고 또 체크하셔야 합니다.

② 시세 차익을 위한 토지

대부분 토지 투자하시는 분들이 원하는 투자입니다. 저렴하게 나온 급매 위주의 매물을 잡아 두고 나중에 적절한 시세에 되팔아 적절한 수익을 안기는 투자. 하지만 주식과 마찬가지로 과연 이 토지가 급매인지, 그리고 나중에 되팔 수 있는지 보는 눈을 길러야 합니다. 토지는 주식과 다르게 사는 사람이 반드시 정해져야 매도를 할 수 있으며 그에 따른 수익을 얻을 수 있습니다. 아무리 급매를 잡더라도 사는 사람이 없다면 투자는 실패인 셈이죠.

시세 차익을 위한 토지를 선정하는 방법은 가격이 아닙니다. 누구라도 좋아 보이는 토지를 사는 게 중요합니다. 예를 들어 마을 초입에 나온 농지와 산골짜기에 나오는 농지는 다릅니다.

아무리 같은 지목과 용도지역이라도 사람 보는 눈은 비슷하기 때문에 가격이 마을 초입의 농지를 선호합니다. 게다가 마을 초입은 동구나무도 멋지게 심어져 있고 길도 잘 닦여져 있는 반면에 산골짜기 토지는 경운기도 겨우 들어갑니다.

같은 지목에 같은 용도지역이라도 차이가 큽니다. 가격이 아무리 반값에 나온 급매라도 절대 사면 안 되는 토지입니다. 가격이 저렴하니 나중에 주변 시세보다 싸게 내놓으면 팔리지 않을까 생각하겠지만 요즘 같은 경기 불황에는 찾는 사람이 없습니다. 만약 그러한 토지를 무리한 대출로 잡아 놓은 것이라면 이득보단 손해가 막심한 투자가 되겠습니다.

시세차익에 대표적인 토지 투자는 농지입니다. 물론 더 심한 임야나 나중 개발호재가 떨어진다면 막대한 수익을 안겨줄 절대농지(농업진흥구역 내) 등이 더 큰 수익을 안겨줄 수 있겠지만 시간이 많이 걸립니다. 게다가 토지 규모가 워낙 크기 때문에 평당가가 낮더라도 총 매매가는 굉장합니다. 평당 10만 원씩만 잡아도 만평이라면 꽤 큰 금액이 들어갑니다.

반면에 위치가 좋은 농지는 소액으로 투자가 가능합니다. 흔히들 소액 투자라고 말하는 자그마한 텃밭 같은 토지들은 일반인들에게 좋은 투자 상품입니다. 일단 금액이 적게 들어갑니다. 토지 대출을 잘 활용한다면 적게는 몇천만 원으로 좋은 토지를 매입할 수 있습니다. 다만, 농지 같은 경우에는 직접 농사를 지어야만 취득이 가능합니다.

③ 농사를 위한 토지

일반적으로 농지는 농사만을 위해 취득하여야 합니다. 때문에 직장인이 농지를 취득하려면 농지취득자격증명을 발급받아야 합니다. 만약 농지취득자격증명이 반려가 된다면 농지 소유권 이전이 불가능합니다. 농지취득자격증명을 발급 받으려면 신청서와 함께 농업경영계획서를 작성하여 제출하시면 됩니다.

신청은 농지 소재지를 관할하는 시, 구, 읍, 면사무소에 발급 신청하며 소요 기간은 대략 7일이 걸립니다. 만약 농지의원회 심의 대상이라면 7일+7일인 총 14일 정도가 걸립니다. 농지의원회 심의는 보통 매월 초에 진행되며 심의 대상은 아래와 같습니다.

> [농지위원회 심의 대상]
> - 토지거래허가구역에 있는 농지를 취득하려는 자
> - 취득대상 농지 소재지 관할 시·군·자치구 또는 연접한 시·군·자치구에 거주하지 않으면서 그 관할 시·군·자치구에 소재한 농지를 2022년 8월 18일 이후 처음으로 취득하려는 자
> - 1필지의 농지를 3인 이상이 공유로 취득하려는 경우 해당 공유자
> - 농업법인
> - 출입국관리법 제31조에 따라 등록한 외국인
> - 재외동포의 출입국과 법적 지위에 관한 법률 제6조에 따라 국내거소신고를 한 외국국적동포
> - 그 밖에 농업경영능력 등을 심사할 필요가 있다고 인정하여 시·군·자치구의 조례로 정하는 자 주말체험영농계획서 제출한 경우 : 7일

농사를 위한 농지를 취득하려면 굳이 비싼 토지를 취득할 필요는 없습니다. 말 그대로 농사만을 위한 농지를 취득하려는데 계획관리지역이나 자연녹지지역같이 근린생활시설 건축이 가능한 토지를 매입할 필요는 없습니다. 농사를 짓다가 나중 시세차익을 보겠다는 생각이시라면 괜찮은 선택이긴 하지만 굳이 농사만 짓는데 웃돈을 줄 필요는 없습니다. 일반적으로 계획관리지역 토지나 자연녹지지역 토지들은 건축을 위한 토지이기 때문에 일반 시세보다 높습니다.

같은 예로 생산관리지역 농지와 계획관리지역 농지는 최소 1~2배 정도 차이가 나며 도로가 잘 갖춰져 있고 도심지와 가깝다면 그 이상 차이가 납니다. 이렇게 위치 좋고 비싼 토지에 농사를 지을 필요는 없겠지요.

4.
토지는 어떻게 사야 할까?

아파트만큼 투자하기 편한 부동산 상품은 없습니다. 규격화가 되어 있기 때문이죠. 같은 동 같은 타입이라면 인테리어를 제외하곤 대부분 똑같습니다. 10층짜리 매물이 나갔다고 하더라도 9층짜리 매물을 사면 되는거죠. 어차피 같은 평형대 같은 타입일 테니깐요. 하지만 토지는 그렇지 않습니다. 토지는 같은 매물이 없습니다. 하나하나 다른 용도지역, 지목, 그리고 관리규제가 묶여 있다 보니 잘 보고 잘 판단하셔야 합니다. 좋은 토지는 쉽게 매매가 가능하지만 잘못 매입한 토지는 자녀들에게 물려줘도 욕만 먹습니다. 실제로 기획부동산이나 분양사기에 당하셔서 팔지도 못하는 임야를 분양받으신 분들이 이러한 사례입니다. 팔지도 못합니다. 그렇다고 계속 가져갈 수 없는 노릇이죠. 만약 본인이 토지 지목이나 용도지역에 대해서만 가볍게 아셨더라면 이러한 불상사가 없었을 텐데 지인이나 분양 직원들 말만 믿고 한 선택이 큰 후회를 남깁니다.

1) 토지 상태 확인하는 방법

이런 말이 있습니다. 사람은 믿지 말고 서류만 믿어라. 토지 중개 시장에서는 비일비재한 사건입니다. 예를 들어서 자식이 부모님 허락도 없이 헐값으로 땅을 내놓고 파는 경우, 나중에 이곳에 도로가 들어선다는 토지주 말을 믿고 매입하는 경우, 여기까지가 본인 땅이지만 옆집에서 잠깐 사용하고 있는 거니 안심하라는 경우 등등 다양한 말들이 오고 갑니다. 이러한 말들은 시골 마을에서 빈번하게 일어납니다. 할아버지 세대부터 농사짓고 있었던 땅을 막상 팔려고 하니 옆집 땅이 대부분이거나 국유지에 경작하고 계신 분들도 많습니다. 본인들도 몰랐던 경우입니다. 부모세대부터 농사짓던 땅이 차츰차츰 옆으로 넘어가고 거기를 경계로 만들고 이러다 보니 땅 경계가 모호해지는 경우입니다. 한 세대만 건너도 땅 경계가 모호해집니다. 때문에 토지 상태를 확인하려면 무조건 공적 장부를 토대로 결정하고 매입하여야 합니다. 토지와 관련된 공적 장부로는 토지/임야대장, 공유지연명부, 대지권등록부, 지적도/임야도, 경계점좌표등록부가 있으며 토지 위에 주택이나 건물이 있다면 건축물대장을 필히 확인하여야 합니다. 요즘에는 토지이용계획확인서와 토지/임대대장 정도로만 충분히 식별 가능합니다.

2) 토지를 살 때 무엇을 봐야 할까?

토지를 매입하는 목적에 따라 확인하여야 하는 부분들이 있습니다. 물론 토지 매입하시는 분들이 임야를 매입하여 전원주택이나 개발행위를 합니다. 그런 분들은 전문가죠. 더 잘 아십니다. 다만, 일반인분들이나 직장인분들이 처음으로 토지를 투자한다면 필히 주의하여야 하는 부분들이 있습니다. 소유자와 목적 허가입니다.

　토지를 매입할 때 소유자와 그 주변분들을 필히 체크하셔야 합니다. 중요합니다. 예를 들어서 좋은 토지가 나와 임장도 다녀왔고 부동산을 통해서 매입까지 했습니다. 하지만 나중에 알고 보니 아버지 토지를 자식이 돈이 필요해서 팔았다? 아니면 자녀분들이 상속받은 토지인데 그중 한 분만 오셔서 도장을 찍은 경우 등등 다양합니다. 직접 소유자가 아닌 분들이 오셔서 토지 계약을 하는 경우인데 이러한 경우 위임 양식에는 문제가 없는지 또한 소유자 동의가 이루어졌는지 반드시 체크하셔야 합니다. 물론 소유권 이전에는 문제는 없습니다. 부동산을 통해 계약이 이루어졌으니 본인 잘못도 아니지요. 하지만 토지 특성상 불미스러운 일들이 발생할 수 있습니다. 첫 사례처럼 부모 몰래 팔았던 토지라면? 토지 주변에 부모가 실제로 살고 계신다면? 거기에서 맘 편히 농사지으며 지낼 수 있을까요? 불편합니다. 그리고 동네에 소문이 나겠죠. 토지는 아파트와 다르게 문 닫고 살 수 없습니다.

　다른 하나는 소유자 토지와 그 경계 소유자 관계를 명확하게 알아야 합니다. 예를 들어서 매도자 A 토지와 마을 주민 B 토지가 있다고 칩시다. 오랫동안 농사를 짓던 토지이다 보니 마을 주민이 A 토지 경계선을 넘어 A 토지 일부에 농사를 짓고 있습니다. 농촌에는 흔히 있는 일입니다. 본인은 매도자 A 토지를 매입하려고 공적 장부도 확인하고 매도자를 통해 매입을 합니다. 매도자도 마을 주민이 자기 토지 일부를 사용하고 있고 이번 농사까지만 이대로 짓는다고 말해 놓겠다 합니다. 하지만 내년에 바뀔까요? 몇십 년 동안 짓던 농사를 올해는 팔렸으니 여기까지만 지으라고 한다 해도 쉽게 정리되지 않습니다. 사소한 분쟁이 일어납니다. 작은 다툼도 일어나고요. 이성적으로 생각하면 A 토지, B 토지 경계대로 농사를 짓기만 하면 되는데 시골은 꼭 그렇지만은 않습니다. 아직까진 폐쇄적이고 지연 사회입니다.

토지를 살 때 꼭 체크하여야 하는 부분이 허가 목적입니다. 사실 농사만 짓는다면 경계선이고 마을 주민이고 크게 문제되진 않습니다. 어차피 공적 장부에 표기된 부분이 자기 토지이기 때문에 사소한 분쟁이나 말다툼, 이런 것들은 시간이 지나면 자연스럽게 없어집니다. 하지만 토지를 매입하려는 목적이 어떠한 행위를 하려는 거라면 반드시 허가 사항을 따져봐야 합니다.

예를 들어 토지를 매입하고 근린생활시설을 짓고 카페나 음식점을 할 생각이었으나 건축행위가 불가능한 토지라 생각해보세요. 토지 중개에선 흔히 있는 일입니다. 원하는 토지 평형대와 금액, 그리고 지목, 용도지역, 도로 접근성. 다 맞춰서 중개해줬다 하니 중개사는 잘못이 없다고 할테고 지차체 입장에서는 허가 조건에 부합되니 이거 저거 수정하라고 할 겁니다. 하지만 현실적으로 수정하기 불가능한 사항은 어찌하지 못합니다. 주택같이 허가 조건이 널널한 항목이라면 융통성 있게 해주겠지만 도로 옆 혹은 환경 보호지역에 위치한 근린생활시설이라면 허가 조건을 더욱 까다롭게 보겠죠. 사업이 한두 푼도 아니 괜히 허가해줬다가 나중 불법 건축물로 판가름 난다면 그게 더 골치 아파질 겁니다. 그래서 카페, 음식점 같이 근린생활시설 같은 경우에는 허가 조건을 더 까다롭게 보며 기준도 명확합니다. 특히나 세차장이나 수리센터 같은 경우 오폐수나 소음이 발생하는 종목에는 더더욱 기준을 까다롭게 하죠. 이러한 이유 때문에 허가 목적에 맞는 토지를 구입하여야 합니다. 단순 기준에 맞는다고는 하나 지자체에서 허가를 해주는지 계약 전에 한번 방문하시는 걸 추천합니다. 아무리 중개사가 그 지역에서 몇십 년을 하더라도 지자체 담당 공무원은 수시로 바뀌며 그분들도 관련 규정으로 가지고 판가름 하기 때문에 어찌하지 못합니다.

3) 토지는 어떻게 사야 할까?

토지는 일반 부동산과 조금 다릅니다. 매매하는 방법은 큰 틀을 벗어나진 않습니다만 알아보는 방법, 계약하는 방법, 대출하는 방법, 허가 조건 등 일반 부동산보단 조금 더 복잡한 건 사실입니다. 물론 공장이나 산업단지 혹은 특수 물건 같은 경우가 더 전문적이겠지만 일반인이 보기엔 토지도 굉장히 전문적인 분야입니다.

우선적으로 토지를 매입하려면 일단 기본적인 용어 공부부터 하시길 권해드립니다. 처음 언급한 지목 중 농지와 임야가 무엇인지 구분해내실 줄 알아야 하며 용도지역 중 흔하게 접하는 것들로만 우선적으로 익히셔야 합니다. 부동산 매물 상태를 살펴보시면 대부분 농지나 임야가 주 매물로 나오며 용도지역도 관리지역과 주거지역 등이 대부분입니다. 두 가지만 어느 정도 숙달이 되신다면 부동산에 가셔서 무시 받는 일 없이 어느 정도 대화는 하실 수 있습니다.

　기본적인 공부가 되셨다면 본인 목적에 맞는 토지를 검색해 봅니다. 자그마한 텃밭을 원한다면 본인이 어느 정도까지 가서 농사를 지을 수 있는지 체크해 봅니다. 본인 사는 곳과 멀리 떨어진 곳보다는 주변이나 근교에 적당한 토지를 물색해 봅니다. 사전에 주말농장 체험을 해보거나 지인 중에 농사를 짓는 분이 계신다면 미리 한번 가보셔서 본인이 그 일을 할 수 있는지 그리고 최대 몇 평까지는 무난히 지을 수 있는지 알아봅니다. 실제로 농사를 만만하게 여기셔서 대형 평수를 매입하신 분들도 많습니다. 결국엔 마을 주민에게 무상 임대하거나 방치 하는 경우를 종종 볼 수 있습니다.

　거리와 평수를 보셨다면 자금 상태를 다시 한번 체크합니다. 보통 텃밭 정도라면 수중에 있는 자금으로 충분히 사실 수도 있지만 서울이나 경기도 인근이라면 토지 가격이 만만치 않겠죠? 대출을 알아보셔야 합니다.

　토지 대출은 일반적인 주택 담보대출과 다르게 감정평가로 대출을 발생시킵니다. 토지 가치가 있다면 추가적인 대출이 나오며 신용 상의 문제나 본인이 소득에 비해 대출이 많다면 생각했던 것보다 적은 대출이 나옵니다. 예전처럼 담보가치에 일정한 비율이 딱딱 떨어지는 시대는 지났습니다. 사전에 충분히 대출을 알아보시고 자금 스케줄을 잘 맞춰보셔야 합니다. 어느 정도 윤곽이 잡힌다면 인터넷에 나와 있는 매물들을 검색해 보시고 부동산과 약속을 정해 임장을 다녀옵니다. 토지 임장은 시간과 노력이 필요합니다. 아파트와 다르게 시골길도 수시로 다녀야 하고 뙤약볕에 온종일 운전하고 다닐 수 있습니다. 그만큼 노력이 필요합니다.

좋은 부동산을 잘 찾는 것도 하나의 투자방법입니다. 광고를 많이 한다고 좋은 부동산은 아닙니다. 가장 좋은 부동산은 그 자리에서 오랫동안 하던 부동산이 최고입니다. 토지는 아파트와 다르게 흐름이 중요합니다. 아파트는 신축이 들어서면 구축과 신축 가격 경쟁이 발생하고 실거래 내역이 투명하게 뜨기 때문에 예측이 가능합니다. 그래서 유투버들도 아파트 유투버들이 많습니다. 수요도 많고 쉽게 정리가 가능하기 때문이죠. 토지는 다릅니다.

흐름을 파악하기 어려우며 폐쇄적이고 정보도 항상 불확실성이 큽니다. 마치 장마철 일기예보처럼요. 분명히 날은 흐린데 오늘 비가 올지 안 올지 예측이 힘듭니다. 그래서 오랫동안 한 자리에서 부동산을 하셨던 중개사분들을 만난다면 토지 투자에선 반은 먹고 들어갑니다. 그 지역을 잘 알고 어떠한 개발호재가 있는지, 그리고 과거에는 이랬던 토지가 지금은 이렇게 되었다는 역사도 꿰뚫고 있는 부동산들이 있습니다. 그런 분들을 만나시면 좋습니다. 그런 분들이 원주민 부동산들인데 조금만 발품 팔아보시면 쉽게 접할 수 있습니다.

김주희

나는 안정적인 공무원에서 도전적인 공인중개사를 선택했다

나는 사람들과 소통하는 것을 좋아하고
적극적인 성향을 가지고 있다.
이런 내 성향이라면 공무원보다는 공인중개사라는 직업이
더 잘 맞을 것이라는 확인이었다.
합격 후 나는 더 큰 결심을 했다. 바로 퇴직이었다.

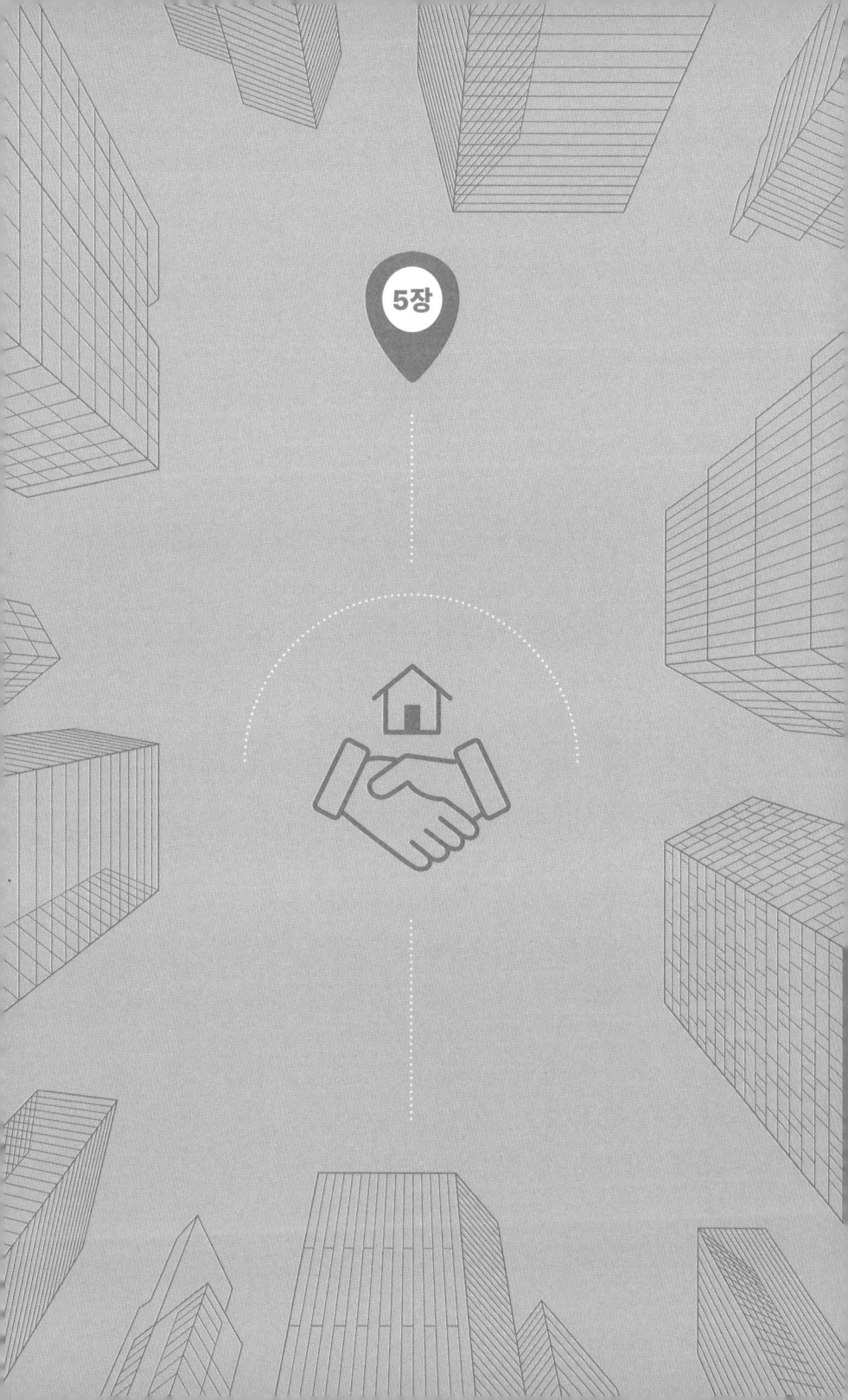

1. 공인중개사를 시작한 계기

오랜 시간 공무원으로 근무하면서 가끔 공인중개사 시험 감독을 맡곤 했다. 시험장을 둘러보면 예상보다 연령대가 높은 응시자들이 많아 조금은 의아했던 기억이 난다. 처음에는 '왜 이 연령대의 분들이 이렇게 많이 도전하실까?' 하는 단순한 호기심에서 시작되었다. 그런데 그 모습을 지켜보면서 한 가지 생각이 떠올랐다. '이렇게 많은 분들이 나이에 상관없이 도전하시는 걸 보니, 이건 나중에 나도 도전할 수 있는 분야일지도 몰라.' 그렇게 작은 씨앗 하나가 내 마음속에 심어졌다.

당시 공인중개사라는 직업에 대해 잘 알지도 못했고, 솔직히 나름 만만한 분야라는 막연한 생각도 있었다. '연령대가 높은 분들도 도전하시는 걸 보면, 젊은 내가 도전하면 더 수월하지 않을까?'라는 약간의 오만함도 없지 않았다. 하지만 그때는 이 선택이 내 인생을 어떻게 바꿀지 전혀 알지 못했다.

공무원 생활을 하다 보면 문득문득 지쳐가는 순간들이 찾아온다. 어느 날, 유난히 힘들었던 날 다시 시험 감독을 맡게 되었고, 그동안 단순히 호기심으로만 품고 있던 생각이 내 마음 깊은 곳에서 강하게 자리 잡기 시작했다. '나도 한번 이 시험에 도전해 볼까?' 처음엔 그저 가

벼운 마음이었다. 특별한 계획이나 깊은 고민 없이 시험 준비를 시작했다. 하지만 현실은 내가 생각했던 것보다 훨씬 냉혹했다.

3개월 정도 가볍게 준비한 후 처음으로 본 시험에서 나는 쓰디쓴 실패를 맛 보았고 그때 깨달았다. '이 공부가 절대 만만치 않구나.' 내가 얼마나 어리석었는지, 얼마나 준비가 부족했는지 알게 되었다. 단순히 시험장에서의 실패가 아니었다. 내 안에 있던 자만심과 안일한 태도에 크게 깨닫게 되었던 순간이었다.

그때부터 마음가짐이 달라졌다. 제대로 된 계획을 세우고 본격적으로 준비를 시작했다. 하지만 공무원으로서의 업무를 병행하면서 공부한다는 것은 생각만큼 쉬운 일이 아니었다. 퇴근 후 책상에 앉는 일이 점점 고통스러워졌고 체력은 바닥을 드러냈다. 주변에서 '6개월 만에 동차 합격'이라는 성공 사례를 들려줄 때마다 나는 내가 너무 초라해 보이기도 했다. '나는 왜 이렇게 안 될까?'라는 생각이 들 때도 많았다. 결국 현실을 받아들이기로 했다. '1차와 2차를 나눠서 준비하자.' 그렇게 긴 여정이 시작 되었다.

2년이라는 시간 동안 많은 것을 포기해야 했다. 가족과의 시간, 친구들과의 만남, 심지어는 나만의 여유조차도 사치처럼 느껴졌다. 때로는 내가 이 길을 가야 하는 이유조차 의심스러워졌고, 좌절감에 빠질 때도 있었다. 하지만 그럴 때마다 스스로에게 이렇게 다짐했다. '이건 내가 선택한 길이다. 끝까지 가보자.'

"합격."
마침내 그 두 글자를 마주했을 때, 그동안의 모든 순간들이 파노라마처럼 스쳐 지나갔다. 땀과 눈물로 채운 시간들이 헛되지 않았다는 것을 확인하는 순간이었다. 합격의 기쁨과 함께 내게는 또 다른 확신이 생겼다. 나는 사람들과 소통하는 것을 좋아하고 적극적인 성향을 가지고 있다. 이런 내 성향이라면 공무원보다 공인중개사라는 직업에 더 잘 맞을 것이라는 확신이었다.

합격 후 나는 더 큰 결심을 했다. 바로 퇴직이었다. 주변에서는 만류하는 목소리가 컸다. '안정적인 공무원 생활을 포기하고 불확실한 길로 간다니 후회하지 않겠어?'라는 질문을 수도 없이 받았다. 솔직히 그런 말들을 들을 때마다 조금은 흔들리기도 했다. 하지만 내 마음을 다 잡았다. 내가 선택한 길에서 성취감을 느낄 수 있다면 그 길이 내가 원하는 최선이 아닐까?

공인중개사가 되기로 한 후로 내 삶은 완전히 바뀌었다. 내가 노력한 만큼 결과가 나오는 직업, 내가 직접 길을 개척할 수 있는 직업이라는 매력, 공무원 생활에서 느꼈던 권태감도 한몫했던 것 같다. 물론 어려움을 느끼는 날도 부지기수였다. 하지만 그 모든 것이 내 손으로 이루어낸 성과라는 점에서 자부심을 느낀다.

만약 누군가 내게 다시 선택할 기회를 준다면 나는 망설임 없이 같은 길을 선택할 것이다. 준비 과정이 힘들었기에 지금의 만족감이 더 크다는 것을 나는 누구보다 잘 알고 있기 때문이다. 그리고 나는 이 길을 통해 앞으로도 더 많은 도전을 이어나갈 것이다. 이 책을 읽고 있는 당신도 이 길을 고민하고 있다면 내 이야기가 작은 용기가 되었으면 좋겠다.

2. 개업 전 소공일 때, 개공일 때

1) 소공 경험담 : 선택의 무게와 첫걸음의 가치

 공인중개사 자격증을 딴 뒤 가장 먼저 부딪히는 고민이 있다.

"개업(개공)을 할까, 소속공인중개사(소공)로 시작할까?"

나 역시 이 고민 속에서 많은 밤을 보냈다. 개업은 내 이름을 걸고 시작하는 일인 만큼 매력적으로 보였다. 스스로 주도적으로 일하고 나만의 방식으로 성공해 보고 싶었다. 하지만 그만큼의 리스크도 있었다. 아무런 실무 경험 없이 바로 개업을 하는 게 과연 가능할까?

결국 긴 고민 끝에 나는 소공의 길을 선택했다.

스스로를 설득했던 이유는 단순했다. "기초부터 배우자." 내가 잘 모르는 세계에서 바로 뛰어들기보다는 안정적인 환경에서 실무를 익히고 시행착오를 줄이는 것이 더 현명하다고 판단했다. 주변에서도 다양한 조언을 해주었지만 이런 말이 특히 기억에 남는다.

- 오픈해서 3개월 배우는 게 소공 1년보다 많다.
- 소공으로 1년은 경험을 쌓아야 나중에 시작이 훨씬 수월하다.

정반대의 조언이었지만 고민 끝에 나는 후자를 택했다. 경험을 쌓는 것이 우선이라고 믿었으니까. 하지만 소공으로 일하며 느낀 점은 '소공 생활도 내가 어떻게 하느냐에 따라 완전히 달라진다.'는 것이다.

① **첫 소공 면접**

첫 소공 자리를 찾기 위해 면접을 여러 번 봤다. 그 과정은 생각보다 쉽지 않았다. 어떤 사무실은 너무 경직된 분위기였고, 어떤 곳은 급여나 조건이 맞지 않았다. 또 어떤 곳은 소장과 대화 스타일이 맞지 않았다. 그래서 면접을 볼 때마다 나 자신에게 여러 번 질문했다.

"나는 어떤 환경에서 잘 배울 수 있을까?"

"소장과의 케미가 나에게 중요한가 아니면 시스템이 더 중요한가?"

나는 일할 때 사람의 긍정적인 에너지가 중요하다고 믿기 때문에 소장과의 케미도 중요한 부분으로 작용했다. 그래서 비교적 물건 회전율이 높아 다양한 고객을 접할 수 있고 편안한 커뮤니케이션이 가능했던 사무실을 선택했다. 첫 출근 날 문을 열고 들어섰을 때의 설렘과 긴장은 아직도 생생하다. 그날부터 나는 스스로 다짐했다.

"이 사무실은 내 사무실이다. 내가 오너라는 마음으로 일하자."

소공 생활에서 성공적으로 적응하려면 무엇보다 함께 일할 소장과 스타일이 맞는지 파악하는 과정이 중요하다는 점을 강조하고 싶다. 소장은 단순히 상사를 뛰어넘어 내가 배우고 협업해야 할 파트너와 같은 존재이다. 따라서 면접이나 첫 출근 전에 소장과의 스타일을 파악하려면 다음과 같은 방법을 참고하면 좋겠다.

◇ **사무실 분위기를 관찰하라**

면접이나 사무실 방문 시 직원이 있다면 직원들의 태도나 대화를 유심히 살펴보라. 직원들이 소장과 활발히 소통하는지, 사무실 분위기가 경직되지 않았는지 살펴보면 소장의 기본적인 업무 스타일을 가늠

할 수 있다.

◇ 소장에게 질문하라

면접 중에 소장에게 "소장님은 주로 어떤 분야의 물건을 다루시나요?" 또는 "이 사무실의 주요 거래 특징은 무엇인가요?" 같은 질문을 던져보라. 소장의 업무 강점과 방향성을 알면 내가 그 안에서 무엇을 배울 수 있을지 미리 예측할 수 있다.

◇ 내가 일할 부분을 체크하라

소장이 초보자에게 어떤 점을 중점적으로 가르쳐주는지 물어보는 대신 "이 사무실에서 저는 주로 어떤 분야의 일을 하게 될까요?"라고 질문하라. 이 질문은 소장의 가르침 방식을 간접적으로 파악하면서도 공손하게 들릴 것이다.

◇ 소장의 일 처리 방식을 관찰하라

사실 이건 면접 때 확인할 수 없는 방법이긴 하다. 하지만 업무를 하면서 가장 빠르게 캐치할 수 있는 방법이기도 하다. 계약 브리핑을 할 때 소장이 고객과 어떤 방식으로 대화하는지 관찰해 보는 것도 중요하다고 생각한다. 고객의 니즈를 세심히 파악하며 섬세하게 대화하는 스타일인지, 아니면 직설적이고 간결한 방식으로 대화하는 스타일인지 파악하면 사무실 환경에 적응하기 쉬울 것이다.

◇ 소장과의 케미를 가늠하라

면접을 보는 동안 소장의 말투와 태도에서 편안함을 느끼는지 아니면 약간의 긴장감을 느끼는지를 파악하라. 첫인상은 종종 실제 업무 관계에서도 그대로 이어진다. 서로의 성향이 맞지 않으면 협업이 어려울 수 있다.

소장과의 업무 스타일이 일치하면 업무 환경은 단순한 직장이 아니라 배우고 성장할 수 있는 공간이 될 수 있다. 내가 일하게 된 사무실은 운이 좋게도(*많은 분들이 정말 운이 좋았다고 표현해주실 만큼 훌륭한 대표 밑에서 배울 수 있었다) 소장 인성도 훌륭하셨지만 무엇보다 업무 스타일이 잘 맞았기 때문에 더욱 많은 것을 배울 수 있었다.

하지만 여기서 반드시 기억해야 할 점이 있다.

어느 사무실이든 소장은 무료로 모든 것을 알려주는 학교가 아니라는 것이다.

소공 생활에서 소장은 나에게 길을 알려주지만 그 길을 걸어가는 노력은 결국 내 몫이다. 만약 "노하우만 빨리 배우고 나가야지."라는 태도로 임한다면 오히려 배움의 기회를 놓칠 뿐이다. 내가 그런 태도였다면 대표 역시 내게 그런 열정을 가지고 일을 알려주진 않았을 것이다. 배우고 노력하는 자세와 열정이 없다면 그 어떤 소장도 직원에게 시간을 투자하지 않는다.

② **실무에서 배운 것들, 성장의 시간**

내가 맡았던 주요 물건은 신축 소형 오피스였다. 금액대가 높지 않아 물건이 자주 도는 곳이었고, 그 덕분에 다양한 고객을 만나며 소통과 협상의 기술을 배울 수 있었다. 그러나 처음부터 순탄하지는 않았다.

어느 날 고객과 함께 물건을 둘러보고 난 뒤 계약이 불발된 일이 있었다. 고객은 내게 직접 말하지 않았지만 다른 부동산 소장을 통해 "제가 원하는 건 그게 아니었거든요." 이런 말을 남겼다고 했다. 그 피드백은 나에게 큰 충격이었다. 고객이 진짜로 원하는 게 무엇인지 파악하지 못한 내 부족함을 절실히 느꼈다. 매물을 정리할 때 내가 중요하다고 생각했던 점만 체크했던 것이다.

그래서 그날 이후 매물을 볼 때 고객과의 대화를 꼼꼼히 체크했다. 단순히 물건의 특징을 나열하는 중개사가 아니라 고객의 말과 행동 속에서 그들이 무엇을 중요하게 생각하는지 캐치하려 노력했다.

③ 고객의 니즈를 파악하는 대화의 중요성

한 손님과 신축 오피스를 둘러보던 날이 있었다. 그 손님은 물건을 둘러보는 내내 화장실 상태를 유독 꼼꼼히 체크하고 다른 부분보다도 더 눈여겨 보는 듯했다. 물건이 상태가 좋고 금액대도 매력적이었음에도 불구하고 쉽게 결정하지 못하는 손님을 향해 이렇게 물었다.

나: "방금 보신 사무실은 화장실이 조금 마음에 걸리세요?"
손님: "네! 저는 화장실 청결도를 정말 중요하게 생각해요. 그런데 방금 그 사무실은 냄새가 좀 나더라고요."
나: "그렇군요. 이게 일시적인 냄새인지 아닌지 관리실에 확인해 보고 말씀드릴게요. 그리고 다음에 보실 사무실은 화장실 청결도는 훨씬 괜찮았어요, 방금 전에도 다녀왔는데 향기가 나더라고요."

얼핏 보면 사소한 대화 같지만 고객은 이런 과정을 통해 자신의 니즈를 중개사가 꼼꼼히 챙기고 있다는 인상을 받는다. 이런 신뢰는 단순히 물건의 장점을 설명하는 것보다 훨씬 효과적으로 고객의 마음을 움직인다.

결국 이 손님은 처음에 봤던 물건으로 계약을 진행했다. 관리실에 직접 확인해 본 결과 그날의 냄새는 화장실 청소 중 발생한 역류 문제로 인한 일시적인 현상이었다는 답변을 받았다. 그 정보를 전달하자 손님은 안심했으며 계약은 자연스럽게 이어졌다.

④ 소공 생활에서의 깨달음, 배우는 태도의 중요성

소공 생활에서 가장 크게 느낀 점은 "내가 얼마나 배우려는 태도를 가지느냐가 더 중요하다"는 것이다. 물론 소장이 좋은 멘토가 되어준다면 금상첨화겠지만 결국 내가 얼마나 적극적으로 움직이느냐에 따라 배움의 깊이가 달라졌다.

소장이 중개를 진행할 때마다 따라다니며 계약 브리핑을 유심히 관찰하거나 사무실로 돌아와 복기하는 과정은 필수 과정이라고 할 수 있다. 또 다른 부동산과 공동중개로 함께 물건을 볼 때 베테랑 공인중개사들의 브리핑 방식도 유심히 들었다. 이를 잘 녹여 나만의 스타일로 만들어가는 과정은 힘들었지만 흥미로웠고 무엇보다 재미있었다.

내게는 이런 다짐이 있었다.
"이곳은 내 사무실이다. 이곳에서 일하는 동안 나의 행동이 누군가에게 피해가 되지 않도록 책임감과 성실함으로 최선을 다하자."
덕분에 내 소공 생활은 시간을 헛되이 보내지 않을 수 있었던 큰 밑거름이 됐던 것 같다.

⑤ 소공으로 일할 때 면접에서 꼭 확인해야 할 3가지

수강생들의 단골질문 중 하나가 소공 면접을 봤는데 어떤 사무실로 가야 할지 모르겠다는 거다. 소공으로 첫 발을 내딛을 사무실을 선택할 때 면접은 단순히 내가 평가받는 자리로만 생각하면 안 된다. 소장도 나를 면접하지만 나 역시 소장과의 면접을 보는 자리다. 이 소장이 나와 얼마나 업무적으로 잘 맞을지를 체크하고 내가 이곳에서 어떤 경험과 배움을 얻을 수 있을지를 평가해야 한다.

다음은 내가 소공 면접을 보며 깨달은 3가지 중요한 체크 포인트와 실제 내 경험을 통해 얻은 교훈이다.

◇ **나와 소장의 업무 스타일이 맞는지 파악하라**

소공 생활에서 가장 중요한 요소는 소장과의 협업이다. 소장은 단순히 상사가 아니라 내가 배우고 협업해야 할 파트너와 같다. 따라서 면접을 통해 소장의 업무 스타일과 나와의 궁합을 가늠하는 것이 필수적이다.

내가 일하게 된 사무실의 소장은 면접 과정에서 단순히 나를 평가하는데 그치지 않았다. 면접 자리에서 내가 앞으로 다룰 물건에 대해 구체적으로 브리핑을 해주셨다.

- 어떤 물건을 주로 다룰지,

- 해당 분야에서 내가 공부해야 할 점은 무엇인지,
- 공실 물건을 직접 보여주시며 손님에게 하듯 브리핑을 시연해 주셨다.

이 과정은 매우 신선하고 인상 깊게 다가왔다. 특히 소장이 "이런 식으로 손님들에게 설명해 보세요"라고 직접 보여준 모습은 내가 앞으로 배워야 할 방향을 구체적으로 제시해 주었다고 생각한다. 다른 사무실에서도 면접을 보았지만 이처럼 적극적으로 방향성을 제시한 소장은 없었다. 그날 나는 더 이상 고민할 필요 없이 이 소장과 함께 일하기로 결심했다.

◇ 원하는 조건을 명확히 하라

근무 시간, 급여 비율, 주요 업무 등 내가 원하는 조건을 미리 정리해 두고 협상 가능한 마지노선도 설정하라. 물론 내 입맛에 딱 맞는 조건은 찾기는 당연히 어렵다. 모두 얻을 수는 없다. 하지만 면접 전에 설정한 조건 중 어디까지 포기할 수 있을지 판단하면 선택이 훨씬 수월하다.

또한 조건 외에도 내가 어떤 경험을 쌓고 싶은지 스스로에게 질문해보라. 단순히 급여가 아니라 경험과 배움의 기회를 우선순위로 둘 때 장기적으로 더 큰 가치를 얻을 수 있다고 생각한다.

◇ 오픈을 염두에 두라

마지막으로 소공으로 일하면서도 미래의 개업을 염두에 두어야 한다. 소공 계약에는 보통 근방 개업 금지 조항이 포함된다. 법적 문제

뿐만 아니라 도의적인 측면에서도 근처에서 개업하는 것은 추천하지 않는다. 만약 집 근처에서 개업할 계획이라면 거리가 있는 곳에서 소공 생활을 시작하는 것이 현명하다.

정리하면,
소공으로 시작하는 것은 공인중개사로서의 첫 단추를 꿰는 일이다. 내가 어떤 사무실과 소장을 선택하느냐에 따라 그 경험의 질이 달라진다. 단순히 '일을 한다'는 마음이 아니라, '이곳에서 나의 실무 능력을 쌓아간다'는 적극적인 태도로 면접과 소공 생활에 임한다면 그 시간은 분명 값진 밑거름이 될 것이다.

2) 개공 경험담 : 배움의 자세와 끊임없는 학습의 중요성

소공 경험 없이 바로 개공으로 오픈한다면 다양한 시행착오에 부딪힐 가능성이 크다. 부동산을 운영해보면 예상치 못한 상황이 수없이 발생하고 그 속에서 끊임없이 배워 나가는 과정이 필요하다는 것을 깨닫게 된다.

내가 진행하는 부동산 실무 강의나 부동산 마케팅 강의에서도 가장 자주 나오는 질문이 바로 이거다.
"소공 경험 없이 바로 오픈해도 될까요?"
이 질문에 대한 나의 답변은 늘 같다. 소공에서의 경험을 대신할 만큼 충분히 배우고 준비하라.

① 소공 경험 없이도 오픈하려면 어떻게 준비해야 할까?

오늘날은 배울 수 있는 방법이 다양하다. 무료 강의, 유료 강의, 자료, SNS 콘텐츠 등 접근성이 뛰어난 학습 도구들이 많아졌다. 무료 강의를 적극적으로 활용해 기본적인 지식을 쌓고 필요한 경우 유료 강의도 투자하는 것을 추천한다.

특히 유료 강의는 무료 강의에서 다루기 힘든 심화된 내용이나 실무에 바로 적용 가능한 노하우를 제공하는 경우가 많다. 스스로 부족하다고 느끼는 부분이 있다면 유료 강의도 하나의 선택지가 될 수 있다.

실제로 나 역시 소공 시절과 개공 시절 모두 필요하다고 느낄 때는 망설임 없이 유료 강의를 수강했다.

부동산실무 강의와 마케팅 강의를 진행하고 있지만 나는 아직도 필요하다고 생각하면 주저 않고 강의를 듣고 공부한다. 부동산 업무는 단순히 경험만으로 해결되지 않는 복잡한 부분이 많기 때문이다. 이런 투자는 시간이 걸리고 비용이 들더라도 결코 아깝지 않았다.

부동산은 고객과의 신뢰, 실무 지식 그리고 법적 요건 등 다양한 요소가 얽혀 있는 직업이다. 그렇기에 끊임없이 배우고 스스로 업데이트하는 태도가 필수적이다. 강의를 통해 배운 지식은 내가 맞닥뜨리는 상황 속에서 길잡이가 되었고 계약까지 이어지는 신뢰의 기반이 된다는 사실을 잊지 말자.

② 작은 배움이 신뢰로 이어진 순간

부동산 일을 하다 보면 손님이 종종 예상치 못한 질문을 던질 때가 있다.

한 손님이 계약 진행 중에 내게 이런 질문을 했다.

"개인정보 활용 동의서는 왜 따로 받나요? 여기 계약서에도 관련 내용이 적혀 있는데 또 받아야 하나요?"

이 순간 내가 들었던 강의에서 배운 내용이 머릿속에 떠올랐다.

"계약서 특약에는 개인정보 수집 및 활용에 대한 동의가 포함될 수 있으나 이는 법적 요건을 완전히 충족하지 않습니다. 개인정보보호법에 따라 고객님의 개인정보는 반드시 별도의 개인정보 수집 및 활용 동의서를 통해 명확히 동의받아야 하며 이는 고객님의 개인정보를 더욱 안전하게 보호하고 관리하기 위함입니다."

손님은 내 설명을 듣고 이렇게 말했다.

"사실 제가 물건이 좀 있어서 여러 부동산과 거래해봤는데 이걸 물어봤을 때 제대로 답변해 준 건 사장님이 처음이네요."

이 작은 순간이 내게 큰 깨달음을 주었다. 작고 사소한 부분에서도 신뢰가 형성된다는 것. 내가 들었던 강의에서 얻은 지식이 없었다면 이 순간에 제대로 대처하지 못했을 것이다.

그 손님은 내 답변을 듣고 신뢰를 느꼈던 것 같다. 그날 본인이 보유한 물건 전속을 맡기겠다는 결정을 내리고 떠났다. 작은 질문 하나에 제대로 답변했을 뿐인데 그 소소한 일이 얼마나 중요한 영향을 미칠 수 있는지 몸소 경험한 순간이었다.

그날 이후로 나는 배움의 중요성을 더욱 실감하며 실무에서 활용할 수 있는 지식을 꾸준히 익히고 기록하는 습관을 유지하고 있다. 작은 배움이 큰 신뢰로 이어질 수 있다는 점을 절대 잊지 않는다.

③ 오픈 후, 손님은 저절로 찾아오지 않는다

오픈하고 나서 가만히 있는다고 손님이 찾아오지 않는다.

손님이 저절로 들어와 집 한 번 보고 계약하는 일은 아주 가끔 일어나는 '행운'일 뿐이다.

현실에서는 내가 익힌 만큼, 배운 만큼 손님을 응대하고 물건을 브리핑하며 신뢰를 쌓아야 계약으로 이어질 수 있다. 작고 사소한 부분까지 신경 쓰는 태도, 고객의 질문에 정확하게 답변할 수 있는 준비된 모습이 쌓여 신뢰를 만든다.

④ 경험 대신 배움으로 시작하라

개공으로서 처음 시작할 때 무엇을 해야 할지 막막하다면 반드시 다른 사람의 경험과 노하우를 적극적으로 배우고 익히는 시간을 가져야 한다.

- 무료 강의를 통해 기초를 다지고,
- 유료 강의로 심화 지식과 실무 노하우를 보완하며,
- SNS와 온라인 자료로 최신 트렌드를 파악하라.

이 과정은 쉽지 않을 수 있다. 그러나 이런 노력이 쌓이면 시행착오를 줄이고 더 빠르고 효과적으로 성장할 수 있는 발판이 될 것이다. 경험도 중요하지만 그 과정을 생략하려 한다면 대신 끊임없이 배우고 익히는 태도가 필수다. 부동산은 한가할 때는 한없이 한가할 수 있지만, 배우려는 자세를 가진다면 1분 1초도 아깝게 느껴질 만큼 바빠지는 직업이다. "배움 없이 성공은 없다." 이 마음가짐으로 개공의 길에 도전해 보길 바란다.

3. 첫 거래 경험

아직도 잊을 수 없는 순간이 있다. 첫 근무 당시 소장이 "지금은 부동산 비수기라 계약이 쉽게 체결되기 어려울 거야"라고 이야기했다. 나 역시 큰 기대는 하지 않았다. 경험을 쌓는 것이 우선이라는 마음가짐으로 시작했기에 계약 여부에 집착하지 않겠다고 다짐했다. 하지만 마음 한구석에는 계약에 대한 열망이 늘 존재했다.

첫 근무지는 상가와 소형 오피스를 주로 다루는 부동산 사무실로 나는 소형 오피스를 브리핑하고 손님을 안내하는 기본적인 실무를 배우기 시작했다. 그러던 중 근무한 지 일주일도 채 되지 않아 운 좋게도 내가 브리핑했던 소형 사무실의 계약이 성사되었다.

깨끗한 신축 사무실이었고 금액도 적당했기에 고객은 만족하며 계약을 원했다. 처음에는 너무 쉽게 이루어진 것 같아 "이렇게 계약이 체결되는 게 맞는 걸까?" 하는 의문마저 들었다. 하지만 계약 진행 과정에서 느낀 떨림과 설렘은 지금도 생생하다.

손님이 계약을 원한다고 하는 순간 나는 기분 좋은 긴장감에 사로잡혔다. 계약금을 받고 계약서에 서명받는 과정에서 손끝이 미세하게 떨렸고, 목소리도 자연스럽게 떨려왔다. 그런 나를 지켜보던 소장은 "지금 많이 떨리죠?"라고 물으셨고 나는 고개를 끄덕이며 미소를 지었다.

손님이 계약서에 마지막으로 서명하는 순간 내 안의 긴장이 한꺼번에 풀렸다. "내가 직접 계약을 체결했다는 사실"이 가져다 준 성취감은 말로 표현하기 어려울 정도로 벅찼다. 마치 오랜 시간 달려온 마라톤의 결승선을 통과한 것 같은 감동이었다. 이 경험은 나에게 공인중개사로서 앞으로 나아갈 수 있는 강력한 원동력이 되었다.

1) 개공의 첫 계약, 기쁨과 책임감의 무게

소공 시절의 첫 계약은 설렘과 기쁨으로 가득했다. 하지만 개공으로서 첫 계약은 사뭇 달랐다.

사무실을 오픈하고 첫 두 주 동안 계약이 하나도 성사되지 않았을 때 매일 아침 사무실 문을 열면서 "오늘도 빈손으로 돌아가면 어쩌지."라는 불안감이 나를 짓눌렀다. 계약의 성사가 손님의 발걸음과 내 노력에 달려 있다는 사실은 생각보다 훨씬 무겁게 다가왔다.

그러던 중 오픈한 지 한 달쯤 되었을 때 한 고객이 사무실을 방문했다. 반가운 마음으로 고객의 요구에 맞는 집들을 보여주며 최선을 다해 브리핑을 진행했다. 하지만 이번 손님은 쉽지 않은 상황이었다.

어머니는 집이 마음에 드셨지만 아들이 중간에서 강하게 반대했기 때문이다. "여기가 마음에 안 들어요", "이 집은 별로예요"라며 집마다 단점을 하나하나 짚어내는 아들의 반응에 브리핑은 자꾸 길어졌다. 어머니는 집이 마음에 든다며 계속 긍정적인 반응을 보였지만 아들의 의견이 걸림돌이 되는 상황이었다.

그날 저녁 어머니가 다시 사무실을 찾아오셨다.

"나는 아까 그 집이 정말 마음에 들었는데, 아들이 계속 반대하네... 방법이 없을까?"

어머니에게 이 상황을 잘 진행해보겠다고 달래 보내드린 뒤 나는 해당 물건의 장점을 다시 정리하고 아들이 문제 삼았던 부분에 대해 해결 방안을 준비하기로 했다. 돌이켜 보면 그때처럼 열정을 쏟아부은 적은 드물었던 것 같다. 집주인과 통화해 수리가 가능한 부분을 확인하고, 그 내용을 정리해 다음 날 브리핑 자료를 꼼꼼히 준비했다.

해당 집에 아들이 지적했던 주요 문제는 크게 두 가지였다.
첫째, "벽지가 너무 오래 돼서 어둡고 집이 낡아보인다"는 점.
둘째, "조명이 어두워서 전체적으로 집이 칙칙하게 보인다"는 부분이었다.

① **벽지 문제 해결 과정**

벽지 문제는 임대인에게 연락해 해결해야 할 가장 중요한 사안이었다. 실제로 집 내부의 벽지 상태는 좋지 않았고 임대인에게 이를 설득하기 위해 벽지 상태를 사진으로 촬영해 보냈다. 동시에 임차인을 구하기 위해 집의 컨디션을 개선하는 것이 얼마나 중요한지 설명했다.

임대인은 벽지 교체 필요성에는 공감했지만 비용 문제를 걱정했다. 나는 여러 벽지 업체를 수소문해 가성비가 좋은 업체 몇 곳의 견적서와 연락처를 함께 전달하며 설득에 나섰다. 이 정도 비용으로 벽지를 교체하면 집 전체 분위기가 밝아지고 임차를 맞추는데도 도움이 될 것이라고 이야기했다.

임대인은 결국 밝은 톤의 벽지로 벽지 교체를 결정했다. 이 결정만으로도 집의 인상이 크게 개선될 수 있었다.

② **조명 문제 해결 과정**

벽지 문제가 해결된 뒤 조명 문제는 비교적 수월하게 진행되었다.

벽지와 조명을 함께 교체하면 집 전체의 컨디션이 확연히 좋아진다는 점은 임대인도 이미 알고 있었다. 하지만 조명 교체는 벽지 교체에 이어 추가적인 비용이 발생하는 부분이라 임대인의 부담을 고려하지 않을 수 없었다. 그래서 기존 조명 상태와 교체 필요성을 부드럽게 설명하며 비용 부담을 최소화할 방법을 함께 고민했다.

"현재 조명이 오래된 전구 스타일이라 집이 다소 어둡고 칙칙하게 보이는 점이 있습니다. 무엇보다 기존 조명들이 수명을 다해 한 번은 교체해야 할 시점이기도 합니다. 이번에 벽지와 함께 교체하면 비용 부담은 비교적 적으면서도 집 전체 분위기가 훨씬 밝고 현대적인 느낌을 줄 수 있습니다. 다음 임차인을 구할 때에도 큰 장점으로 작용할 거라 생각됩니다."

또한 임대인이 과도한 부담을 느끼지 않도록 벽지 교체를 맡은 업체에 조명 교체 작업도 함께 진행할 경우의 가성비 좋은 견적을 요청했다. 견적을 함께 전달하며 비용 절감 방안을 구체적으로 제안했다. 임대인은 도배와 조명 관련 비용을 다른 업체에서도 비교해 본 뒤 긍정적으로 반응했다.

"도배와 조명을 동시에 진행하면 비용 대비 효과가 더 좋겠네요. 이왕이면 한 번에 정리해서 집 상태를 개선하는 게 낫겠어요."

이처럼 집의 전반적인 이미지를 한 번에 개선할 수 있다는 점을 강조하며 대화를 이끌어간 끝에 임대인이 동의해 주었다.

결과적으로 임대인은 벽지와 조명을 동시에 교체하기로 결정했고 그 결과 집은 훨씬 쾌적하고 깔끔한 인상을 주게 되었다. 이 과정에서 나는 임차인의 입장만을 강조하지 않고 임대인의 부담과 상황도 충분히 고려하며 대화를 이끌었다. 무엇보다 중간자의 입장에서 양측 모두에게 균형 잡힌 해결책을 제시하려 노력한 덕분에 임대인의 신뢰까지 얻을 수 있었던 값진 경험이었다.

다음 날 어머니와 아들이 다시 사무실을 방문했다. 나는 전날 준비한 자료와 함께 아들이 문제 삼았던 부분에 대한 해결책을 하나씩 제시하며 브리핑을 진행했다.

"아드님께서 걱정하셨던 부분은 저도 충분히 공감했습니다. 그래서 어제 임대인분과 오랜 시간 통화하며 논의했는데요. 다행히 벽지와 조명을 모두 교체해주시기로 하셨습니다. 특히 임차인분께서 집을 깔끔하고 잘 관리하며 사용하실 거라는 점을 강조했더니 긍정적으로 받아들여주셨습니다. 이번 교체로 집이 훨씬 밝고 쾌적해질 것 같습니다."

아들은 점차 긍정적인 반응을 보이기 시작했고 어머니도 만족한 듯 "이 정도면 정말 괜찮겠다"며 아들에게 동의를 구했다.

브리핑을 마친 뒤 나는 아들을 향해 심리적으로 접근하며 마지막 설득을 시도했다.

"아드님께서 지적하신 부분은 저도 충분히 이해하고 공감합니다. 이번에 벽지와 조명이 교체되면 훨씬 만족스러우실 것 같습니다. 이 아파트는 위치나 구조적인 면에서도 장점이 많기 때문에 가족 모두가 만족하실 거라고 생각합니다."

그날 어머니와 아들 모두 만족할 수 있는 결론에 도달했고 마침내 첫 전세 계약이 성사되었다. 이 계약은 단순히 한 건의 거래를 넘어 고객의 입장을 이해하고 문제를 해결하기 위해 노력했던 나에게 큰 자신감을 안겨준 순간이었다.

설렘과 책임감이 교차했던 두 가지 경험

소공 시절의 첫 계약은 기쁨과 설렘으로 가득했다. 하지만 개공으로서의 첫 계약은 모든 책임이 내 어깨에 달려 있다는 무게감과 함께 찾아왔다.

소공으로서의 첫 계약은 마치 안전한 보호막 아래에서 이루어진 경험처럼 느껴졌다. 소장의 지도와 지원 덕분에 내가 전적으로 책임을 지는 일은 없었고 상대적으로 부담이 적었다. 덕분에 고객과의 대화와 계약 체결 과정에서 설렘과 기쁨에만 집중할 수 있었다.

반면 개공으로서의 첫 계약은 모든 과정을 내가 직접 주도하고 책임져야 하는 경험이었다. 고객을 설득하고, 문제를 해결하고, 계약의 모든 세부 사항을 챙기는 것까지 전적으로 내 몫이었다. 계약을 성사시키는 과정 내내 긴장과 부담감이 따랐지만 계약서에 최종 서명이 이루어진 순간 느꼈던 감동은 말로 표현할 수 없을 정도였다.

두 경험은 분명히 다르지만 각각 나에게 중요한 의미를 남겼다. 소공 시절의 경험은 공인중개사로서 첫발을 내딛는 기쁨과 자신감을 안겨주었다면, 개공 시절의 첫 계약은 스스로의 역량에 대한 믿음과 책임감을 배울 수 있는 기회가 되었다.

결국 이 두 경험은 내가 공인중개사로서 앞으로 나아갈 길을 더욱 단단하게 걸어갈 수 있는 소중한 자산과 발판이 되었다.

4. 분야별 특징

첫 업무는 상가와 소형 오피스 중개에서 시작했지만 나의 궁극적인 목표는 아파트 중개였다. 상가와 오피스를 중개하며 경험과 지식을 쌓은 뒤 나는 아파트 전문 부동산을 오픈하기로 결심했다. 비록 아파트 중개 경험은 없었지만 이전의 경험이 충분히 뒷받침해 줄 것이라는 믿음이 있었다.

1) 낯선 곳에서 시작한 도전

내가 선택한 부동산은 한 번도 가본 적 없는 낯선 동네에 있었다. 단순히 부동산의 위치만 보고 결정한 곳이었다. 하지만 내가 원하는 조건은 명확했다. 단지 내에서 가시성이 좋고, 코너에 위치하며 월세 부담이 크지 않은 곳.

초보 공인중개사 시절 상가와 소형 오피스를 중개하며 쌓은 경험이 어떤 자리를 선택해야 하는지 알려주는 1차적인 가이드맵이 되었다. 월세와 권리금이 저렴한 곳에는 분명한 이유가 있다. 이때 돈을 선택할 것인지, 위치를 선택할 것인지는 개인의 몫이다. 나는 장기적인 성공을 위해 부동산의 위치가 가장 중요하다고 판단했다.

그 동네는 처음 방문했지만 매매가가 높지 않아 물건의 흐름이 꾸준했고, 내가 설정한 입지 조건에 부합하는 곳이었다. 며칠 동안 위치를 직접 둘러본 후 더 이상 망설일 필요가 없다는 확신이 들어 계약을 결정했다.

그 선택의 배경에는 소공 시절 쌓아온 경험과 입지의 중요성에 대한 배움이 있었다. 그리고 성공적인 부동산 운영을 위해서는 철저한 지역 분석이 필수적이라는 점을 다시 한번 깨달았다. 결과적으로 돌이켜보면 특히 아파트 중개업에서 입지는 정말 모든 것의 시작이라고 생각한다. 좋은 입지는 안정적인 물건의 흐름을 만들어내고, 이는 결국 계약으로 이어지는 든든한 밑거름이 되기 때문이다.

2) 오픈 전 한 달의 준비

운 좋게도 부동산 오픈 전 약 한 달이라는 준비 기간이 있었다. 이 시간을 활용해 나는 동네와 아파트 단지를 샅샅이 파악하는 데 집중했다.

차를 타고 동네를 둘러보는 것은 물론 시간을 내어 걸으면서 지역 분위기를 몸소 익혔다. 상권, 마트, 은행, 학교, 편의시설 같은 주요 요소를 하나하나 조사했고, 각 아파트 단지의 특성과 분위기를 분석했다. 세대 수, 소형 단지인지 대단지인지, 주로 어떤 사람들이 거주하는지까지 세부적으로 파악하려고 노력했다.

물론 인터넷을 통해 이런 정보를 얻는 것도 가능했지만 나는 직접 눈으로 확인하며 체감하는 방식을 선호했다. 아는 만큼, 보고 느낀 만큼 답이 나온다는 믿음 때문이었다. 실질적인 현장 조사는 지역에 대한 깊이 있는 이해를 가능하게 했고, 이는 이후 중개 과정에서 큰 도움이 되었다.

이 지역에서 가장 인기가 많은 단지는 예상대로 교통이 편리하고, 인프라가 가깝고, 소형 평수가 많은 곳이었다. 이런 단지는 찾는 고객이 많고 매물의 흐름도 자연스럽게 활발했다. 특히 젊은 고객층의 요구를 충족시키기 위해 코인세탁소 위치, 서울행 버스 노선, 어르신들을 위한 경로당 위치까지 세부적으로 조사했다.

중개를 진행하며 알게 된 사실은 젊은 고객들이 이 지역에서 가장 자주 묻는 질문이 바로 코인세탁소 위치와 서울로 가는 버스 정류장이었다는 점이다. 고객의 주요 관심사를 사전에 파악해두는 것은 상담에서 큰 강점이 되었고 이런 세부 정보가 고객의 신뢰를 얻는데 결정적인 역할을 했다.

3) 세부적인 지역 분석과 고객별 맞춤 서비스

이미 수년간 이 지역에서 중개를 해온 베테랑 전문가들이 자리 잡은 동네에서 아파트 중개를 처음 경험해보는 초짜가 자리잡기 위해서는 남다른 노력이 필요했다.

고객별 특성에 맞춘 세부적인 지역 분석과 철저한 현장 조사는 필수였다. 지역의 모든 것을 파악하고 고객이 필요로 하는 정보를 미리 준비해 자신만의 강점을 만들어내는 것이 경쟁에서 살아남는 유일한 방법이었다.

결국 세부적인 분석과 준비는 초보 중개사인 나를 차별화된 전문가로 성장시키는 중요한 발판이 되었다.

아파트 중개는 세밀한 분석과 고객의 구체적인 니즈를 이해하는 능력이 필수다. 고객의 요구는 아파트의 동, 층, 방향, 구조 등 세부적인 요소에 따라 각기 다르기 때문에 이를 정확히 파악하고 고객에게 설득력 있게 설명할 수 있어야 했다.

특히 로얄동과 로얄층의 개념은 많은 고객이 궁금해하는 부분이다. 왜 특정 동과 층이 선호되는지, 그 장점을 이해시키고 설득력 있게 전달하는 것은 중개사로서 반드시 갖춰야 할 기술이었다.

예를 들어, 고층만 선호하는 고객에게는 저층이 갖는 조용함과 채광이라는 장점을 구체적으로 설명하며 새로운 선택지를 제시할 수 있다. 고객은 단순히 집을 구경하러 온 것이 아니라 전문가의 조언과 신뢰감을 기대하기 때문이다. 이런 세부적인 정보와 설득은 고객의 시야를 넓혀주고, 중개사의 가치를 더욱 높여주는 중요한 과정이었다.

결론적으로 낯선 곳에서 시작한 도전은 나에게 많은 것을 가르쳐 주었다. 성공적인 아파트 중개를 위해서는 철저한 지역 조사와 세부적인 분석, 고객의 니즈를 정확히 파악하는 능력이 무엇보다 중요하다는 점을 깊이 깨달았다.

중개사로서 단순히 매물을 소개하는 역할을 넘어, 정보와 신뢰를 바탕으로 고객의 기대를 충족시키고 그들이 생각하지 못한 새로운 가능성을 제시할 수 있는 전문성을 갖추는 것이 성공의 열쇠였다. 이러한 과정은 단지 계약의 성사만이 아니라 고객과의 신뢰를 쌓아가는 여정임을 다시 한번 느끼게 했다.

4) 아파트 중개 전문가로 도약하는 과정

아파트 중개 전문가가 되기 위해서는 철저한 분석과 지속적인 학습이 반드시 필요하다.

아파트 중개를 시작하며 나는 스스로 몇 가지 원칙을 세웠고 지금도 이를 지키기 위해 꾸준히 노력하고 있다. 이 원칙들은 단순한 지침을 넘어 나의 중개 활동을 이끄는 기준이 되었고 성장의 발판이 되었다.

아파트 중개는 단순히 매물을 소개하는 것이 아니라 세밀한 준비와 고객 맞춤형 접근을 통해 고객의 신뢰를 얻는 과정이다. 이를 위해 분석, 학습, 그리고 실천을 꾸준히 이어가는 것이 중개사로서의 전문성을 키우는 핵심이라고 믿는다. 나만의 루틴을 소개하자면 아래와 같다.

① 단지별 세부 정보 완벽 숙지

아파트 중개 전문가로 도약하기 위해 가장 먼저 집중한 것은 단지별 세부 정보를 완벽히 숙지하는 일이었다. 나는 각 아파트 단지의 모든 동과 호실의 특징을 외울 정도로 꼼꼼히 파악했다고 강조하고 싶다. 이 부분은 끊임없이 말해도 부족하다.

고객들은 중개사를 단순히 매물 소개자가 아닌 정보의 출처이자 신뢰할 수 있는 전문가로 본다. 그렇기에 구조, 배치, 방향, 건축 연도, 주차 공간, 단지 내 편의시설, 학교와의 거리 같은 인프라 정보를 철저히 조사하는 것은 기본 중의 기본이다. 이러한 준비는 고객이 질문했을 때 즉각적으로 답변할 수 있는 능력을 키워주며 이는 고객이 느끼는 신뢰로 이어진다.

아파트 중개는 디테일이 승부를 결정짓는 영역이다. 단지를 이해하고 세부적인 정보를 정확히 파악하는 것은 성공적인 중개의 시작이며 고객과의 신뢰를 구축하는 첫걸음이 된다.

이를 위해 직접 단지를 방문하고, 관리사무소에서 정보를 얻거나, 입주민들과 대화를 나누며 실질적인 피드백을 받았다. 이 과정에서 자연스럽게 얻는 정보는 단순히 문서나 인터넷에서 확인할 수 없는 현장의 디테일을 포함하고 있었다.

- 어느 동이 조용한지
- 특정 층에서 문제가 발생한 적이 있는지
- 관리실에서 제공하는 편의 서비스와 관리의 질은 어떤지

이러한 세부 정보는 입주민들과의 대화를 통해 얻는 경우가 많았다. 관리사무소 직원이나 경비원분들과 자주 소통하며 거주자들의 의견이나 과거 발생했던 문제들을 파악하는 것도 큰 도움이 되었다.

◇ 입주민 대화를 통한 현실적인 조언 제공

입주민들과의 대화에서 얻은 정보는 고객들에게 현실적인 조언을 제공할 수 있는 강력한 기반이 되었다.

- **소음 문제에 민감한 고객에게는 단지내에 조용한 동을 추천할 수 있고,**
- **교통이 중요한 고객에게는 교통이 가장 편리한 동을 제시할 수 있다.**

또한 특정 편의시설이나 관리 상태를 중요하게 여기는 고객에게는 입주민들의 피드백을 바탕으로 해당 단지의 장단점을 명확히 설명해 줄 수 있었다. 고객은 이러한 작은 세부 정보에서 신뢰를 느끼고 계약 여부를 결정하기도 한다.

◇ 신뢰는 세부 정보에서 시작된다

이처럼 다양한 세부 정보를 꾸준히 쌓아가면 고객 맞춤형 서비스를 제공할 수 있는 기반이 탄탄해진다. 특히 부동산 시장에서의 신뢰는 정확한 정보 제공에서 시작된다. 입주민들과의 꾸준한 소통과 현장 파악은 단순한 정보 제공을 넘어 고객의 기대를 충족시키고 만족스러운 거래로 이어질 수 있는 강력한 무기가 되었다.

② **지역 분석과 시장 동향에 대한 철저한 연구**

아파트 시장은 지역마다 특성이 다르고 동향이 빠르게 변하는 만큼 중개사로서 이를 따라잡는 능력이 필수다.

나는 AI를 활용해 매일 아침 경제 뉴스를 꼼꼼히 챙겨 보고, 경제 관련 단톡방에 올라오는 시장 동향을 빠짐없이 확인한다. 이를 통해 최신 정보를 습득하고, 이를 활용해 SNS 활동까지 병행하며 고객과 소통하고 있다.

〈매일아침 AI를 통해 전달받는 부동산 경제소식〉

> ㄴ. 한국 부동산 경제상황 전달받기
>
> 최근 부동산 경제 관련 주요 이슈 3가지를 요약하고, 각 이슈가 부동산 시장에 미칠 영향을 분석해드리겠습니다.
>
> **1. 2025년 부동산 시장 전망: 공급 부족 우려**
> - 부동산 전문가들은 2025년 부동산 시장에 공급 부족이 심화될 것으로 예상하고 있습니다.
> - 이는 주택 가격 상승 압력으로 작용할 수 있으며, 시장 불안정을 초래할 수 있습니다.
> - **부동산 시장 영향**: 공급 부족은 주택 가격 상승을 유발하고, 수요자들의 내 집 마련 부담을 가중시킬 수 있습니다.
>
> **2. 2025년 부동산 시장 '상저하고' 전망**
> - 부동산 전문가들은 2025년 상반기에는 주택시장이 약세를 보이다가, 하반기에는 강세로 전환하는 '상저하고' 양상을 띨 것으로 전망하고 있습니다.
> - 상반기에는 탄핵 정국, 대출, 규제, 부동산 PF 부실 위험 등이 관망세를 지속시키고, 하반기에는 정치적 불확실성 해소, 기준금리 인하, 공급 부족 등이 집값 상승 요인으로 작용할 것으로 분석됩니다.
> - **부동산 시장 영향**: 하반기 집값 상승 전망은 매수 심리 회복과 투자 수요 증가로 이어질 수 있으나, 대출 규제와 금리 변동 등 변수에 따라 시장 변동성이 커질 수 있으므로 신중한 접근이 필요합니다.
>
> **3. 서울 아파트 매매가·거래량 동시 급감**
> - 2025년 1월 11일 기준, 서울 아파트 평균 매매가격은 9억 9,544만 원으로, 전월 대비 1억 3,000만 원 이상 하락하였습니다.
> - 같은 기간 거래 건수는 174건으로, 전월의 2,490건에 비해 크게 감소하였습니다.
> - **부동산 시장 영향**: 매매가와 거래량의 동반 하락은 매수 심리 위축을 반영하며, 부동산 시장의 침체 가능성을 시사합니다. 이는 추가적인 가격 조정이나 거래 부진으로 이어질 수 있습니다.

또한 새로 개발될 상권, 학군, 교통 인프라 변화를 꾸준히 모니터링해야 한다. 항상 신뢰할 수 있는 정보를 제공할 준비를 하고 있다는 뜻이다. 정보의 속도와 정확성이 중요한 만큼 최신 트렌드를 파악하고 이를 고객과 공유하는 것은 아파트 중개 전문가로서의 기본 역할이다.

◇ 업계 네트워크의 힘

내가 가장 많은 정보를 얻는 곳은 같은 업계에 있는 공인중개사들이다. 새로운 정보를 손님에게 듣거나 뉴스를 통해 알게 되면, 항상 경험이 많은 선배 공인중개사들에게 전화해 확인하고 조언을 구한다. 이 과정에서 기존 지식을 더욱 깊이 있게 다듬고 새로운 관점을 배우게 된다.

이처럼 업계 사람들과의 네트워크는 단순히 정보 교류에 그치지 않는다. 복잡한 이슈와 시장 변화의 흐름을 이해하고 더 나아가 새로운 기회를 발견하는 데 중요한 역할을 한다.

◇ 지하철 노선과 재개발, 재건축에 대한 심화 학습

지하철 노선, 재개발, 재건축과 관련된 이슈는 부동산 시장에서 가장 중요한 변수 중 하나로 꾸준히 공부해야 할 영역이다. 하루에 짧은 시간이라도 내어 이러한 정보를 학습하고 업데이트하는 것은 중개사로서 반드시 필요한 습관이다. 특히 특정 지역에 새로운 지하철 노선이 들어서거나 교통망이 개선되면 아파트 가격에 큰 영향을 미친다. 따라서 관련 정보를 빠르게 파악하고, 고객에게 미리 알려줄 수 있는 준비가 필요하다.

재개발이나 재건축이 진행 중인 지역에서는 프로젝트의 진행 단계, 예상 완공 시점, 향후 지역 가치 변화를 분석하여 고객이 현실적인 선택을 할 수 있도록 도와주는 것이 중개사의 역할이라고 생각한다. 지하철 노선 추가와 재개발 정보는 단기적 변화뿐만 아니라 장기적 투자 관점에서도 중요한 역할을 하기 때문에, 이를 꾸준히 학습하고 준비하는 것이 아파트 중개 전문가로 도약하는 핵심 요소다.

◇ 변화하는 대출 규제와 정책에 대한 이해

정부의 대출 규제와 정책 변화는 부동산 시장에 큰 영향을 미치는 핵심 요소이다. 대출 규제는 고객의 예산과 매물 선택에 직접적인 영향을 미친다. 대출 한도 제한, LTV(주택담보인정비율), DTI(총부채상환비율) 등은 고객이 자금을 계획하고 매물을 선택하는 과정에서 큰 제약이 될 수 있다. 내가 중개하는 지역에서 고객들이 실제로 자주 찾는 대출 상품과 현재 진행 중인 이율을 파악해야 한다. 지역 내 대출 상품의 흐름과 이율 정보를 정확히 이해하고 업데이트하려면 뉴스를 통해 거시적인 정보를 얻고, 대출담당자와 소통하며 실제 데이터를 확보하는 것이 중요하다.

대출 규제가 일시적으로 시작되었을 시점에 어느 은행은 이미 방 공제를 적용하기 시작했고, 어느 은행은 아직 적용하지 않았다는 정보를 알고 있다면 계약에 확실히 도움이 된다. 고객이 원하는 대출금이 규제로 인해 예상보다 낮아져 계약을 망설일 경우, 방 공제를 아직 시작하지 않은 은행을 안내하면 대출 한도를 맞출 수 있기 때문이다. 대출 규제가 시작된 상황에서도 은행별로 정책 적용 시점의 차이를 알고 있다면 유연한 대출 방안을 제시해 고객이 망설임 없이 계약을 진행할 수 있도록 도울 수 있다.

③ **고객의 관점 이해하기**

고객이 중요하게 여기는 부분은 중개사가 생각하는 관점과 완전히 다를 수 있다.

내가 매력적이지 않다고 생각한 집을 고객이 최고라고 평가하는 경우도 적지 않다. 이는 고객마다 기준과 가치관이 다르기 때문이며 중개사로서 이러한 차이를 존중해야 한다.

◇ 선입견을 경계하라

'좋은 집'과 '나쁜 집'의 절대적인 기준은 없다.

중개사가 자신의 판단으로 매물의 가치를 단정 짓는 것은 고객의 결정을 방해할 수 있다. 중개사는 자신의 관점보다 고객의 요구와 선호도를 경청하고 이해하며 그들의 선택을 존중하는 자세가 필요하다.

특정 층이나 구조를 선호하지 않는다고 했던 고객이 나중에 선호하지 않는 조건의 매물을 계약하는 경우도 있다. 이는 고객의 관점이 변화하거나 새로운 가능성을 발견한 결과일 수 있다. 고객의 관점을 이해하려는 노력은 중개사로서의 가장 중요한 역할 중 하나다.

고객의 요구를 존중하고 그들의 결정 과정을 지원하는 중개사는 단순한 거래를 넘어 신뢰받는 전문가로 자리 잡을 수 있다.

◇ 고객의 구체적인 니즈 파악하기

초보 중개사들이 흔히 저지르는 실수 중 하나는 "원하시는 부분이 있으세요?"와 같은 포괄적인 질문을 던지는 것이다.

이런 질문은 너무 추상적이어서 고객 스스로도 자신의 선호 사항을 명확히 전달하지 못할 때가 많다.

◇ 구체적인 질문의 중요성

고객의 니즈를 정확히 파악하려면 중개사가 구체적이고 세부적인 질문을 통해 정보를 얻어야 한다.

• 층수 선호

"저층이나 꼭대기 층도 괜찮으신가요?"

• 입주 날짜

"입주를 원하시는 날짜는 언제쯤인가요?"

• 예산 한도

"금액의 최대 한도는 어느 정도로 생각하고 계신가요?"

이러한 세부적인 질문은 고객의 성향과 상황을 빠르게 파악할 수 있는 기초 정보가 된다. 이를 통해 고객이 단순히 집을 구경하고 싶은 사람인지 아니면 실제로 이사를 준비 중인 사람인지도 가늠할 수 있는 기준이 된다.

◇ 유연한 접근과 맞춤형 제안

고객의 요구를 100% 그대로만 받아들이기보다는 그들의 니즈를 기반으로 유연하게 접근할 필요가 있다. 고객의 초기 요청이 모든 상황에서 고정된 기준은 아니기 때문이다.

◇ 경험에서 얻은 교훈

예전에 한 고객이 "저층은 절대 원하지 않는다"고 단언했던 적이 있다. 그 말을 믿고 고층 위주의 매물만 열심히 보여드렸지만 이후 다른 부동산에서 1층 매물을 계약했다는 연락을 받았다.

고객의 설명에 따르면 해당 1층 매물은 수리가 잘 되어 있었고, 지대가 높아 2층처럼 느껴지는 구조였기 때문에 고민 끝에 선택했다고 했다. 이 경험을 통해 고객의 말에만 의존하기보다는 전문가로서 다양한 선택지를 열어 두는 것이 중요하다는 교훈을 얻었다.

그 이후로 나는 고객의 기본 성향을 파악하되 조건이 좋은 매물이라면 고객이 선호하지 않는다고 했던 매물도 1~2개씩 함께 제안하기 시작했다. 놀랍게도 선호하지 않는다고 했던 매물에서 거래가 성사된 경우도 적지 않았다. 고객이 처음에는 배제했던 매물도 직접 확인하고 예상치 못한 장점을 발견했을 때 결정을 바꾸는 사례를 종종 경험했다. 결국 다양한 선택지를 준비하고 제안하는 유연한 접근은 고객의 만족도와 계약 성사로 이어지는 중요한 전략임을 다시 한 번 깨닫게 되었다.

④ 신뢰를 구축하는 맞춤형 중개 전략

아파트 중개 경험이 쌓이면서 단순히 물건을 소개하는 것만으로는 고객의 신뢰를 얻기 어렵다.

고객은 중개사가 단순히 매물을 보여주는 것을 넘어 자신이 원하는 아파트를 찾는 과정에서 진정한 파트너가 되어 주기를 기대한다.

고객의 신뢰를 얻기 위해서는 고객의 요구를 세부적으로 분석하고 그에 맞는 맞춤형 전략을 제안하는 능력이 필요하다. 이를 위해 다음 요소들을 종합적으로 고려해야 한다.

- 예산

고객의 예산이 2억이라면 단순히 2억에 맞춘 매물만 준비하는 것이 아니라 1억 중후반부터 2억 중후반까지 다양한 매물을 제안한다. 예산 범위를 폭넓게 준비하는 것은 고객에게 다양한 가능성을 열어주고 더욱 만족스러운 선택을 할 수 있도록 돕는 효과적인 전략이다.

- 생활 패턴

출퇴근 거리, 편의시설 이용 빈도, 학군, 의료시설 등 일상적인 생활

방식을 꼼꼼히 반영하여 매물을 추천한다.

⑤ 효율적인 업무를 위한 중개사 시스템 구축

부동산 중개 업무는 고객 상담, 매물 조사, 계약 진행 등 다양한 과정을 포함하며 각각의 단계에서 높은 정확성과 신속함이 요구된다.

따라서 체계적이고 효율적인 업무 시스템을 구축하는 것은 성공적인 중개 활동의 핵심이다.

◇ 체계적인 나만의 고객 관리 시스템 만들기

효율적인 고객 관리를 위해서는 고객의 요구 사항과 연락 이력을 기록하고 관리하는 시스템이 필수다.

고객별로 관심 있는 매물, 예산, 선호 사항 등을 일목요연하게 정리해두면 다음 상담 시 보다 체계적이고 맞춤형으로 대응할 수 있다. 이러한 세심함은 고객에게 호감과 신뢰를 주는 데 중요한 역할을 한다.

• 구글 스프레드시트를 활용한 고객 관리

나는 구글 스프레드시트를 활용해 고객 정보를 정리하고 관리한다. 이 외에도 여러 유료 프로그램이 있으나 개인적으로 구글 스프레드시트를 선호하는 편이다. 이는 정해진 바는 없으며 자신이 가장 잘 다룰 수 있는 프로그램으로 선택하는 것이 좋다.

❶ 고객 기록관리

그날 연락한 모든 고객들의 리스트를 따로 만들어 둔다. 그 리스트에는 고객의 주요 요구 사항과 이력을 기록한다.

❷ 상담 이력 활용

이후 고객이 다시 연락했을 때 스프레드시트에서 정보를 바로 확인하며 "보증금 3억에 방 3개 전세를 찾으셨는데 조건이 변경된 점이 있으신가요?"라고 물어보면 고객은 중개사가 자신을 기억하고 있다는 점에 놀라워한다.

이러한 시스템은 단순한 정보 정리를 넘어 고객의 신뢰를 쌓는 중요한 도구가 된다.

고객은 시간이 지났음에도 자신의 요구와 이력을 기억하는 중개사에게 전문성과 세심함을 느낀다. 이러한 신뢰 덕분에 방문 예약과 계약으로 이어지는 사례가 많았다.

◇ 나만의 매물장 정리와 매물 정보의 효율적 관리

각 아파트 단지나 매물에 대한 정보를 체계적으로 정리한 "나만의 매물장"은 중개사에게 없어서는 안 될 필수 도구다. 물론 모든 정보를 머릿속에서 완벽히 관리할 수 있다면 필요 없을 수도 있다. 하지만 현실적으로 정확하고 효율적인 관리를 위해 매물장은 필수적이다.

내가 부동산을 처음 오픈했을 때 가장 먼저 시작한 일이 바로 매물장 만들기였다.

이 작업은 단순히 정보를 기록하는 것을 넘어 효율적이고 전문적인 상담을 가능하게 만드는 첫 번째 지름길이었다고 생각한다.

매물장은 고객이 원하는 매물을 빠르게 찾고 제안할 수 있는 기반이 될 뿐만 아니라, 시간 절약과 신뢰도 향상에 직접적인 영향을 미쳤다. 특히 매물의 세부 정보와 거래 내역이 체계적으로 정리되어 있다면 상담 중 즉각적인 답변이 가능해지기 때문이다.

◇ 구글 스프레드시트를 활용한 매물장 관리

나는 매물장 역시 구글 스프레드시트를 활용해 체계적으로 관리했다. 구글 스프레드시트의 가장 큰 장점은 사용법이 어렵지 않다는 점으로 누구나 쉽게 접근할 수 있어 중개사에게 최적의 도구가 된다.

· 구글 스프레드시트 활용의 장점

❶ 쉽고 직관적인 사용법

복잡한 소프트웨어가 아니라 기본적인 엑셀 지식만 있어도 누구나 사용할 수 있다. 드래그, 필터, 조건부 서식 등 간단한 기능으로도 효율적인 매물 정리가 가능하다.

❷ 실시간 접근과 수정 가능

가장 큰 장점으로 인터넷만 연결되어 있으면 어디서나 PC, 태블릿, 스마트폰으로 매물 정보를 확인하고 수정할 수 있다. 직원이 있다면 공유 기능을 통해 협업도 가능하다.

❸ 효율적인 데이터 관리

매물 정보를 구조화(예: 지역, 가격, 평수, 방향 등)하여 검색과 정렬이 빠르다. 필터 기능으로 고객 요구 조건에 맞는 매물을 즉각적으로 추출할 수 있다.

◇ 스케줄 관리와 일정 조율

부동산 중개 업무에서 매물 방문, 계약 일정, 고객 상담 등 다양한 스케줄을 효율적으로 관리하는 것은 매우 중요하다.

체계적인 시간 관리를 통해 여러 고객을 동시에 응대하면서도 최적의 서비스를 제공할 수 있으며, 불필요한 혼선과 낭비를 줄일 수 있다.

• 효율적인 스케줄 관리 방법

❶ 일정 관리 툴 활용

- 구글 캘린더, MS 아웃룩 등 캘린더 앱을 활용해 일정을 체계적으로 관리.
- 예약된 매물 방문, 계약 날짜, 고객 상담 등을 캘린더에 등록하여 스케줄 겹침 방지.
- 알림 기능을 활성화하여 중요한 일정이 임박했을 때 미리 준비 가능.

❷ 공유 기능 활용

- 팀원과 캘린더 공유를 통해 서로의 일정을 실시간으로 확인하고 조율.
- 특히 직원이 많은 경우 고객 응대와 업무 배분이 원활해짐.

❸ 우선순위 설정

- 일정의 중요도와 긴급도에 따라 우선순위를 설정하여 효율적으로 시간을 배분.
- 고객별로 상담 후속 일정이나 계약 마감 기한을 염두에 두고 스케줄을 계획.

5) AI의 활용, 중개업의 새로운 시작

아파트 중개실무 강의를 시작하면서 수강생들에게 가장 강조하는 부분 중 하나는 바로 AI와 컴퓨터 활용이다.

오늘날 부동산 시장에서 컴퓨터와 스마트폰 활용은 더 이상 선택이 아닌 필수이며 이는 중개사가 시대의 변화에 맞춰 발전하고 경쟁력을 유지하는 데 있어 핵심적인 요소다.

　매물 관리, 일정 관리, 시장 동향 확인 등 대부분의 중개사 업무가 이제는 디지털 기기를 통해 이루어진다. 효율성을 높이고 경쟁력을 강화하기 위해 AI와 디지털 도구의 활용은 중개사의 중요한 자산이 되기 때문이다. 아직도 수첩에 매물을 정리하고 다이어리를 활용하는 중개사들이 계신다. 이 방식이 잘못됐다고는 할 수 없다. 각자의 방식에는 분명 장점이 있으며 아날로그 방식 또한 중개사로서 쌓아온 오랜 노하우와 경험이 담긴 중요한 도구다.

　다만, 세상은 빠르게 변화하고 있으며 부동산 시장 역시 디지털화와 AI 활용이 중심이 되는 시대에 접어들었다. 기존의 방식을 유지하더라도 새로운 기술을 배우고 활용하는 것은 더 나은 효율성과 경쟁력을 갖추기 위한 필수적인 선택이라고 생각한다.

　이 책을 보시다 보면 AI와 디지털 도구의 활용을 끊임없이 강조하고 있다는 점을 느끼실 수 있을 것이다. 그 이유는 AI와 디지털 기술이 부동산 중개업에서 이제 더 이상 선택이 아닌 필수가 되고 있기 때문입니다.

　하지만 현재 상황에서 큰 불편함을 느끼지 않거나, 컴퓨터에 익숙하지 않다는 이유로 쉽게 도전하지 못하시는 경우가 많다.

　그러나 작은 첫 발걸음만 떼도 중개업의 기본 환경과 업무 효율이 크게 달라질 수 있다는 점을 강조하고 싶다. 이제는 마케팅이 부동산의 기본 거점이라고 할 수 있다. 예전처럼 손님이 걸어서 찾아오고 모든 정보를 중개사에게만 의지하던 시대는 이미 지나갔다.

　시장은 점점 온라인으로 이동하고 있으며 이는 부동산 업계도 예외가 아니다.

우리는 중개라는 '영업'을 하는 사람이다. 과거에는 발품을 팔고 직접 만나며 이루어지던 영업이 이제는 온라인 상에서 이루어지는 것이 기본이 되고 있다. 영업의 기본이 온라인으로 옮겨가고 있다는 점을 인정하고 그 흐름에 맞춰가는 것이 중요하다. 디지털 마케팅과 온라인 플랫폼을 활용하지 않는다면 변화하는 시장에서는 당연히 뒤처질 가능성이 높다. 온라인 마케팅은 더 이상 선택이 아닌 필수이며 이를 제대로 활용하는 사람만이 더 많은 기회와 경쟁력을 갖추게 된다는 점을 다시 한 번 강조하고 싶다.

6) 추천 프로그램

① 매물 관리와 고객 관리 프로그램
· 구글 스프레드시트(Google Sheets)
- 클라우드 기반으로, 언제 어디서나 매물 정보와 고객 정보를 관리할 수 있다.
- 공유 기능으로 팀원과 실시간 협업 가능.
- 조건부 서식 및 필터링 기능으로 데이터를 빠르게 정리하고 검색할 수 있다.

② 일정 및 스케줄 관리
· 구글 캘린더(Google Calendar)
- 상담, 매물 방문, 계약 일정 등을 체계적으로 관리할 수 있다.
- 알림 기능으로 중요한 일정을 놓치지 않도록 지원한다.
- 팀과의 일정 공유로 협업이 용이하다.

· Microsoft Outlook

- 이메일과 일정 관리가 통합되어 있어 효율적인 스케줄링 가능.
- 캘린더 공유 및 알림 기능으로 고객 및 팀원들과 일정 조율에 편리하다.

③ **온라인 마케팅 도구**

· 미리캔버스

- 매물 광고 및 홍보용 콘텐츠 제작에 유용한 디자인 도구.
- 사용이 간단하며, 매물 사진에 텍스트 추가, SNS용 이미지 제작에 최적화.

· ChatGPT

- 매물 설명 작성, 고객 상담 스크립트 생성 등 효율적인 콘텐츠 제작 지원.
- 블로그 포스팅 아이디어 제공에도 유용하다.

5. 마케팅 노하우

공인중개사의 마케팅은 다양한 방식으로 이루어진다. 특히, 부동산 중개업은 회원제와 비회원제로 나뉘는데, 회원제가 활성화된 지역에 비회원제로 신입 중개인이 들어가 성공하기란 쉽지 않다. 대부분의 아파트 중개업소는 회원제로 운영되고 있어 많은 중개인이 회원제에 참여하게 된다. 그러나 회원제 부동산의 가장 큰 단점 중 하나는 마케팅의 제약이다.

회원제 부동산에는 다양한 장점이 있지만, 동시에 하지 말아야 할 활동이 명확하게 규정되어 있다. 그중 대표적인 예가 DM이나 명함 작업과 같은 홍보 활동이다.

1) 비회원제에서의 마케팅 활용

비회원제 부동산을 운영하게 된다면 이러한 마케팅 도구를 적극 활용할 수 있다. DM의 효과는 특히 젊은 세대를 대상으로 할 때 좋은 반응을 얻을 수 있다. 지역 기반으로 타겟팅된 DM은 고객의 관심을 끌기 쉽다. 단, DM을 어떻게 구성하느냐의 차이일 뿐이다.

명함을 배포하거나 직접 방문을 통해 지역 주민들에게 자신의 존재를 알릴 수도 있다. 명함 작업, 전단지 배포, 지역 이벤트 참여 등 오프라인 마케팅 활동을 통해 고객과의 접점을 늘리고 신뢰를 쌓는 기회로 활용할 수 있다.

2) 회원제에서의 마케팅 활용

회원제 부동산에서는 이러한 오프라인 마케팅 활동이 금지되어 있다. DM 발송이나 직접적인 홍보 활동 없이 오직 회원제 시스템을 통해 들어오는 연락으로만 물건을 접수해야 한다. 이러한 제약은 중개업을 막 시작한 초보 중개사들에게 큰 제한으로 작용할 수 있다. 특히 초보 중개사는 고객과 매물을 확보하기 위해 적극적으로 마케팅을 펼쳐야 하지만 회원제 내에서는 이를 실현하기 어렵다.

이를 돌파할 수 있는 방법은 단 하나, 바로 SNS 온라인의 활용이다.

나는 공인중개사로 활동하기 전에 약 1년 동안 휴식기를 가지며 블로그를 운영하기 시작했다.

처음에는 단순한 취미로 시작했던 블로그였지만 중개업을 시작하면서 큰 도움이 되었다.

블로그를 운영하며 다양한 방식으로 활용법을 실험했고 그 과정에서 내게 필요한 최적의 방법들을 찾아낼 수 있었다. 이렇게 블로그를 키웠던 경험은 중개업에서 큰 자산이 되었으며 실제로 이를 기반으로 소공 시절에도 꾸준히 블로그 강의를 진행해 왔다. 블로그를 활용한 마케팅은 단순히 고객을 끌어들이는 도구를 넘어 나를 전문가로서 브랜딩하고 신뢰를 쌓는 강력한 수단으로 작용한 것이다. 이 경험은 블로그나 디지털 마케팅이 부동산 중개업에 있어 얼마나 효과적이고 강력한 도구인지를 몸소 깨닫게 해준 계기가 되었다.

현재는 현직 공인중개사들을 대상으로 중개실무 및 마케팅 수업을 진행하고 있는데 이 과정에서 SNS의 효과를 가장 크게 실감할 때는 수업을 듣고 단 며칠 만에 블로그를 통해 고객에게 연락을 받았다는 후기를 전해 들었을 때이다. 블로그와 같은 SNS는 단순히 정보를 공유하는 도구를 넘어 고객과의 첫 접점을 만들어내는 강력한 마케팅 수단으로 작용한다는 반증이기도 하다.

또한 내 수업에 참여하는 수강생들 대부분이 50~60대 실제 개공들도 많은 편인데 그분들은 젊은 세대보다 컴퓨터나 디지털 도구에 익숙하지 않을 것이라는 편견을 깨고 훨씬 더 꾸준한 노력으로 놀라운 성과를 만들어내고 있다.

마케팅은 결코 어려운 일이 아니다. 방법은 쉽지만 그렇기에 꾸준히 도전하지 못하는 경우가 많다. 결국 마케팅의 성패를 가르는 핵심은 바로 꾸준함과 성실함이다.

3) 마케팅 시작, 블로그와 소셜 플랫폼 활용

마케팅이 어렵게만 느껴진다면 첫 시작은 블로그부터 준비해 보시길 권한다.

블로그는 부동산 중개업에서 가장 기본적이면서도 강력한 마케팅 도구 중 하나다.

4) 블로그 시작: AI로 글쓰기 부담 줄이기

블로그를 시작할 때 많은 분들이 가장 걱정하는 부분은 "저는 글을 잘 못 써요"라는 점이다.

하지만 요즘은 AI 기술 덕분에 이 부분도 부담 없이 해결할 수 있다. AI를 활용하면 키워드에 맞춰 글을 작성하거나, 자연스러운 문장을 완성하는 것이 훨씬 쉬워진다.

* **주의할 점(모든 광고 공통사항)**
① 표시광고 기준을 꼭 준수해서 올려야 한다.
② 거래 완료된 글은 즉시 삭제한다.

> - 외부 표시광고 시 필수 기재사항 5가지(공인중개사법 시행령17조의2)
> 1. 중개사무소 명칭(상호)
> 2. 중개사무소 소재지
> 3. 연락처
> 4. 등록번호
> 5. 개업공인중개사의 성명(법인인 경우 대표자 성명)

5) 플레이스 광고 도전 : 무료부터 시작하기

블로그를 시작한 뒤에는 플레이스 광고를 직접 시도해 보기를 추천한다. 플레이스 광고는 부동산의 위치와 매물 정보를 지역 고객에게 직접적으로 노출할 수 있는 강력한 도구다. 특히 내 주변에서 부동산을 찾는 고객에게 효과적으로 접근할 수 있는 플랫폼이기 때문에 활용 가치가 크다. 플레이스 광고를 처음 시작한다면 마케팅 강의나 자료를 참고하는 것이 큰 도움이 된다. 유튜브에 무료로 플레이스 광고를 설명해주는 전문가들의 강의가 많으니 이를 적극 활용하길 바란다. 광고 최적화와 고객 타겟팅 방법을 알려주는 책이나 블로그도 참고하면 실행력을 높일 수 있다. 플레이스 광고는 부동산 마케팅에서 간단하지만 효과적인 첫걸음이다.

6) 유튜브와 인스타그램으로 확장

블로그로 경험을 쌓았다면 유튜브나 인스타그램 같은 플랫폼에도 도전해 보길 권한다.
 유튜브는 긴 형식의 정보 전달에 적합하고, 숏폼 영상(짧은 동영상)은 인스타그램에서 빠르게 고객의 관심을 끌기에 유리하다.

숏폼 영상은 비교적 접근이 쉬우니 다른 부동산 사장님들의 성공 사례를 보며 영감을 얻는 것도 큰 도움이 된다. 발로 뛰는 적극적인 마케팅이 자신의 성격에 맞지 않는다면 사람을 상대하지 않으면서도 가장 효과적인 무료 광고홍보는 바로 유튜브이다.

유튜브는 단순히 손님을 찾는데 그치지 않고 내가 올린 영상을 보고 매물을 접수해주는 사람까지 생기게 만드는 연쇄효과를 불러일으킨다. 내가 적극적으로 중개하고 싶은 매물을 유튜브에 올리는 것만으로도 손님과 매물 제공자 모두와의 연결이 가능해진다.

7) 잘해야 할 필요는 없다

유튜브를 시작할 때 많은 사람들이 "나는 잘 못할 것 같다"며 망설이곤 한다. 하지만 유튜브는 엄청난 편집 기술이나 화려한 영상 기술을 요구하지 않는다. 영상의 핵심은 정확한 정보 전달과 꾸준한 콘텐츠 업로드에 있다.

매물의 장점, 지역 특징, 중개사의 진솔한 설명만으로도 충분히 효과적인 영상을 제작할 수 있다.

8) 쉽고 간단하게 시작하기 : 「캡컷」

유튜브 영상 제작은 꼭 어렵지 않다. 「캡컷」과 같은 편리한 무료 편집 프로그램을 사용하면 복잡한 편집 기술 없이도 깔끔한 영상을 만들 수 있다. 초보자도 손쉽게 시작할 수 있도록 직관적인 인터페이스를 제공하기 때문이다.

자막 추가, 기본적인 영상 컷 편집, 효과 삽입 등 필요한 기능을 무료버전으로도 충분히 활용 가능하다.

〈캡컷으로 만드는 간단한 인스타 릴스〉

▎꾸준히 했더니 조회수가 터졌다.

9) 마케팅의 꾸준함 : 작은 노력이 만드는 큰 변화

마케팅은 꾸준히 해야 한다. 당장 눈에 띄는 반응을 기대할 수는 없지만, 꾸준히 쌓이다 보면 매물 확보의 기반이 되기도 하고, 계약으로 이어지는 첫 발걸음이 되기도 한다.

10) 마케팅을 루틴으로 만드는 방법

마케팅 작업은 매일 일정한 루틴으로 잡는 것이 중요하다. 누가 잘 하느냐보다 누가 꾸준히 하느냐의 싸움인 것이다. 매일 아침, 단 1시간을 마케팅 시간으로 정하고 투자하라. 이 시간 동안 블로그 글쓰기, 유튜브 영상 제작, SNS 홍보 등 마케팅 작업에 집중한다.

부동산 중개 업무는 오후 시간이 되면 매물 찾기, 매물 정리, 손님 응대로 바쁘게 흘러가며 마케팅에 신경 쓸 시간을 내기 어렵기 때문이다. 따라서 마케팅은 아침 시간에 루틴으로 습관화해야 꾸준히 할 수 있다.

11) 작은 노력의 큰 결과

이렇게 매일 1시간씩 투자한 마케팅 작업은 시간이 지나면 엄청난 빅데이터로 돌아올 것이다. 블로그 글 하나, 유튜브 영상 하나가 쌓여 결국 고객과 매물 확보의 중요한 자산이 된다. 마케팅은 단순한 작업이 아니라 장기적인 성공을 위한 투자임을 잊지 말아야 한다.

마케팅은 한 번에 큰 효과를 기대하는 것이 아니다. 매일 조금씩 꾸준히 쌓아가는 과정이 미래의 계약과 매물 확보를 위한 기반이 된다.

12) 오늘이 중요하다

아침 1시간, 작은 시작을 꾸준히 이어가는 사람은 미래에 분명한 성과를 만들어낼 것이다. 바로 오늘부터 꾸준히 시작한 사람과 그렇지 않은 사람의 결과는 시간이 지날수록 분명한 차이를 만들어낼 것이다. 시작하지 않는다면 변화는 없다.

지금 바로 시작하라. 결과는 꾸준함의 차이에서 나타날 것이다.

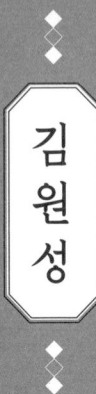

김원성

코로나가 내게 준 공인중개사의 길

위기 속에서도 희망을 놓지 않고
새로운 분야에 도전했기에
지금의 내가 있을 수 있었다.
사업이 실패하면서 느꼈던 절망과 두려움을 극복하고
이제는 공인중개사로서 또 다른 꿈을 꾸며 살아가고 있다.

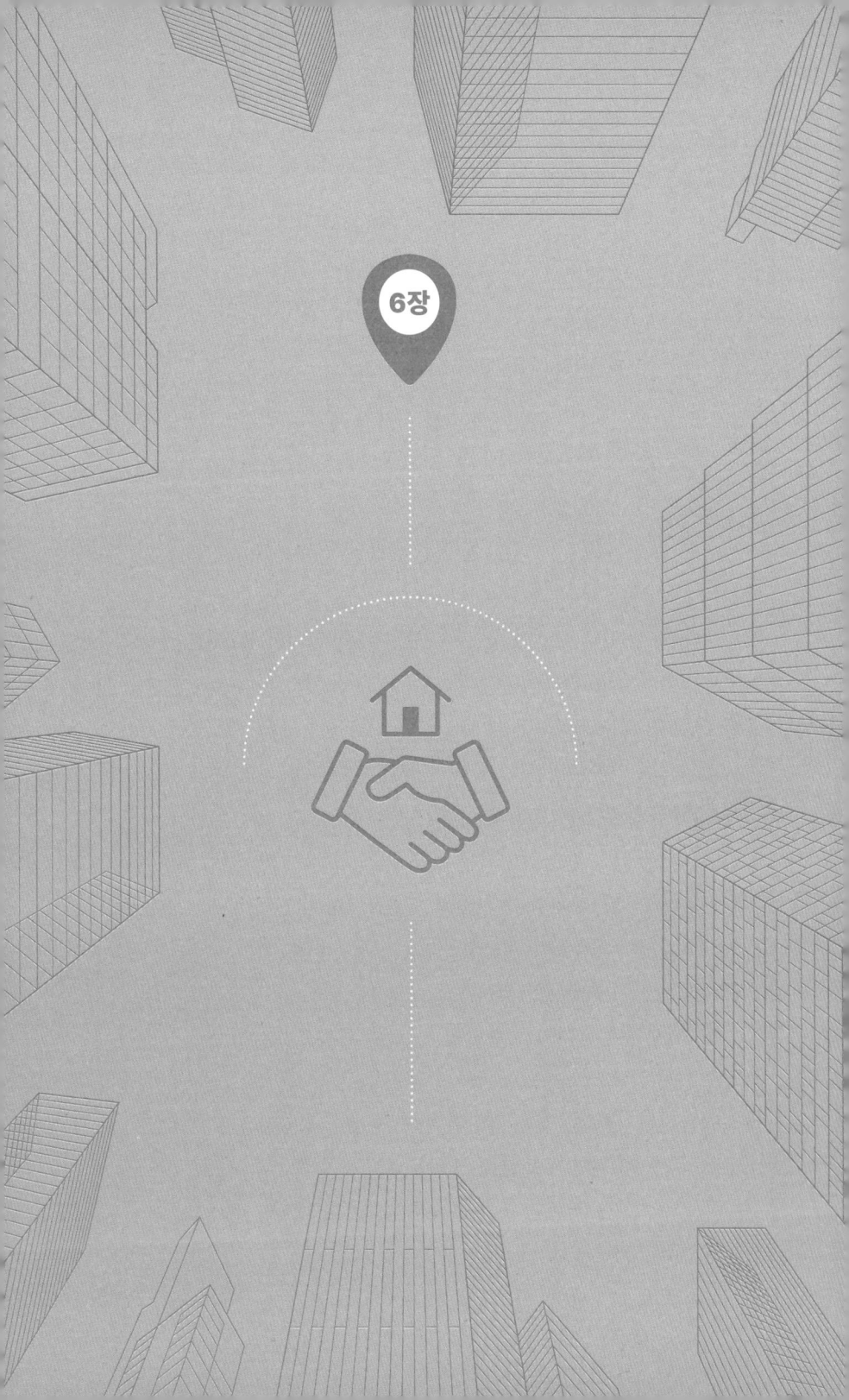

1.
공인중개사를 시작한 계기

두려움은 희망 없이 있을 수 없고 희망은 두려움 없이 있을 수 없다.
• 바뤼흐 스피노자 •

    저에게 2021년은 정말 잊을 수 없는 한 해입니다. 2020년 말부터 시작된 코로나19 팬데믹은 전 세계를 멈추게 했고 사람들의 일상 뿐만 아니라 제가 운영하던 사업에도 큰 타격을 주었습니다. 당시 저는 유럽과의 무역 에이전시와 클래식 공연 기획을 하고 있었습니다. 여러 국가와 무역을 하며 작은 성과 여럿을 쌓아가고 있었습니다. 공연 기획도 조금씩 자리를 잡아가고 있었죠. 코로나19는 이러한 노력과 성과를 한순간에 무의미하게 만들어 버렸습니다. 국경이 닫히고 항공편이 취소되면서 무역 거래가 중단됐습니다. 사회적 거리 두기로 대면 행사도 줄줄이 취소되었습니다.

    모든 계획이 무너지는 경험을 하게 되었습니다. 준비했던 사업이 멈추고 수입도 멈춰버렸습니다. 아무것도 할 수 없다는 무력감이 몰려왔습니다. 새로운 길을 찾아야만 했습니다. 그렇게 막막한 시기에 우연히 친한 후배한테서 한 통의 안부 전화를 받게 됐습니다.

"형님, 잘 지내십니까? 사업은 어떠세요?"

"망했다"

라고 대답할 수밖에 없었습니다. 참으로 초라한 답변이었죠. 그렇지만 당시 상황을 정확히 표현하는 말이기도 했습니다. 더 이상 말이 필요 없는 최악의 상황이었으니까요.

그래도 안부를 물어주는 후배가 고마웠습니다. 마침 근황이 궁금하기도 했기에 어떻게 사는지 저도 되물었습니다.

"너는 어떠냐?"

"먹고살 만은 합니다."

생각지도 못한 답변이었습니다. 꼬박꼬박 월급이 나오는 직장인이 아니고서야 이렇게 자신 있게 말할 수 있는 사람이 얼마나 있을까. 문득 궁금했습니다. 순간 저도 모르게 물었습니다.

"요즘 무슨 일 하니?"

"부동산 일을 하고 있어요."

부동산에 크게 관심을 두지 있지 않던 터였습니다. 어떤 상황에서도 부동산은 움직이는구나, 하는 깨달음을 얻었습니다. 팬데믹과 같은 위기 속에서도 부동산이라는 시장은 살아남는 힘이 있다는 것을 그때 알았습니다. 새롭게 도전해 볼 수 있을지 고민하기 시작했습니다.

결국 후배에게 같이 일할 기회를 부탁했습니다. 그리고 얼마 뒤 공인중개사 사무소로 출근하게 됐습니다. 중개보조원으로 일하면서 부동산 시장에 대한 이해를 높일 수 있었고, 특히 코로나로 많은 사람들이 부동산에 관심을 갖고 있다는 점을 체감하게 되었습니다. 곧 본격적으로 공인중개사 자격증에 도전했습니다. 단기 집중 공부로 합격의 기쁨을 누렸습니다. 자격증 취득 후 소속공인중개사로 취업해 경험을 쌓으려 했으나, 취업한지 얼마 지나지 않아 뜻밖의 기회가 생겨 곧바로 개업 공인중개사로서 독립하게 되었습니다. 위기 속에서도 희망을 놓지 않고 새로운 분야에 도전했기에 지금의 제가 있을 수 있는 것 같습니다. 사업이 실패하면서 느꼈던 절망과 두려움을 극복하고 이제는 공인중개사로서 또 다른 꿈을 꾸며 살아가고 있습니다.

2.
개업 전 소공일 때, 개공일 때

여러 가능성을 먼저 타진해보라. 그런 후 모험을 하라.
• 헬무트 폰 몰트케 •

공인중개사로 독립하기 전에 저는 중개보조원과 소속공인중개사로서 다양한 경험을 쌓았습니다. 처음 중개보조원으로 시작할 때 우선 3개월만 일을 해보기로 했습니다. 이 기간 동안 결과가 안 나오면 그만두겠다는 마음가짐이었습니다. 그러나 생각보다 일이 흥미로웠고 부동산 시장이 어떻게 돌아가는지에 대한 호기심도 생겼습니다. 도전해보고 싶은 마음이 들었습니다. 결국 9개월 남짓 중랑구와 성북구 일대에서 열심히 발로 뛰며 현장 경험을 쌓았습니다. 사무소 소재지는 물론이고 인근 지역까지 공부하면서 일했습니다. '무식하면 용감하다'

고 아무것도 모르는 상태로 부동산 사무소에 들어가 매일 새로운 것을 배우며 도전했습니다. 초심자로서 두려움도 있었지만 반대로 그만큼 배우고자 하는 의지도 강했습니다. 처음에는 임장을 나가는 일도 쉽지 않았습니다. 현장에 나가 건물과 지역을 꼼꼼히 살펴보는 임장활동을 하며 저는 중개업에 대한 기본기를 다지기 시작했습니다.

중개에 점점 자신감이 생겼습니다. 기존에 하던 일과 병행하기로 마음먹고 자격증 시험에 도전했습니다. 공인중개사는 겸업이 가능하다는 장점도 있었기 때문입니다. 그때가 7월 중순이었는데 3개월 도전으로 동차 합격, 공인중개사가 되었습니다.

이후 소장님의 소개로 강남구에 있는 부동산 사무소에서 소속공인중개사로 일하게 되었습니다. 강남구는 중랑구나 성북구와는 또 다른 상권과 수요층이 형성된 곳이라 더욱 신경 써야 할 부분이 많았습니다. 소속공인중개사로서 현장에서 얻는 실전 경험이 이론 공부와는 비교할 수 없을 만큼 중요한 가치를 지닌다는 것을 느꼈습니다. 그러다 불과 한 달 만에 마침 좋은 기회가 생겨 곧바로 개업을 하게 됐습니다. 1년도 안 되는 기간 동안 보조원과 소공, 개공이라는 공인중개사사무소의 모든 업무를 경험하게 된 셈입니다.

이런 경험을 통해 사람과 사람을 이어주는 역할이 공인중개사의 중요한 덕목이라는 것을 깨달았습니다. 건축주, 임대인, 동종업계 종사자, 지역 주민 등 주변 모든 사람과 소통하고 그들의 이야기에 귀 기울이며 부동산에 대한 이해도를 높여갔습니다. 그들에게서 많은 지혜를 배울 수 있었습니다. 메모하는 습관도 한몫했습니다. 현장 상황에 대한 세세한 메모가 큰 도움이 된다는 점을 새삼 느꼈습니다.

3.
첫 거래 경험

기회를 찾아야 기회를 만든다.
• 피터 핸슨 •

　중개인으로서의 첫 거래 경험은 제게 큰 의미입니다. 지금도 생생하게 기억에 남아 있습니다. 자격증을 따고 나서 이론 공부와 실무 교육을 통해 준비를 마친 상태였지만 실제 고객을 만나는 일은 전혀 다른 느낌이었습니다. 특히 제가 중개보조원으로 일하던 시절부터 실전 경험을 쌓아오기는 했지만, 직접 계약을 진행하는 책임감을 가지는 건 처음이었기 때문에 두려움 반, 설렘 반이었던 기억이 납니다.
　아주 우연한 기회를 찬스로 바꾸는 행운을 누렸습니다. 중개를 하기 위한 기본 이론과 물건 소재지에 대한 기본적인 정보만 익힌 상태로 임장을 나갔습니다. 처음 간 건물에서 사진을 찍고 정보를 확보했습니다. 그리고 두 번째 건물에서도 똑같이 사진 촬영 후 임대 상황을 확인하고서 돌아가려는데, 우연히 어느 가족이 건물을 방문해 분양상담 팀을 찾고 있는 것을 발견했습니다. 마침 동행한 중개사가 없었습니다. 건물 입구에서 무작정 기다리기로 했습니다. 당시는 아직 광고도 내지 않았던 때였습니다. 고객과 한 번도 대화를 나눈 적이 없던 참이었습니다. 하지만 기회를 놓치고 싶지 않았습니다. 우선 있는 그대로의 정보라도 성의껏 전달해보자는 생각이 들었습니다. 꼭 계약을 하겠다는 마음가짐은 아니었습니다. 배운 이론과 지금껏 공부한 것을 적용해보고 싶었습니다. 내 공부가 제대로 된 것이었는지 확인하고 싶은 마음도 있었습니다. 고객의 반응이 너무나도 궁금했습니다. 메모장을 보고 지도 앱을 뒤져가며 위치와 대중교통을 하나하나 파악하기 시작했습니다. 얼마가 지났을까, 그 가족들이 내려오는 모습이 보였습니다. 조심스럽게 다가가 말을 걸었죠. 어떤 물건을 찾는지 물었습니다. 원하는 유형에 대한 이야기를 열심히 들었습니다. 틈틈이 메모하며 그들의 요구 사항과 선호도를 파악했습니다.

헤어지고 얼마 뒤, 대화를 토대로 임대차 물건을 찾아 연락을 했습니다. 된다는 확신은 없었습니다. 다만 요구 사항, 선호도, 원하는 유형을 토대로 열심히 찾았던 것은 분명합니다. 우연한 만남 덕분인지, 노력 덕분인지 모르겠지만 그 가족은 제 첫 계약 고객이 됐습니다.

처음 경험한 계약이라서 긴장했지만 고객의 반응을 살피고 숨은 니즈를 파악하려고 노력했던 것이 큰 도움이 되었습니다. 첫 계약을 통해 고객의 요구를 이해하고 이를 바탕으로 맞춤형 정보를 제공하는 것이 중개업의 핵심이라는 것을 배웠습니다. 또 고객이 처음 방문할 때의 심리 상태나 매물에 대한 기대감을 어떻게 만족시킬 수 있을지 고민하는 자세가 필요하다는 것도 느꼈습니다. 이 거래 이후로 고객과의 소통을 더욱 중시하게 되었고 고객의 요구와 기대에 맞추어 최적의 제안을 하는 것을 목표로 삼게 되었습니다.

이 경험은 제게 큰 자신감을 심어주었을 뿐만 아니라 고객 중심의 사고방식을 갖추게 만든 중요한 계기였습니다. 공인중개사로서 첫발을 내딛는 순간이었고 고객과의 신뢰를 기반으로 한 소통의 중요성을 깊이 깨달았던 소중한 기억으로 남아 있습니다.

공인중개사는 매물을 많이 확보해 둬야 성공할 수 있다는 것은 고정관념입니다. 고객의 수요를 들어본 뒤에 찾아도 늦지 않습니다. 물론 가지고 쓸 수 있는 무기 한두 개는 갖고 있어야 하지만요.

4.
분야별 특징

지식이 없는 성실은 허약하고 쓸모없다. 성실이 없는 지식은 위험하고 두려운 것이다.
• 사무엘 존슨 •

공인중개사로서 개업 후 만 2년이 안 되는 기간 동안 저는 주거용 임대차부터 매매, 상가, 토지까지 다양한 계약을 진행해 왔습니다. 총 200건 이상의 계약을 체결하면서 각 분야마다 각자만의 특징과 접근 방식이 필요하다는 것을 몸소 체감했습니다. 실제 거래를 진행해보니 각각의 부동산 유형에 따라 거래 방식이 달랐습니다. 각기 맞는 전략과 접근법이 필요하다는 걸 알 수 있었습니다. 공인중개사로서 기본적으로 갖춰야 할 임대차 계약의 중요성에 대해 실감하게 되었습니다.

공인중개사로서 임대차 계약은 방대한 정보를 토대로 진행해야 하며 '토탈 케어'가 돼야 합니다. 일반적인 계약 프로세스는 광고를 통해 매물을 홍보하고 고객과 첫 통화로 문의를 응대하는 데서 시작됩니다. 이후 고객의 니즈에 맞는 매물을 제안하고 임대인과 임차인 간의 조건을 조율하여 계약을 체결하는 과정을 거칩니다. 이 과정에서 기존 세입자와의 조율이 필요한 경우도 많아 중개사로서 세심한 관리가 요구됩니다. 계약 체결 후에는 공과금 정리, 잔금 처리, 입주, 중개 수수료 정산까지 전반적인 절차를 완료하게 됩니다.

임대차 계약의 기본 프로세스를 이해하는 것은 매우 중요합니다. 하나의 계약이 완료될 때까지 경험하는 모든 과정은 고객의 요구에 맞추어 세심하게 조율해야 합니다. 이를 통해 정책 변화나 대출 금리, 현 임대 시장의 흐름 등을 자연스럽게 익히게 됩니다. 한 사이클을 제대로 익혀 경험치를 최대한 쌓는 것이 중요합니다. 은행 별 대출 상품이나 정부 지원 기금에 대해 충분히 숙지하고 고객의 재정 상태와 현실적인 여력에 맞는 정보를 제공해야 합니다. 그러기 위해선 경제 동향과 정책의 변화에도 민감하게 반응하며 준비된 자세를 유지해야 합니다. 임대인과 건물 상태에 대해 파악하는 것은 물론 기본입니다. 중개업에 있어서 자신감은 아는 만큼 가질 수 있습니다.

성실함은 임대차 계약의 성사에 중요한 요소입니다. 많은 계약을 통해 느낀 점은 고객과의 신뢰가 계약 성사에 직결된다는 것입니다. 중개업에 있어서 계약의 난이도는 단순히 중개수수료가 많은가 적은가로 결정되는 것이 아닙니다. 특히 임대차 계약은 고객의 숨은 니즈를 파악하는 것이 매매 계약보다 어려운 경우가 많습니다. 고객의 니즈를 정확히 이해한다 해도 임대인의 요구와 조율이 되지 않으면 계약은 성사될 수 없기 때문에 중개사는 양쪽의 의견을 균형 있게 맞추는 역할을 해야 합니다.

좋은 매물이 있다고 해서 반드시 계약으로 이어지지 않는 경우도 많습니다. 고객이 필요로 하는 정보와 조건에 맞는 매물을 제시하더라도 임대차는 대출 가능 여부와 금액 조건에 따라 민감하게 반응합니다. 그렇기 때문에 중개사는 고객의 현실적인 자금 상태를 고려하여 금융 상품이나 정부 지원 기금에 대해 적절한 조언을 할 수 있어야 합니다. 중개업은 종합적인 서비스와 꼼꼼한 정보 제공이 요구되는 직업입니다. 고객의 니즈에 맞는 정보를 제공하고 계약 진행의 모든 과정을 투명하게 설명하는 것이 중요합니다. 임대차 계약을 통해 중개사는 고객에게 신뢰를 줄 수 있습니다. 한 번 맺은 신뢰 관계는 이후에도 지속적인 고객 유치로 이어질 수 있습니다.

5.
마케팅 노하우

　부동산 시장에서 마케팅은 중개업의 성공을 좌우하는 중요한 요소입니다. 디지털 시대에는 가격 정보와 온라인 광고 상위 노출이 매우 중요합니다. 사실 광고를 상위에 노출시키기 위해 필요한 전략은 정해져 있습니다. 제일 중요한 전략은 역시 비용입니다. 광고비를 아까워해서는 나를 알릴 수 없습니다. 당장은 부담이 되지만 이를 통해 많은 고객을 확보할 수 있기에 장기적으로는 큰 도움이 됩니다.
　무작정 돈만 많이 쓴다고 되는 것은 아닙니다. 고객이 원하는 것이 무엇인지, 고객이 그것을 어떻게 찾는지를 미리 파악해야 합니다. 중요한 것은 고객의 관점에서 생각해야 한다는 점입니다. 임대차 계약에서 고객이 가장 많이 검색하는 키워드가 무엇인지, 어떤 정보에 가장 관심이 많은지를 이해하는 것이 우선입니다. 광고는 그 정보에 맞춰 내는 것입니다. 요즘과 같은 시기에는 보증금 지원 대출이나 정부의 대출 정책에 대한 관심이 높기 때문에 광고에서 해당 정보를 쉽게 찾아볼 수 있도록 설정합니다. '중소기업 청년 대출' 또는 '버팀목 대출' 등의 키워드를 사용하여 고객이 광고를 보았을 때 필요한 정보를 즉시 확인할 수 있도록 합니다. 특히 대출 상품과 관련된 내용은 숫자로 알려주는 것이 좋습니다. 그래야 고객이 구체적으로 자신의 기준과 맞춰볼 수 있기 때문입니다. 고객의 눈에 잘 띌 수 있도록 글의 구성과 내용에도 신경을 써야 합니다. 제목에 이모티콘을 넣거나 중요한 정보를 눈에 띄게 표시해 주목도를 높이는 것도 효과적입니다. 글은 쉽게 읽히고 이해될 수 있도록 작성해야 합니다. 너무 전문적인 용어를 사용하거나 복잡한 설명을 할 필요는 없습니다. 고객이 원하는 정보만 간결하게 전달할 수 있도록 해야 합니다.

임대차 시장에서는 시기별로 수요가 달라지기 때문에 언제 어떤 광고를 하느냐도 중요합니다. 전세에서 월세로 전환되는 시기나 반대로 월세에서 전세로 전환되는 시기에 남들보다 한발 앞서 광고를 집행하는 것이 도움이 됩니다. 정책 변화와 금융 시장의 움직임에 따라 소비자들이 필요한 정보가 달라지기 때문에 항상 최신 정보를 반영하여 광고를 세팅하는 것이 중요합니다.

마지막으로 중요한 점은 중개사가 자신을 고객의 입장에서 객관적으로 바라보는 것입니다. 내가 원하는 것이 아니라 고객이 필요로 하는 정보가 무엇인지를 중심으로 광고와 마케팅 전략을 구성해야 합니다. 중개사가 현장의 흐름을 읽고 고객이 원하는 정보를 제공할 때 비로소 고객과의 연결고리가 형성되고 신뢰가 쌓이게 됩니다.

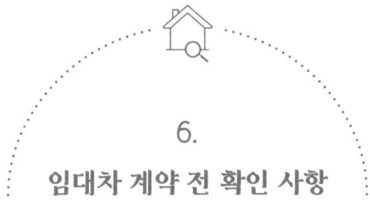

6. 임대차 계약 전 확인 사항

1) 등기사항 전부 증명서

- 가장 우선 확인해야 할 중요 서류입니다.
- 표제부, 갑구, 을구 세 개로 나뉘어져 있습니다.
- 말소사항 포함 혹은 현재 유효사항만 표시되게 두 분류로 나뉘어 있습니다.
- 인터넷 등기소 : https://www.iros.go.kr 확인 및 발급 가능합니다.
- 갑구의 소유주에 대한 사항을 확인 후 가능 대출 상품 및 계약 진행 시 필요서류가 달라집니다.
- 을구의 소유권 이외의 권리에 관한 사항 확인 후 현재 설정 상태에 따른 상환, 말소 여부를 확인, 협의 가능합니다.
- 등기사항전부증명서는 부동산의 등기부에 기록된 모든 사항을 증명하는 문서입니다. 이 문서는 부동산의 소유권, 저당권, 전세권 등과 같은 권리 관계를 포함하여 해당 부동산에 대한 모든 법적 정보를 포함하고 있습니다. 주로 부동산 거래나 대출 신청 시 사용되며, 부동산의 법적 상태를 확인하는 데 중요한 역할을 합니다.

2) 건축물 대장

- 건축물의 위치·면적·구조·용도·층수 등 건축물의 표시에 관한 사항과 건축물 소유자의 성명·주소·소유권 지분 등 소유자 현황에 관한 사항을 등록하여 관리하는 대장을 말한다.
- 세움터 : https://www.eais.go.kr 확인 및 발급 가능합니다.
- 위반건축물 확인을 꼭 해야 합니다.

- 건축물대장상 소유주와 등기사항전부증명서 소유주를 같이 확인합니다.

- 물건 광고 시 주용도, 주차대수, 엘리베이터 유무 등 중요 내용을 꼭 확인해야 합니다.

3) 토지대장

- 토지대장은 토지의 소재/지번/지목/면적, 소유자의 주소, 주민등록번호, 성함 또는 명칭 등을 등록하여 토지의 상황을 명확하게 하는 장토지대장부입니다.
 - 정부24 : https://www.gov.kr 에서 확인 및 발급 가능합니다.
 - HUG 버팀목 대출 시 필요서류입니다.

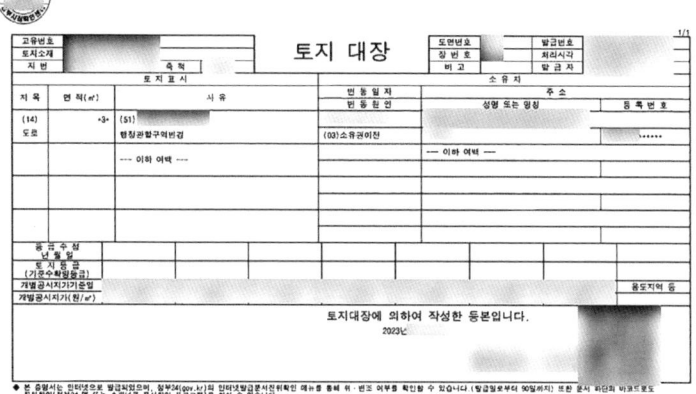

4) 부동산 공시지가 및 기준시가 확인

- 공시가격을 통해 보증보험 가입 가능 금액 및 조건을 확인할 수 있습니다.
 - 공동주택은 부동산 공시가격 알리미 통해 공시지가 확인 가능합니다.

- 부동산 공시가격 알리미 : https://www.realtyprice.kr
- 오피스텔은 홈택스에서 기준시가 확인 가능합니다.
- 홈텍스 : https://hometax.go.kr

5) 전세보증금 반환 보증보험 가입 가능 여부 및 절차

- 공시가격(기준시가) *126% 이하로 보증금액이 설정되어 있어야 보증보험 가입 가능
- 임대인의 조건 확인 : 개인, 법인, 주택임대사업자(공시가격 *150% / 2024년 11월 이후 사업자는 공시가격 *126% 적용)
- 공시가격(기준시가)과 보증금 확인 (2024년 기준 : 공시가격 *126%)
- 임차인의 대출 상품 확인
- 안심 전세 앱(모바일) : https://www.khug.or.kr 가입 가능합니다.(임대인, 임차인)
- HUG 주택 도시 보증공사 방문 혹은 은행 통해 가입 가능

6) 기타 세부 사항 확인

- 옵션 사항 : 에어컨, 세탁기, 인덕션(혹은 가스렌지) 등 기타 옵션 확인
- 주차 가능 여부 확인(주차비 유무)
- 엘리베이터 유무
- 애완동물 동반 입주 가능 여부

7) 물건지 지역 개발 행위 등 확인

- 토지이용계획원 확인 / 법적제한, 지역지구의 지정여부 확인 가능
- 개발 예정지 혹은 추진 중인 지역에 속한 물건지는 계약 만기까지 거주가 불확실한 경우가 있으므로 계약서에 꼭 명시해 줘야 합니다.

8) 대출 상품별 가능 주택 확인

- 임차인이 받고 싶거나 현 승인받아 목적물 변경을 원할 경우 대상 주택(대출 가능 주택)을 계약 진행 전 꼭 확인
- 다가구 계약시 임차호실 위반 여부 확인
- 다가구 계약시 선순위보증금 확인(전입세대열람원, 임대차정보제공요청서/주민센터 발급)

9) 임대인의 국세, 지방세 납부증명서 요청 후 확인

7. 임대차 계약 시 인적 사항 확인

1) 임차인 인적 사항 확인

- 성함, 연락처, 주민등록번호(신분증 확인)

- 현 등본상 거주지로 주소를 표기해야 합니다.
 - 대출 상품마다 규제가 적용되는 나이가 있기 때문에 정확한 만나이를 확인해야 합니다. (네이버 만나이 계산기를 활용하면 좋습니다.)

2) 임대인 인적 사항 및 현 임대현황 확인

 - 성함, 연락처, 주민등록번호(신분증 확인)
 - 현 등본상 거주지로 주소를 표기해야 합니다.
 - 다가구 주택일 시 현 임대현황(전,월세 등 확인 표기/의무사항)을 전입세대열람원으로 확인해야 합니다.

3) 임대인이 개인, 법인, 혹은 주택임대사업자 확인

 - 임대인의 조건에 따라 대출 가능한 상품이 정해져 있습니다.
 (예 : 청년전용버팀목 전세자금대출 중 전세금안심대출보증(HUG)은 법인사업자가 임대인일 경우 대출 불가능)
 - 각 대출 상품별 대출 가능 주택 종류를 서류 및 각 대출 기관 홈페이지 통해 확인가능합니다.
 - 주택임대사업자일 경우 일반 계약서가 아닌 주택임대차 표준계약서로 계약서를 작성해야 합니다.

· https://www.moj.go.kr/moj/314/subview.do / 법무부 홈페이지에서 확인 및 다운로드

주택임대차표준계약서

☐ 보증금 있는 월세
☐ 전세 ☐ 월세

임대인(　　　　　)과 임차인(　　　　　)은 아래와 같이 임대차 계약을 체결한다

[임차주택의 표시]

소 재 지	(도로명주소)			
토 지	지목		면적	㎡
건 물	구조·용도		면적	㎡
임차할부분	상세주소가 있는 경우 동·층·호 정확히 기재		면적	㎡
계약의 종류	☐ 신규 계약 ☐ 합의에 의한 재계약 ☐ 「주택임대차보호법」 제6조의3의 계약갱신요구권 행사에 의한 갱신계약 * 갱신 전 임대차계약 기간 및 금액 계약 기간:　　　　　　　보증금:　　　원, 차임: 월　　　원			

미납 국세·지방세	선순위 확정일자 현황	
☐ 없음 (임대인 서명 또는 날인 ㊞)	☐ 해당 없음 (임대인 서명 또는 날인 ㊞)	확정일자 부여란
☐ 있음(중개대상물 확인·설명서 제2쪽 Ⅱ. 개업공인중개사 세부 확인사항 '⑨ 실제 권리관계 또는 공시되지 않은 물건의 권리사항'에 기재)	☐ 해당 있음(중개대상물 확인·설명서 제2쪽 Ⅱ. 개업공인중개사 세부 확인사항 '⑨ 실제 권리관계 또는 공시되지 않은 물건의 권리사항'에 기재)	

[계약내용]
제1조(보증금과 차임 및 관리비) 위 부동산의 임대차에 관하여 임대인과 임차인은 합의에 의하여 보증금과 차임 및 관리비를 아래와 같이 지불하기로 한다.

보증금	금	원정(₩　　　　　　　)

**4) 주택 소재지는 지번주소로 작성하고,
임대인 및 임차인 주소는 도로명주소로 표기**

(등기사항전부증명서는 지번주소가 표기되어 있음)

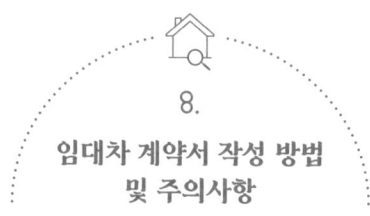

8. 임대차 계약서 작성 방법 및 주의사항

1) 부동산 임대차 계약서 양식

　　　　　　　　　　사용하는 프로그램 또는 협회에 따라 조금씩 다릅니다.

부동산(다세대주택) 전세 계약서

임대인과 임차인 쌍방은 아래 표시 부동산에 관하여 다음 계약 내용과 같이 임대차계약을 체결한다.

1. 부동산의 표시

소재지							
토 지	지 목		면 적	㎡	대지권종류	대지권비율	
건 물	구 조			용 도		면 적	㎡
임대할부분						면 적	㎡

2. 계약내용

제1조 [목적] 위 부동산의 임대차에 한하여 임대인과 임차인 합의에 의하여 임차보증금 및 차임을 아래와 같이 지급하기로 한다.

보증금	금	원	(₩)	
계약금	금	원	은 계약시에 지급하고 영수함. ※영수자	(인)
중도금	금		은 년 월 일에 지급한다.	
잔 금	금		은 년 월 일에 지급한다.	

제2조 [존속기간] 임대인은 위 부동산을 임대차 목적대로 사용할 수 있는 상태로 년 월 일 까지 임차인에게 인도하며, 임대차 기간은 인도일로부터 년 월 일(개월) 까지로 한다.

제3조 [용도변경 및 전대 등] 임차인은 임대인의 동의없이 위 부동산의 용도나 구조를 변경하거나 전대, 임차권 양도 또는 담보제공을 하지 못하며 임대차 목적 이외의 용도로 사용할 수 없다.

제4조 [계약의 해지] 임대인은 임차인이 제3조를 위반하였을때 임대인은 즉시 본 계약을 해지 할 수 있다.

제5조 [계약의 종료] 임대차 계약이 종료된 경우 임차인은 위 부동산을 원상으로 회복하여 임대인에게 반환한다. 이러한 경우 임대인은 보증금을 임차인에게 반환하고, 연체 임대료 또는 손해배상금이 있을 때는 이들을 제하고 그 잔액을 반환한다.

제6조 [계약의 해제] 임차인이 임대인에게 중도금(중도금이 없을때는 잔금)을 지급하기 전까지 임대인은 계약금의 배액을 상환하고, 임차인은 계약금을 포기하고 이 계약을 해제할 수 있다.

제7조 [채무불이행과 손해배상의 예정] 임대인 또는 임차인은 본 계약상의 내용에 대하여 불이행이 있을 경우 그 상대방은 불이행한 자에 대하여 서면으로 최고하고 계약을 해제 할 수 있다. 이 경우 계약 당사자는 계약해제에 따른 손해배상을 각각 상대방에게 청구 할 수 있으며, 손해배상에 대하여 별도의 약정이 없는 한 계약금을 손해배상의 기준으로 본다.

제8조 [중개보수] 개업공인중개사는 임대인 또는 임차인의 본 계약 불이행에 대하여 책임을 지지 않는다. 또한 중개보수는 본 계약 체결에 따라 계약 당사자 쌍방이 각각 지급하며, 개업공인중개사의 고의나 과실 없이 본 계약이 무효, 취소 또는 해제 되어도 중개보수는 지급한다. 공동중개인 경우에 임대인과 임차인은 자신이 중개 의뢰한 개업공인중개사에게 각각 중개보수를 지급한다.

제9조 [중개대상물확인설명서교부 등] 개업공인중개사는 중개대상물확인설명서를 작성하고 업무보증관계증서(공제증서 등) 사본을 첨부하여 거래당사자 쌍방에게 교부한다. (교부일자 : 년 월 일)

[특약사항]

본 계약을 증명하기 위하여 계약 당사자가 이의 없음을 확인하고 각각 서명 또는 기명 날인한다. 년 월 일

임대인	주 소					(인)
	주민등록번호		전화		성명	
임차인	주 소					(인)
	주민등록번호		전화		성명	
개업공인중개사	사무소 소재지					
	사무소 명칭			대표자 명	시행령날인	(인)
	전화번호		등록번호	소속공인중개사	시행령날인	(인)

2) 부동산의 표시

임대인과 임차인 쌍방은 아래 표시 부동산에 관하여 다음 계약 내용과 같이 임대차계약을 체결한다.						
1. 부동산의 표시							
소재지						
토지	지목		면적	㎡	대지권종류		대지권내용
건물	구조		용도			면적	㎡
임대할부분						면적	㎡

- **소재지** : 등기사항전부증명서 표제부의 지번주소를 기재
- **지목** : 등기사항전부증명 혹은 토지대장 확인 후 기재
- **면적, 구조, 용도** : 건축물대장 확인 후 기재
- **임대할 부분 및 면적** : 등기사항전부증명서 및 건축물대장 확인 후 기재

3) 계약내용

2. 계약내용						
제1조 [목적] 위 부동산의 임대차에 한하여 임대인과 임차인은 합의에 의하여 임차보증금 및 차임을 아래와 같이 지급하기로 한다.							
보증금	금		원	(₩)			
계약금	금		원	은 계약시에 지급하고 영수함. ※영수자			(인)
중도금	금				은 년 월 일에 지급한다.		
잔금	금				은 년 월 일에 지급한다.		
차임	금				은 매월 일 지급한다.		

- **보증금** : 전,월세 보증금액을 한글 + 아라비아숫자로 표기(예: 금 일억 원(₩100,000,000원)
- **계약금** : 보증금의 5~10% 금액안에서 협의가능(대출 접수 시 최소 5% 이상 영수증 필요)
- **중도금** : 계약시와 잔금시기 차이가 많이 날 경우 협의작성 하기도 함(임대차 계약시 생략)
- **잔금** : 보증금에서 계약금과 중도금을 제외한 차액. 일반적으로

입주하는 날이 잔금일임

• 차임 : 월세 계약일 경우에 기재함(지급일은 임대인과 임차임의 협의로 지정함)

4) 특약사항

```
제2조 [풍육기간] 임대인은 위 부동산을 임대차 목적대로 사용할 수 있는 상태로    년 월 일 까지 임차인에게 인도하며,
     임대차 기간은 인도일로부터    년 월 일( 개월)까지로 한다.
제3조 [풍도변경 및 전대 등] 임차인은 임대인의 동의없이 위 부동산의 용도나 구조를 변경하거나 전대, 임차권 양도 또는 담보제공을
     하지 못하며 임대차 목적 이외의 용도로 사용할 수 없다.
제4조 [계약의 해지] 임차인이 제3조를 위반하였을때 임대인은 즉시 본 계약을 해지 할 수 있다.
제5조 [계약의 종료] 임대차 계약이 종료된 경우 임차인은 위 부동산을 원상으로 회복하여 임대인에게 반환한다. 이러한 경우 임대인
     은 보증금을 임차인에게 반환하고, 연체 임대료 또는 손해배상이 있을 때는 이를 제하고 그 잔액을 반환한다.
제6조 [계약의 해제] 임차인이 임대인에게 중도금(중도금이 없을때는 잔금)을 지불하기 전까지 임대인은 계약금의 배액을 상환하고,
     임차인은 계약금을 포기하고 이 계약을 해제할 수 있다.
제7조 [채무불이행과 손해배상의 예정] 임대인 또는 임차인은 본 계약상의 내용에 대하여 불이행이 있을 경우 그 상대방은 불이행한
     자에 대하여 서면으로 최고하고 계약을 해제할 수 있다. 이 경우 계약 당사자는 계약해제에 따른 손해배상을 각각 상대방에게 청
     구할 수 있으며, 손해배상에 대하여 별도의 약정이 없는 한 계약금을 손해배상의 기준으로 본다.
제8조 [중개보수] 개업공인중개사는 임대인 또는 임차인의 본 계약 불이행에 대하여 책임을 지지 않는다. 또한 중개보수는 본 계약체
     결과 동시에 당사자 쌍방이 각각 지불하며, 개업공인중개사의 고의나 과실 없이 본 계약이 무효, 취소 되거나 해제 되어도 중개
     보수는 지급한다. 공동중개인 경우에 임대인과 임차인은 자신이 중개 의뢰한 개업공인중개사에게 각각 중개보수를 지급한다.
제9조 [중개대상물확인설명서교부 등] 개업공인중개사는 중개대상물확인설명서를 작성하고 업무보증관계증서(공제증서 등) 사본을
     첨부하여 거래당사자 쌍방에게 교부한다.(교부일자 :    년  월  일)

[ 특약사항 ]
```

- 제2조~제9조는 중개 계약 시 필요한 일반적인 상위법이 표시되어 있음
- 특약사항은 계약 종류에 따라 임대인과 임차인의 협의 내용을 기재함
- 대출 시 필요한 특약내용 (예 : 임대인은 전세자금대출에 동의 및 협조 등)
- 공동임대인 또는 공동명의인에 대한 임대차 동의 및 구상권 청구 (특수한 경우)
- 일반적인 임대차 특약사항은 인터넷을 통해 확인 및 참조 가능

5) 거래당사자 및 개업공인중개사 정보

임대인	주 소						년 월 일
	주민등록번호		전화		성명		(인)
임차인	주 소						
	주민등록번호		전화		성명		(인)
개업공인중개사	사무소 소재지						
	사무소 명칭				대 표 자 명	서명및날인	(인)
	전 화 번 호		등록번호		소속공인중개사	서명및날인	(인)

- 성함 및 주민등록번호는 신분증 통해 확인
- 주소는 현 등기부등본상 주소를 도로명 주소로 기재
- 임대인 정보는 등기사항전부증명서에 나와있는 소유자정보와 일치하는 지 확인 필요
- 개업공인중개사 정보는 중개사무소등록증으로 확인

6) 임대차 계약서 작성 시 주의사항

- 확정일자 및 주택임대차계약신고 : 계약서 작성일에 임차인이 주민센터 방문 진행 또는 인터넷 진행 가능
- 연락처 등 숫자표기 틀린곳이 없는지 다시 한번 확인 필요
- 잔금일에 전입신고 후 전입세대열람원 발급(전입세대열람원은 인터넷발급 불가)
- 입주 후 3일 뒤 등기사항전부증명서 확인해주기

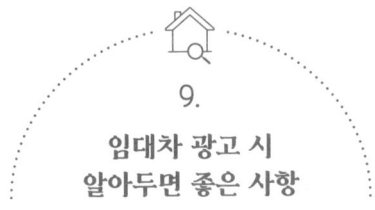

9.
임대차 광고 시 알아두면 좋은 사항

1) 광고 상품 고르기

– 네이버, 피터팬, 직방, 다방 등 유료결제 상품 확인 후 지역과 물건에 따라 필요상품 사용하면 됩니다.

- **네이버** : 장점 - 광고 상품가격이 저렴함. 아파트 광고 시 유리,
  단점 - 동일 광고수가 많음, 노출이 어려움
- **피터팬** : 장점 - 광고 시 자동으로 네이버부동산 광고와 연동됨,
  단점 - 표시사항이 많음
- **직방** : 장점 - 물건 광고 시 노출 빈도가 높음,
  단점 - 광고 상품 가격이 제일 높음
- **부동산 뱅크 등** : 장점 - 한 번의 광고로 여러군데 노출이 됨,
  단점 - 관리가 어려움

– 위 상품 외 여러 유료상품이 있으니 선택하시면 될 것 같습니다.

Tip : 동일 지역내 부동산에서 많이 사용하는 광고 플랫폼을 확인 후 따라하시는 걸 추천합니다.

2) 온하우스, 메이드, 공실클럽 등 지역 플랫폼 이용하기

　- 공인중개사들을 위한 지역 플랫폼(유료)을 활용하여 물건 확인 가능
　• **온하우스** : 대표적인 플랫폼으로서 구옥 위주의 물건을 확인할 수 있음
　• **메이드** : 신축건물 위주의 물건을 확인할 수 있음
　• **공실클럽** : 강남, 서초에서 필수 유료 플랫폼, 임대인도 공실클럽 통해 물건을 내놓음
　- 이 외 중개인을 위한 플랫폼이 다수 있으니, 필요에 따라 결제하시고 사용하시면 됩니다.

Tip : 처음 광고 시 몇 개의 플랫폼을 동시에 가입 및 사용 후 효용성이 떨어지는 플랫폼을 사용하지 않는 게 좋습니다. 동시에 사용하지 않으면 어떤 상품이 나한테 맞는지 확인 불가능합니다.

3) 대출 상품 확인하기

　- 임대차 계약 시 제일 중요한 게 대출 상품입니다. 일반은행 상품, 정부 기금상품, 직장인 이자 지원 사업 등 다양한 대출 상품에 맞는 주택인지 확인이 필수입니다.
　- 각 대출 상품 약관을 꼭 확인하세요.(대출 가능 대상 주택이 상세하게 나와 있음)
　- 대출 시 임대인 및 부동산 필요서류 확인 후 준비하기
　- 임차인이 대출 상품에 적격인지 확인(나이, 연봉, 자산, 혼인 여부 등)

Tip : 은행 대출 상담사 분들과 친하게 지내시면 좋습니다.

4) 집을 찾는 임차인들이 원하는 키워드 확인

- 지하철 노선(예: 8호선 도보 10분)
- 주차 가능 여부
- 애완동물
- 대출 상품 명 쓰기
- 대출 외 실입주금 표기
- 이 외 정책 및 상황에 따른 키워드를 찾아서 광고에 활용

Tip : 다수의 광고를 확인해서 많이 쓰는 키워드를 습득한 뒤 나한테 맞게 변형하면 좋습니다.

5) 광고 대채 물건 확보 (임장)

- 광고 후 자주 문의하는 물건과 계약 물건은 조금 차이가 날 수 있습니다.
- 대출 상품별 물건 정리
- 금액별 물건 정리
- 임차인 조건 별 물건 정리

Tip : 타 부동산 광고물 모니터링을 해야 내가 보유한 물건의 장단점을 알수 있습니다.

6) 사진 촬영

- 사진 촬영 잘하는 방법 배우기(광각 설정, 물건별 사진 15개 이상 찍기, 낮시간에 찍기, 비오는 날 피하기)

- 사진 편집기 이용(예: 포토스케이프 등 편집기를 사용하여 눈에 띄게 광고하기)
- 대문 사진 활용 잘하기
- 매물의 특징을 보여줄 수 있는 사진 촬영하기(예: 루프탑, 정원, 건물 외관 등)

| 임춘성 |

공인중개사는 매물 중개 외에도
세금을 대비해야 한다

부동산 중개업무를 생각할 때
흔히 매물만 소개하는 것이라고 생각하기 쉽다.
실제 업무를 진행하다 보면 매물 소개는 물론 매물 외 부분에 대해서
전반적으로 신경쓰고 진행해야 할 것이 많이 있다.
그중에 대표적인 것이 바로 세금이다.

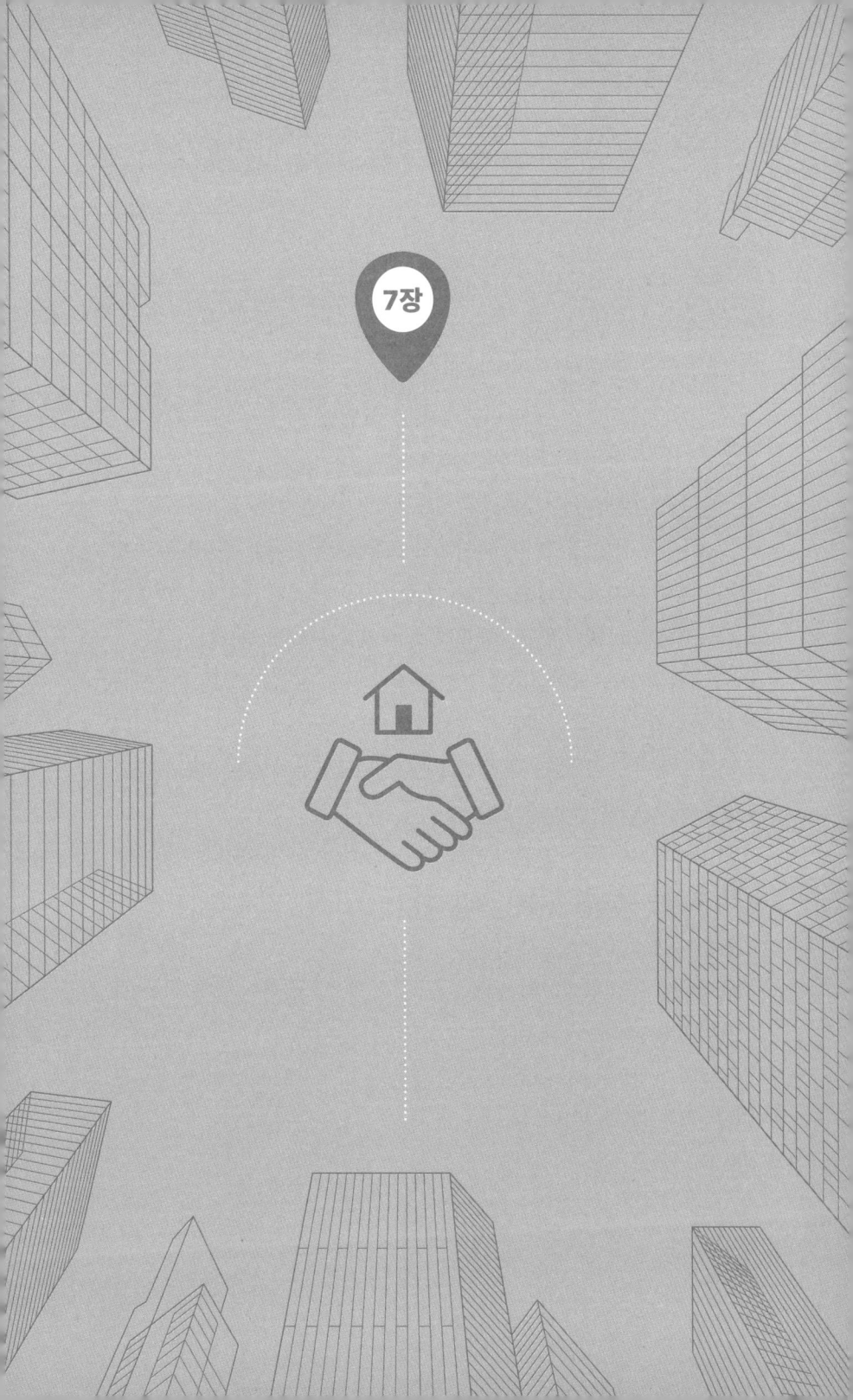

1.
공인중개사 공부 방법

공인중개사 시험은 100점을 목표로 하는 시험이 아닙니다.

저는 이 점을 정확하게 파악하고 공부를 했습니다. 공시법은 아예 처음부터 보지를 않았고 세법과 중개사법은 하나도 틀리지 말아야겠다는 마음으로 공부했습니다. 민법은 계약법부터 확실하게.

이게 무엇을 의미하냐면 어디서부터 하고 말고를 말하고자 하는 게 아니라 어느 부분 만큼은 자신 있는 부분이 있어야 한다는 것입니다. 즉, 특정 범위에서(다른 범위의 부분은 다 틀리든지 말든지) 10개 나와도 10개 다 맞을 수 있게 말입니다.

상대평가라면 다 잘해야 하겠지만 이 시험의 본질은 절대평가이기에 60점만 넘으면 됩니다. 어설프게 아는 건 찍는 것과 별반 다를 게 없습니다.

극단적으로 확실하게 20을 아는 것이 두루뭉술하게 50을 아는 것보다 훨씬 유리합니다. 실전에서 실감하실 겁니다.

회독에 집착하지 마세요. 차라리 적은 파트라도 확실하게 점수를 획득하는 게 핵심입니다.

2. 개업 전 소공일 때, 개공일 때

1) 10년간 공인중개사를 보면서 느낀 성공한 개공의 모습

저는 2010년 1월 공인중개사를 개업하고 현재는 세무사업을 주업으로 하고 있습니다. 오랜 기간 중개사업을 영위하면서 중개업의 마케팅 트렌드도 계속 바뀌고, 영업 방식도 달라져 가는 걸 봐 왔습니다. 제가 느낀 건 어떤 트렌드, 어떤 방법을 말하고자 함이 아닙니다. 중개업의 영업의 "본질"에 대해서 이야기해보고자 합니다. 중개사 업무도 하면서, 자영업 경험도 있고, 현재는 세무사업을 주업으로 하고 있으면서 중개사업 외 타 직업군들까지 비교해 보며 느낀 점이 있습니다. 그것은 중개사업 종사자분들이 대체적으로 "게으르다"는 것이었습니다. 그런 이유를 생각해보면 한 번의 계약으로 수수료가 직장인의 월급만큼 나오기도 하고, 그 계약의 체결에 있어서 운이라는 요소도 크게 작용하기 때문입니다. 이런 분들은 대개 어느 순간 업을 그만 두거나 영업이 잘 안되는 그 상태를 그대로 유지하면서 만족하고 삽니다.

반면 계약의 체결 유무, 계신 곳, 주력으로 삼는 중개대상물의 차이를 떠나서 고수익을 영위하면서 꾸준하게 유지하는 분들을 보면 공통점이 있는데 이는 너무나도 당연하게 생각되는 "꾸준함"이었습니다. 항상 정시출근하고, 계속 임장을 통해 매물을 확보하며, 정해진 날을 거르지 않고 항상 매물 등록과 노출을 하는 분들은 결국 잘 될 수밖에 없습니다. 즉, 꾸준함은 승리합니다. 개업을 생각하는 예비 개업 중개사분들이 있다면 자신을 믿고 초심을 잃지 않고 "꾸준함"을 무기로 밀고 나가길 바랍니다. 그리고 하나 더 작은 건, 큰 건 처음부터 구별하지 말고 일단 닥치는 대로 다 해보길 권합니다. 작은 건을 통해서 큰 건으로 가는 경우가 생각보다 많습니다.

3.
공인중개사 세금

1) 공인중개사 세금의 모든 것

① **사업 초기**

(1) 사업자 등록

이제 막 개업한 공인중개사의 경우 사업자등록 단계에서 간이과세자와 일반과세자를 선택해야 합니다. 물론 일부 지역 같은 경우는 간이과세자 등록 자체가 안되기도 합니다. 대부분의 공인중개사들은 간이과세자를 하여도 매출이 늘어서 빠른 시일 내에 일반과세자로 전환됩니다. (전환 기준 매출은 1억 400만 원입니다.)

즉, 사업자등록 단계에서 일단 처음에 간이과세를 하다가 일반과세자로 전환될 것이냐와 처음부터 일반과세자로 할 것이냐에서 고민을 하게 될 겁니다. 이는 정확하게 무엇이 정답이다 라고 말할 수는 없습니다. (따져봐야 합니다.) 몇 가지 예시를 들어보겠습니다.

❶ 시설비 매입이 크고 매출도 클 것으로 예상되는 경우

간이과세자의 경우 매출에 대한 매출 부가세도 적지만 매입에 대한 매입 부가세는 더 적습니다. 결정적으로 간이과세자는 매입분에 대한 환급의 개념이 없습니다. 그래서 이런 경우에는 일반과세자를 추천합니다. 극 초반 매출이 적다가 확 매출이 늘어나는 경우에는 더더욱 일반과세자가 유리합니다.

❷ 소규모로 시작해서 점진적으로 매출 상승이 예상되는 경우

간이과세자의 경우 매입에 대한 매입 부가세 자체가 적기 때문에 매출에 대한 매출 부가세 부분의 상쇄 부분이 적어집니다. 따라서 이런 경우는 매출부가세 자체를 줄여주는 구조인 간이과세자를 추천합니다. 집기류나 투자를 생각하신다면 일반과세 전환 "후" 할 것을 추천합니다.

❸ 세금 외적인 거래처 상대방에 따라서

이건 제가 실제 간이과세자였을 때 느낀 경험인데, 주 고객층이 법인이거나 사무실과 상가를 찾는 분들이라면 그들의 거래처 상대방이 간이과세자임을 좋아하지 않습니다. (간이과세자라면 개업한 지 얼마 안 되었다는 걸 바로 알아차리실 수 있고, 보통 그들은 신규 중개사에 대한 신뢰성이 적고 세금계산서 발행문제로 불편해 합니다.) 세금의 유불리보다 중개계약을 하나 안 하냐가 솔직히 더 중요합니다. 따라서 나의 주 고객층이 주택이 아닌 상업용 쪽이라면 웬만하면 일반과세자를 추천합니다.

(2) 현금영수증 가맹점 가입 (홈택스 회원가입 후)

이렇게 간이과세자 혹은 일반과세자로의 사업자 등록이 완료되었다면 공인중개사의 경우 "현금영수증 발행 의무"가 있기 때문에 현금영수증 가맹을 반드시 하여야 합니다. (가맹점 가입을 안하거나 늦게 하는 경우 가산세가 있으니 반드시 해야 합니다.)

현금영수증 가맹은 홈택스에서 간단하게 할 수 있습니다.

회원 가입 후 로그인
→ 전자(세금)계산서/현금영수증/신용카드
→ 현금영수증
→ 현금영수증 발급
→ (가입) 현금영수증 발급 사업자 신청

(3) 신용카드 홈택스 등록

우리는 사업을 영위하면서 신용카드(체크카드)를 많이 사용하는데요. 이 신용카드를 사업에 관하여 쓰는 경우도 많습니다. 사업에 쓴 신용카드라면 비용으로 인정받아야 하는 건 당연합니다. 이를 인정받기 위해선 홈택스에 신용카드 등록을 반드시 하셔야 합니다. 또한 기존 등록되었던 신용카드 등이 분실 재발급하는 경우에는 새로 발급받을 때마다 등록해야 합니다. 세금계산서와 현금영수증(지출증빙) 외 신용카드는 "등록시점"부터 집계가 되기 때문에 바쁘지 않은 사업 초기에 미리미리 등록시켜 놓는 것을 강력히 권합니다. 사업용 신용카드 등록은 매우 간단합니다.

❶ 홈택스에 로그인 합니다. (사업자용으로)
❷ 그 후 사업용 신용카드 등록 및 조회를 클릭합니다.
(메뉴 찾기가 어려우시면 사업용 신용카드 등록이라고 검색하면 됩니다.)

❸ 사업용으로 쓰실 카드를 등록접수 합니다. 간단하죠?

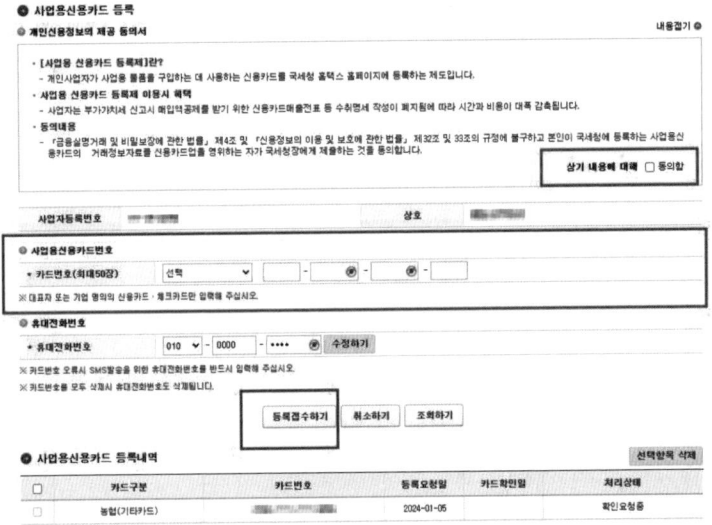

② 사업을 진행하면서

(1) 인건비

보통 부동산 사무실 같은 경우 소위 말하는 비율제를 많이 사용하고 있습니다. 사무실 한 곳에 대표 공인중개사님 한 분이 계시고 그 소속된 곳에서 소속공인중개사 혹은 중개 보조원들이 여럿 있는 형태로 이루어져 있습니다.

대표 공인중개사 외 소속공인중개사 혹은 중개 보조원 분들은 보통 부동산 계약 체결을 돕고 사전에 협의된 비율에 따라서 수수료의 일부를 받습니다. (보통 5:5의 비율이 가장 많습니다.) 이 경우 소속공인중개사 혹은 중개 보조원에게 지급된 비용은 일종의 인건비로서 사무실의 매출이 아니고, 그들의 매출이 맞습니다. 다만 단순 지급했다는 사실만으로는 이를 인정해 주지 않습니다. 지급한 금액의 3.3%를 떼고 주면서 원천세 신고 및 지급명세서 신고까지 하여야 합니다. 간혹 실장님 등께서 3.3% 떼는 거 자체에 거부감을 가지는 경우도 많은데요, 이런 사유로 인건비를 지급하였음에도 세금신고를 안 하게 되면 정말 종합소득세 기간에 큰 세금 폭탄으로 다가올 수 있으니 주의해야 합니다. (웬만하면 3.3%를 떼고 주는 게 맞다고 잘 설득해 보세요 ^^;)

(2) 인건비 외의 비용

아래 비용 등에 대하여 단순 계좌이체 처리하지 말고, 현금영수증(지출증빙)으로 하시거나 세금계산서를 반드시 발급받길 바랍니다. 대표자가 아닌 3.3%를 지급 받는 실장들 입장에서도 아래 비용에 해당 사항이 있다면 신경써야 합니다.

❶ 임차료

❷ 소모품비(도서인쇄비), 감가상각비

- 사무실유지 비용, 문구류, 도장, 명함 등 비용과 차량과 비품(컴퓨터, 복합기) 및 인테리어 비용 감가상각비

❸ 광고비

- 전단지, 달력, 물티슈, 인터넷 광고비 등

❹ 차량유지비

- 차량에 대한 유류비, 수선비 등

❺ 전력 수도 통신비 등

- 전기료, 상하수도, 가스, 인터넷, 우편, 핸드폰, 인터넷 사용료 등

❻ 복리후생비

- 사무실 내 음료대 및 식사대(직원)
- 4대보험 직원이 있는 경우에만 적용되며 공인중개사는 없는 경

우가 많습니다.
- ❼ 접대비
  - 사무실 내 음료대 및 식사대(손님) 및 경조사 비(카카오톡 캡쳐)
- ❽ 그 외 행정비용
  - 개설등록 등 발생하는 등록비 및 협회 입회비 등

4.
마치며

공인중개사 업은 매출이 소위 말하는 한 번에 터지는 경우가 많습니다. 개업 초반 매출이 적어서 세금 문제를 등한시 하다가 갑자기 쏟아지는 계약과 예상하지 못했던 큰 계약 건이 발생해서 많은 매출이 나오는 경우, 그에 따른 세금으로 충격받으시는 경우를 많이 봤습니다. 이를 대비해서 개업 초기부터 미리미리 준비해야 합니다.

5.
당부의 말씀

부동산 중개업무를 생각할 때, 우리는 흔히 단순히 매물만 소개하는 것이라고 생각하기 쉽습니다. 하지만 실제 업무를 진행하다 보면 매물 소개는 물론 매물 외 부분에 대해서 전반적으로 신경쓰고 진행해야 할 것이 많이 있습니다. 그중에 대표적인 것이 바로 세금입니다.

예를 들어 아파트 매매 건을 중개하는 경우에 단순히 이 아파트를 얼마에 팔아서 끝나는 것이 아니라 매도자 입장에서는 매도하고 나서 내는 세금, 즉 세후 금액에 대해서도 예민하기 때문에 이 아파트의 매매에 있어서 비과세냐, 일반과세냐, 중과세냐 등등 상담을 요청하는 경우가 많이 있습니다. 혹은, 상업용 임대차등을 중개하는 경우에도 소득세 및 부가세 등에 관련하여 (포괄양도양수 등) 임대차 과정에서의 전반적인 세금에서도 상담을 요청하는 경우가 많이 있습니다. 정확한 세금 문제를 인지하지 못한 채, 중개를 빨리 성사하고 싶은 마음에 정확한 안내를 하지 못해서 중개 당사자 분들께 막대한 손해를 입히고 나서 세금 이슈로 인해서 소송을 당하는 경우를 많이 봤습니다.(예: 비과세가 안 되는데 비과세가 된다고 하거나, 포괄양도양수 계약이 성립되지 않는데 문제없다고 하거나) 기초적이고 기본적인 세무 관련 조언을 드릴 수 있는 건 중개업을 할 때 반드시 필요하지만, 정확하지 않은 세금 관계를 선불리 조언했다가 막대한 손해배상을 할 수도 있음을 인지하여야 합니다. 중개업을 영위하는 경우에 세금 문제는 항상 보수적으로 설명하여야 하고, 세무 대리인의 조력을 받으라고 꼭 전달해야 합니다.

| 조
| 정
| 민 |

취업이냐 창업이냐의 기로에서 찾은 재능, 공인중개사의 길에 들어서다

대학교 졸업을 앞둔 4학년.
취업준비를 하면서 많은 고민이 들 시기에
돈을 어떻게 벌까하는 고민만을 가지고
넓은 분야에 관심을 가지고 있었다.

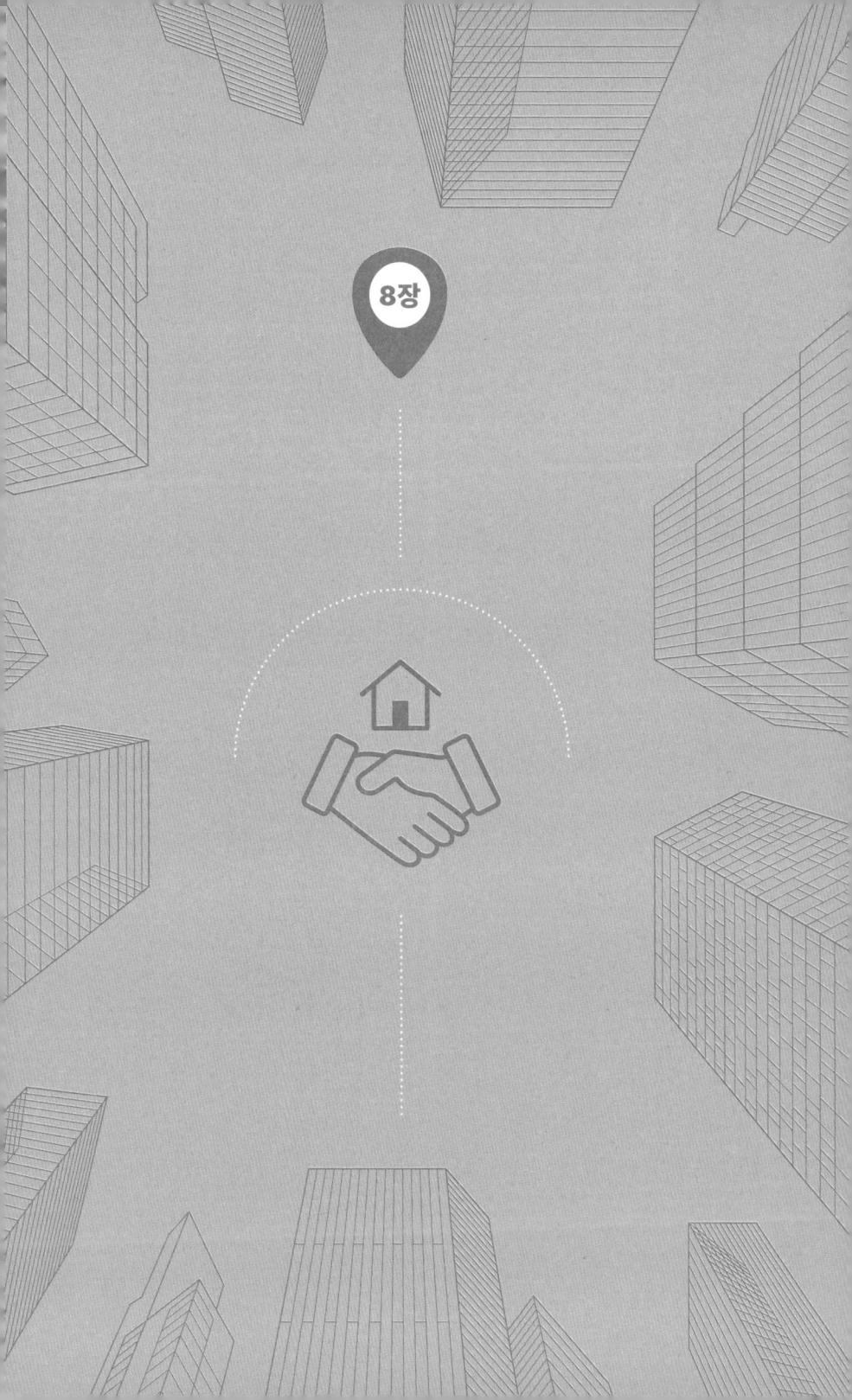

1. 공인중개사를 시작한 계기

저자는 대학교 졸업을 앞둔 4학년, 취업 준비를 하면서 많은 고민이 들 시기에 돈을 어떻게 벌까라는 고민만을 가지고 넓은 분야에 관심을 가지고 있었다. 정말 취업만이 정답일까? 돈이 많은 사람들은 무슨 일을 하면서 돈을 벌까? 궁금해 하며 서점에서 이 책 저 책을 뒤져 보곤 했다.

가장 관심이 갔던 분야는 부동산 경매였다. 하지만 서점에서 관련 책 여러 권을 펼쳐 첫 페이지만 보더라도 내가 이해할 수 있는 용어들이 하나도 없었다. 막연하게 부동산 경매를 위해 필요한 자격증이 있다면 공인중개사라는 정도만 알고 대학교 졸업 준비를 했다.

그러던 중 개인적인 사정으로 취업을 포기하고 자영업에 뛰어들게 되었는데, 상가 계약을 하는데 중개수수료를 126만 원을 내라고 하는 것이다. 상가 자리는 내가 다 알아보고 이 자리를 계약할 수 있는 부동산에 의뢰해서 계약을 할 뿐인데 부동산에서 임대인과 임차인에게 각각 126만 원의 중개수수료가 가당키나 한 금액인가? 하지만 불평 불만은 시간만 낭비할 뿐이였다. 감히 내가 높다고 생각하는, 법으로 정해진 중개수수료를 가지고 불만을 가져 봐야 바뀌는 것은 아무것도 없었다. 그렇게 좋아 보이면 나도 하면 되지 않는가! 이 기회에 잠시나마 잊고 있던 공인중개사 자격증 취득에 도전을 할 기회라고 생각이 들었다. 위와 같이 잠깐의 자기 반성을 하며 언젠간 부동산 중개업과 부동산 경매에 뛰어들어 내 꿈을 이룰 것이다라는 목표만 가지고 매장 운영을 겸업하며 우여곡절 끝에 자격증 취득에 성공했다.

현재는 공인중개사 사무소와 2개의 무인 매장을 운영하고 있고, 매우 만족하면서 중개업에 종사하고 있다. 평소 사람과 대화하는 것을 좋아하는 성격 자체가 공인중개사라는 직업과도 굉장히 잘 맞았고, 다른 직업들과 달리 여러 직종의 다양한 사람들과 만나서 이야기하며 배울 수 있는 점이 많다는 큰 장점을 갖고 있는 공인중개사라는 직업은 우연치 않게 시작하게 된 일임에도 불구하고 매우 만족스럽다.

2. 공인중개사 공부 방법

공인중개사를 공부하는 방법에 앞서 이 자격증을 얼마만큼의 시간을 투자해 취득할 것인지 물리적인 계획을 세워야 한다.

1) 동차로 1년 안에 취득할 것인가와 1차와 2차를 나누어 2년에 취득할 것인가

공인중개사를 준비하겠다고 다짐을 하는 사람들은 주변에서 어렵지 않게 볼 수 있다. 젊은 나이의 대학생들부터 수많은 직장인들과 노후 대비를 위해 도전하는 50~60대까지 전 국민 수능이라고 불리는데에는 이유가 있다. 사람들마다 시간적 여유의 정도가 다르기 때문에 어떻게 공부를 해야 한다는 법이 정해져있지 않지만 그래도 저자와 같은 비전공자이거나 본업이 있는 경우에 해당한다면 추천하는 방법은 1차와 2차를 나누어서 2년에 맞춰 끝내는 것이다.

국민 수능이라고 해서 감히 무시할 수 없을 정도의 과목 수(1차 2과목, 2차 4과목)와 그에 따른 방대한 암기량이 문제이다. 관련 법, 전공과목 이수자이거나 관련 업에 종사하는 사람 또는 취업준비생이나 직장이 없는 경우가 아닌 경우에는 무턱대고 동차에 도전했다가 후회하는 사람이 대다수이다.

동차를 준비했을 때 벌어질 수 있는 최악의 상황은 1차에 떨어지고 2차를 덜컥 붙게 되는 경우이다. 전의 상실. 그 뒤에는 다시 동차를 도전하게 될지 1차와 2차를 나눠서 준비해야 할지 아니면 다른 길을 가야 할지 고민에 빠지게 된다. 직접 준비해 보면 알 수 있지만, 비전공자 기준 동차를 준비하게 된다면 최소 6개월은 하루도 빠짐없이 10시간 투자가 가능한 사람 정도가 맘 편하게 시험장에 들어갈 수 있을 것 같다. 행정사 시험과 같이 1년에 두 번의 시험 일정이 있다면 상대적으로 부담이 덜 할 것 같은데, 공인중개사 시험 같은 경우엔 1년에 딱 한 번 1차와 2차가 당일 모두 진행이 된다. 시험 당일 컨디션에 따라서도 결과가 달라질 수 있다.

* 어떻게 공부를 해야하나

시험 준비생들은 크게 두 가지 성향을 가지고 있다고 볼 수 있다.

먼저 저자와 같이 모든 내용을 다 알고 시험장에 들어가야만 하는 강박이 있는 성향과, 절대평가라는 공인중개사 시험의 장점에 맞춰 10개 중 6개만 맞추자는 전략으로 준비하는 성향.

사실 머리는 후자를 선택해야 하는 것임을 알고 있지만 몸이 그렇게 되질 않는다. 내가 포기한 부분에서 많은 문제가 나오면 나의 1년은 누가 책임진단 말인가. 그 결과 쓸데없이 고점을 맞으며 2년 안에 끝내자는 목표를 달성했다. (하지만 실무에는 정말 많은 도움이 되고 있다)

오프라인 강의로 준비를 하던지 온라인 강의로 준비를 하던지 본인 스타일에 맞게 공부하되, 이 교수님이 좋다더라, 저 교수님이 좋다더라 그런 말에 휘둘려 이 강의, 저 강의 들으면서 시간 낭비를 할 필요는 없다. 더 좋은 공부법을 알려주는 교수가 있을 수 있어도 시험 보는 과목은 같다. 해당 교수가 아무리 똥촉이어서 찍어주는 문제가 많이 나오지는 않더라도 그 교수의 커리큘럼만 빠짐없이 공부한다면 어떻게 60점을 못 넘길 수가 있겠는가. 이 교수의 강의가 어떻다더라 더 쉽다더라 어렵다더라 후기를 보고 방황하지 말고 그 교수를 믿고 진행하면 된다. 저자같은 경우엔 단 한 명의 교수 오리엔테이션을 보지도 않았으며, 책의 저자 강의로만 진행했다.

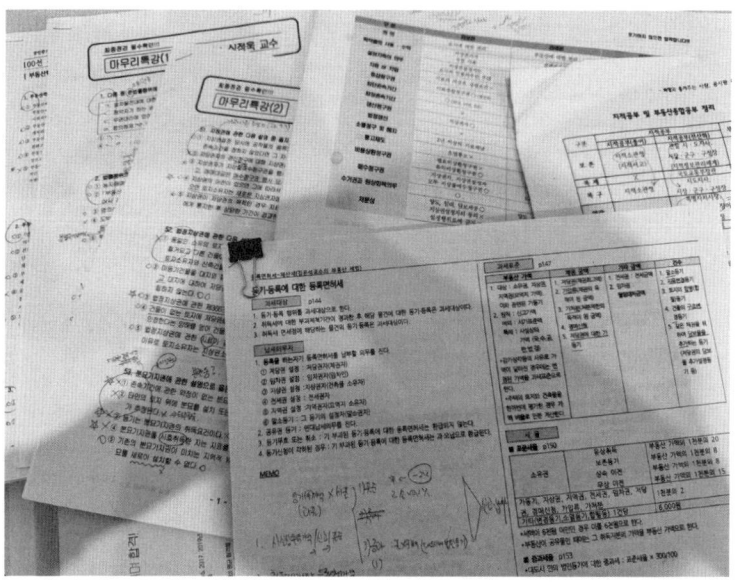

포기하지 않고 강의 커리큘럼(예습, 복습 포함)에 뒤쳐지지 않으며 끝까지 시험장에 입장하는 사람이라면 모두가 합격할 수 있는 시험이라고 생각한다

3.
개업 전 소공일 때, 개공일 때

1) 소속공인중개사로서의 경험

자격증 취득을 위해 노력해 온 대다수 사람들의 목표는 개업이라고 생각한다. 누군가는 바로 개업을 하려고 비싼 개업 관련 강의를 듣기도 하고, 누군가는 빠른 경험을 위해서 소속공인중개사로 일을 시작한다.

저자는 금전적인 문제도 있었지만 무엇보다 계약서 한 장 실제로 써본 적이 없는 상태에서 개업은 성향상 불가능하다고 생각했기 때문에 자격증을 교부받은 지 2주 만에 대학가에 있는 부동산에 소속공인중개사로 취업을 하게 된다. 대학가에 있는 부동산에 취업을 한 이유는 단 한 가지이다. 고객을 만날 수 있는 기회가 많다.

중개업에는 다양한 분야가 있다. 아파트 전문, 토지 전문, 분양권 전문, 빌딩 매매 전문, 상가 전문 등등. 공인중개사 자격증을 취득한 사람이라면 누구나 주변에게서 많은 조언을 받으며 개공이나 소공으로 일을 시작하겠지만 나같은 경우엔 대학가에서 원룸을 구하는 학생들을 상대하는 빈도만큼 고객을 많이 만날 수 있는 중개업 분야는 단연코 없을 것이라고 아직도 확신한다.

부동산 대표님의 성향과 부동산 분위기를 보는 것도 중요하다. 아무렴 공인중개사 자격증이 있다고 하더라도 부동산은 영업이다. 자격증이 없는 중개보조원 중 대기업 직원의 월급은 우습게 벌어가는 분들도 많았으며 자격증이 있는 소속공인중개사 중 아르바이트 최저시급에도 못 미치게 벌어가는 분들도 많았다. 말 한마디로 계약을 이끌어 내는 경우도 있으며 한마디 말실수로 다 완성된 계약이 파기되기도 한다. 손님을 상대하는 빈도가 많아야 경험할 기회가 많다. 원룸 월세 계약이라도 계약을 이끌어 내는 과정이 능숙해져야 한다. 중개 과정이 조금 더 복잡해지고 신중해질 뿐 훗날엔 그 중개대상물이 몇천만 원의 오피스텔이 될 수도, 수억 수십억의 아파트가 될 수도, 수십 수백억의 빌딩이 될 수도 있다.

대학가 부동산의 소속공인중개사로 근무하면서 배운 점들은 정말 많았다. 대학가의 부동산이라고 단순 학생들의 월세 계약을 진행한다고 생각하면 오산이다. 학생들이 사는 모든 원룸 건물 (다중, 다가구 등)의 매매에 관심이 있는 손님들이 없을 수 없다. 거래 금액은 10억을 훌쩍 넘어 신축 건물 같은 경우 20억 호가를 넘는 경우도 있다. 건물 내 세입자가 많이 있다 보니 명도하는 과정이나 아파트와 같은 집합건물과 다르게 대출이 나오는 한도를 계산하는 법도 다르다. 대학교 전공 관련이 크겠지만 저자는 계산에 빨랐고 엑셀을 잘 다뤘었기 때문에 다중, 다가구 매매 과정을 어깨 너머로 지켜보며 수익률표를 만들어 보기도 하고, 작은 크기의 집합건물(오피스텔, 도시형 생활주택 등)에 대한 매매 과정을 지켜보면서 실제로 투자하고 싶은 마음이 생기기도 했다.

또 한 가지 이야기하고 싶은 점은 근무 시간이다. 중개업에 종사하는 사람이라면 모두 알고 있겠지만 정해진 출퇴근 시간이 없다. 여느 직장인처럼 오전 9시 정시 출근하지 않아도 되며 오후 6시에 맞춰 퇴근을 할 필요도 없다. 그렇지만 정해진 시간에만 근무를 하면 수입이 받쳐지지 않을 것이고 중개업에 오래 종사할 수 없다. 욕심을 가지고 본인이 해야 할 일이 무엇인지만 알면 근무 시간이라는 것은 무의미해진다.

부동산에서 소속공인중개사로서 근무하면서 아직도 기억에 경험한 사례를 들어보자면, 대학가에 위치한 부동산이다보니 평일보다는 주말이 더 분주했다. 특히나 여름, 겨울 방학 시즌이 되면 부모님과 동행해서 방을 보는 친구들이 너무 많았다. 토요일에도 아침 9시~10시에 출근해서 늦을 때는 저녁 8시까지 정신없이 근무를 하다 보니 하루가 어떻게 가는지도 모르겠고, 하루에 5명이 넘는 고객을 본 적도 있었다. 그럼 일요일은?

첫 출근 후 2~3주 정도 월~토 근무를 하면서 문득 이런 생각이 들었다. '아, 일요일에도 분명 부동산을 찾는 손님이 많을 것 같은데…' 일요일도 출근하기로 마음을 먹고, 일요일 오전 10시에 부동산에 들어갔는데 나를 제외한 모든 직원이 이미 일요일에도 출근을 하고 있었다. 나에겐 적지 않은 충격이었다. 그럼 언제 쉰다는 거지? '돈 벌려면 이 정도 노력은 해야하는 구나.'를 깨달을 수 있었던 소중한 경험이었다.

중개업에 종사한다면 일하는 시간, 노력하는 시간이 본인의 수입과 정비례한다는 것을 알아야 한다. 물론 365일 24시간 근무를 할 순 없지만, 월수입 목표를 세워놓는 것도 좋은 방법이 될 수 있을 것 같다. 그 노력하는 시간이 로드 손님이 많은 곳이라면 부동산에 자리하고 있는 시간이 될 수 있고, 블로그나 유튜브, 광고 관리, 중개대상물 임장에 투자하는 시간이 될 수도 있다. 물론 저자도 사람인지라 게으름을 피울 때도 많았지만, 이렇게 글을 쓰면서 다시 한번 마음을 다잡으려 한다.

2) 개업공인중개사로서의 경험 (합동사무소)

그렇게 한두 해 지나면서 우연치 않은 기회로 합동사무소로 개업을 하게 되었다. 공인중개사라면 한 번은 생각해봤을 법한 합동 공인중개사 사무소.

여러 경험담이 많지만 저자는 합동사무소 이야기를 하고 싶다. 거두절미하고 장단점을 나열해보겠다.

〈기존 가벽 철거 후 직접 페인트칠 하는 중〉

먼저 꼽을 수 있는 장점으로는 단연 비용 절감이다. 부동산업이라는 게 본인의 역량이 작용하는 게 제일 크고, 그 과정에 들어가는 비용(월세, 보증금, 인테리어, 공과금 등)이 절감되면 이보다 더 좋은 게 어디 있는가. 사무실에 손님이 들어오면 거래 금액에 상관없이 사이좋게 번갈아 가면서 손님을 볼 수도 있다. 업무적으로 힘든 일이 있으면 서로 도와줄 수도 있고, 공동중개를 진행하면서 동업자 우애도 두터워질 수도 있다.

〈각자 3명의 직원을 사용하기로 계획한 후 사무실 모습〉

그리고 처음 개업을 하게 되면 아무리 경험이 많다고 하더라도 느낄 수밖에 없는 부담감이 문제다. 하지만 같이 하게 된다면 그 부담까

지도 절반으로 줄일 수 있다.

이게 전부다.

두 번의 동업을 경험하고 나서 가족끼리도 동업은 하는 게 아니라는 말이 괜히 있는 것이 아니라는 걸 뼈저리게 느꼈다.

저자같은 경우 스물일곱, 처음 자영업을 시작하면서 가족과 작은 규모의 학원도 같이 운영한 경험이 있다. 전쟁도 사소한 것에서부터 시작된다. 누가 쓰레기를 버리는지 청소는 누가 하는지, 그런 과정에서 각자 투자하는 시간도 다르고 버는 돈도 다르다. 아이들과 학부모를 상대해야 하는 직업이었다 보니 서로 예민해지다 보면 이런 작은 서운함이 커지게 되고 결국 운영한 지 1년도 되지 않아 둘 사이에 감정의 골이 더 깊어지기 전에 폐업을 하게 되었다. 정말 생각하지 못했던 부분에서 서로 감정 상하는 일이 많았다.

그럼에도 정신차리지 못하고 비용 절감과 개업에 대한 심적 부담이라는 두 변수를 해결하고자 공인중개사사무소 합동사무소를 개업하게 되면서 결과적으로는 또 한 번의 실패를 경험하게 되었다.

부동산을 합동사무소로 운영하게 되면 단점들은 다음과 같다.

돈 앞에 장사 없고, 서로의 작은 욕심은 서로에 대한 실망으로 다가오게 된다. 본디 사람은 감정의 동물이라고 하지 않았는가. 매물 공유를 처음부터 하기로 시작했다면 감추고 싶은 매물이 생길 수 있고, 개인의 능력에 따라 매물 관리 능력도 다르다 보니 공유를 해주는 입장에서도 서운함이 생길 수도 있다. 반대로 매물을 공유하지 않은 채로 각자의 방식대로 부동산을 운영하기로 했다면 여러 상황들이 생기는 이 좁은 공간의 사무실을 굳이 왜 같이 써야 하는 생각이 들 수도 있다.

각자 직원을 뽑게 된다면 그 단점은 배가 된다.

A 대표가 더 많은 직원을 뽑고 싶다면 그렇지 않은 B 대표보다 더 넓은 공간을 사용하게 될 수 있다. 또 두 명의 대표와 생길 수 있는 트러블은 직원들끼리도 생길 수 있는 트러블이며, 이 작은 공동 사무실을 쓰면서 직원들 간의 불화는 대표에게 직접적인 타격으로 다가온다.

　저자와 같은 경우처럼, 합동사무소를 운영하며 직원을 뽑을 계획도 있으신 예비 개업 공인중개사라면, 그리고 대표끼리의 트러블은 죽어도 없을 것이고, 합동 사무소의 비용적인 절감 매력을 버릴 수가 없다는 대표님들이 계시다면 최소한 직원을 뽑을 때 그 직원으로부터 나오는 수입을 둘의 대표가 나누어 가지는 방식으로 고용을 한다면 이것 또한 좋은 방법이 될 수 있다.

　서로의 길을 응원하기로 하며 갈라서기 전 동업을 하던 대표와 이야기를 하던 중 둘 모두 가장 후회되는 부분이 이 부분이었다.

〈사무실을 혼자 사용하기로 한 후 정리된 사진〉

천년만년 같이 살 것 같던 신혼 부부도 이혼을 하고, 가족들과 연을 끊고 사는 사람들 모두 작은 감정의 불씨가 시작이었을 것이다.

마음가짐만 확실하다면 혼자 시작해도 충분하다.

4.
첫 거래 경험

나의 첫 계약은 아직도 잊지 못한다. 자격증 취득 후 약 열흘 뒤부터 일을 시작했으니 쌀쌀한 초겨울 날씨였다. 누구나 다 그렇겠지만 취득 후 첫 출근을 하게 되면 의욕이 활활 타오르게 된다. 맘이 앞서 실수를 하게 되기도 하고, 잘해야 한다는 부담도 내려놓을 수 없었다. 저자는 지금 생각해보면 꼭 쓸모가 있진 않았던 아이패드를 들고 다니면서 중개를 했으며, 임장을 다니던 중 애플펜슬을 떨어뜨리고 차가 밟고 지나가고 난 뒤에야 있어 보이고자 했던 의욕이 조금은 사그라들었다.

〈부서진 애플펜슬〉

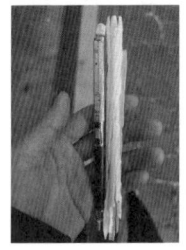

그렇게 출근 이틀째 되던 날, 첫 손님을 보는 순간의 그 떨림은 지금도 생생할 정도였다. 내가 잘 설명할 수 있을지, 나의 설명을 듣고 계약을 진행을 할 사람이 있을지 걱정도 많았다. 하지만 생각보다 너무 무던한 성격의 학생이어서 그런지 두 개의 방만 보고 바로 계약을 진행했다.

앞서 작성했던 일화처럼 내가 자영업을 시작할 무렵, 중개수수료를 지불할 때가 주마등처럼 지나갔다. 물론 이 계약의 중개수수료 자체는 큰돈은 아니었지만 단 30분 만에 끝난 이 손님과의 미팅에서 내가 중개수수료를 받는다니. 물론 이러한 생각을 가지고 중개업에 임하면 안 된다는 것은 일을 할수록 더 깨달았고, 그때 당시에 그런 생각을 가지고 있었다는 것에 많이 후회하기도 했다.

여러 고객들을 만나다 보면 내가 이 돈 벌자고 이렇게까지 해야되는 건가?라는 생각이 드는 경우도 많다. 힘든 고객을 상대하고 나면 꼭 그런 고객에게 듣는 이야기는 "중개수수료가 왜 이렇게 비싸요?"이다. 어쨌든 중개업이라는 것은 단지 중개대상물을 소개하고 계약을 진행하는 데에 그치지 않고 그에 따른 책임도 따른다. 그에 따른 보수이니 정당하지 않을 수 없다.

5.
분야별 특징

원·투룸 전·월세를 주력으로 일을 할 때는 여러 가지 장단점이 있다.

아파트나 상가, 토지 등의 중개대상물 보다 손님을 볼 기회가 많아서 고객 상대하는 경험을 쌓기 쉬우며, 거래 금액이 작지만 방학 중에는 하루에 5개도 넘게 계약을 진행하는 경우도 있다.

겨울 방학 시즌에는 평일에는 매물을 정리하고, 주말에는 부모님과 동행하는 손님을 봐야 하는 경우가 많다. 그렇게 때문에 1주일 내내 쉬는 날이 없는 경우도 더러 있다. 그렇게 1년 중 여름 방학 시즌 1달 반, 겨울 방학 시즌 2달 반 총 4달 정도는 1년 중 가장 바쁜 시기가 될 것이며, 시즌이 아닌 때에는 이 외의 분야에 관심을 가질 수 있는 여유가 있다.

저자의 부동산은 대전광역시 유성구이며 위치는 충남대학교와 카이스트의 한 가운데에 위치한 동네이고, 공실률이 적고 수익률을 따지자면 전국 어디에 내놓아도 뒤지지 않는 곳이다. 대전에서 젊은 직장인들이 가장 많이 생활하는 지역 중 하나인 봉명동과도 가까운 자리에 위치하고 있다. 봉명동은 도시형 생활주택이나 원룸 오피스텔 건물이 많이 밀집되어있는 곳으로 직장인 같은 경우에는 회사에서 지원받는 금액으로 월세방을 구하는 경우가 많고, 현재 그 금액은 대략 40만 원에서 60만 원정도 된다. 지방에서 상대적으로 부담스러울 수 있는 가격일 수 있지만 월세 지원받는 회사에 다니고 있는 직장인들을 상대로는 좋은 매물이 미리 준비되어 있다면 계약도 쉽게 진행될 수 있다.

하지만 이렇게 대학가와 젊은 직장인들이 모여있는 곳에 자리하고 있다 보면 손님이 많은 만큼 부동산도 많이 자리하고 있다. 다른 부동산과도 약속이 있다며 연락드리겠다고 뒤돌아서는 손님들도 굉장히 많고, 나이대가 젊다 보니 계약을 쉽게 생각하고 개인 사정으로 계약을 진행할 수 없는 경우에는 계약금을 돌려달라고 당당하게 이야기하는 손님들도 있으며, 중개수수료를 내야 하냐며 당황스러운 표정으로 질문하는 손님들도 있다. 손님을 많이 볼 수 있는 장점이 있는 반면 이러한 사소한 골칫거리가 스트레스가 될 수 있다는 단점도 있다.

추가로 원·투룸 전·월세를 진행하다 보면 추가로 다양한 중개대상물을 중개할 기회도 다가온다. 대학가나 직장인들이 많이 모여있는 위치라면 음식점이나 술집 등 다양한 상가 계약을 진행할 수도 있고, 원·투룸 건물을 지으려면 건축해야 할 토지도 거래할 기회가 있고, 수익률이 좋은 건물을 매매할 기회도 생긴다. 적지 않은 수의 임대인들은 다른 지역에 전원주택이나, 임야, 아파트 등 소유하는 경우가 많아 다른 분야의 중개를 접할 기회도 많다. 다른 분야의 중개대상물을 주로 진행하는 부동산들은 그 의뢰인이 혹시나 가지고 있을 빌라의 위치에 가서 소액 원·투룸 전·월세까지 중개하기 쉽진 않지만 반대는 가능하다.

개업을 앞두고 있는 예비 개업공인중개사 또는 소속되어 중개일을 배워보고 싶은 예비 소속공인중개사들도 위와 같은 특징을 참고해 경험해 보시길 추천한다.

6.
마케팅 노하우

부동산 마케팅을 할 때 특정 플랫폼을 활용하는 데에는 모두 비용이 추가가 된다. 네이버부동산, 직방, 다방 등 적게는 매월 수십만 원에서, 많게는 수백만 원까지 광고비가 들어 간다.

그중 저자는 개인의 시간과 노력만 투자한다면 무료로 활용할 수 있는 네이버 블로그에 대해서 이야기해보려고 하는데, 그중에서도 블로그 지수에 좋은 영향을 줄 수 있는 블로그 작성 팁을 공유하고자 한다. 그렇다고 저자가 대단히 높은 지수의 블로거는 아니고 또 팁에 대한 정확한 이유를 알 수는 없지만 수많은 포스팅 누락의 경험을 바탕으로 글을 수정하고 또 고치면서 누락을 벗어날 수 있었던 팁들이다.

첫째, 블로그의 제목은 서술형으로 작성하라.

가령 대전광역시 ~구 ~동에 위치한 1층 카페 매물을 접수 받아 블로그에 광고를 올리려고 할 때에 제목으로 "~에 위치한 1층 카페 상가 임대" 이렇게 작성하는 것 보다 "~에 위치한 핫한 카페 상가 임대 소개해 드립니다"와 같이 말이다. 그리고 제목에는 따옴표와 느낌표, 물음표, 괄호 등의 기호 사용은 자제하는 것이 좋다.

〈저자가 작성했던 서술형 블로그 제목 작성 예시〉

둘째, 제목으로 선정한 키워드를 자연스럽게 글에 녹여내자.

위의 예시와 같이 봉명동에 위치한 카페 상가 임대를 소개하는 블로그 포스팅을 할 때에는 메인 키워드를 "~동 카페 임대"와 같이 잡고, 글을 쓰면서 이 메인 키워드를 6~9회 정도 반복해서 작성하는 것이다. 수요자들에게 제일 먼저 노출되는 제목과 내용이 잘 어우러지는 포스팅의 질이 좋다고 판단한다. 저자는 최근 포스팅 기준 1,500자 이상 포스팅하려고 노력하지만 그렇지 못하는 경우에도 최소 1,000자 이상은 작성하려고 노력한다.

셋째, 글과 사진 모두 복사 붙여넣기 하거나 중복 사용은 하지 말자.

글 전체를 복사 없이 베껴 쓰더라도 글의 비중에서 30% 이상이 같은 글이면 게시물 자체가 검색이 되지 않는 등 누락이 될 가능성이 높으며 인터넷에서 검색해온 사진을 사용하지 않는 것은 물론, 본인이 제작하거나 찍은 사진을 사용하는 것도 같은 사진을 반복해서 사용하는 것은 좋지 않다. 가령 부동산 광고 포스팅을 할 때에는 명함이나, 중개대상물에 관한 설명 등 모든 포스팅에 반복되는 사진이나 글이 있을 수 있는데, 이는 수고스러울 수 있지만 매번 이미지로 작업하거나 명함 대신 매물 사진에 연락처를 워터마크로 삽입하는 방법이 좋다. 같은 이미지를 사용할 때에는 꼭 편집을 한 후 사용하는 것이 좋다.

넷째, 15~20초의 동영상을 첨부하라.

네이버는 정성스럽게 찍은 사진도 좋지만 다양한 형태의 정보를 더 좋아한다. 부동산 관련 포스팅을 진행할 때 굳이 임장을 가서 동영상을 찍을 필요는 없고, 간단한 영상 편집 프로그램을 활용하여 내가 찍은 사진들로 동영상을 만들어 첨부할 수 있다.

〈저자가 작성했던 블로그 내 동영상 첨부 예시〉

넓은 공간 뿐 아니라 고장이 없는
스피드퀸 건조기와 파고 세탁기를 사용하고 있습니다.

대전 빨래방 양수양도 세탁기 건조기 작동영상

다섯째, 부동산 관련 포스팅 뿐 아니라 다양한 형태의 정보성 글을 작성하라.

좋은 매물을 많이 접수받다 보면 네이버페이 부동산이나 다방 또는 직방에 광고를 올리듯이 올리고 싶지만 그렇다고 모든 포스팅이 다 노출이 되는 것은 아니다. 부동산 매물을 포스팅하면서 중간중간 나의 일상도 올려보고, 부동산 관련 정보에 대한 포스팅(전세대출 과정, 임차권등기 설정 방법 등)도 좋으니 블로그를 빠르게 키우고 싶다는 욕심에 너무 과하게 달리지 않고, 긴 시간을 가지고 부지런하게 포스팅하다 보면 누구나 좋은 결과가 있을 것이라고 확신한다.

daily life 82개의 글

글 제목	조회수	작성일
대전 월드컵 경기장 스카이 박스 E06 관람 후기 (25)	1,263	2024. 9. 3.
아이폰 15프로 케이스 비교 추천 카우다베 VS 케이스티파이, 승자는? (6)	2,035	2024. 7. 6.
대전 관평동 맛집 단체 가능한 고기집 화원집불구이 다녀왔어요 (30)	174	2024. 6. 28.
케이스티파이 가죽 레더 케이스 무상교환 후기입니다 (16)	1,636	2024. 6. 26.
미담채 마라탕 분말로 너구리, 육쌀멍 라면 끓여먹기 (16)	187	2024. 6. 13.
런닝화 추천 나이키 베이퍼 플라이 3 블랙 실착사진 및 후기입니다 (17)	1,145	2024. 5. 23.
완주군 소양 맛집 삼동 소바 / 돈가스 메뉴 추천 및 후기입니다 (22)	584	2024. 5. 21.
대전 송촌동 맛집 금강옥천돌경어국 방문 후기 주차, 영업시간 (20)	1,291	2024. 5. 13.
대전 도안동 고깃집 맛집 추천 단체 가능한 시크릿가든, 반려동물 동반도 가능해요 (23)	256	2024. 4. 30.
아이폰 15 프로 파인우븐케이스 반년 사용 후기 및 케이스티파이 먹세이프 가죽 케이스 리뷰 (7)	3,629	2024. 4. 20.
도쿄 이차란 라멘 신주쿠점 위치, 주문방법 및 웨이팅 정보 (24)	383	2024. 4. 18.
충남 부여 맛집 장원막국수 주말 방문 후기 (6)	150	2024. 4. 10.
일본 긴자 미츠코시 셀런느 틸리백 게스트 카드 할인과 택스 리펀 및 관세 정보 (26)	3,879	2024. 4. 3.
새로 오픈한 정림말린 대형 구암동 카페 글리학우스 다녀왔어요 (19)	148	2024. 3. 29.
관저동 술집 추천 감성술집 주감 강력 추진해요 (29)	421	2024. 2. 19.
충남대 학사마을 맛집 하늘돈까스백반 본격 부대찌개도 있고 밑반찬도 많아요 (25)	251	2024. 2. 5.
셀럽들이 극찬한 봉명동 삼겹살 맛집 우대 갈비 화원 (19)	164	2024. 1. 27.
관평동 대게 킹크랩 맛집 횟집 대게본가 추천드립니다 (36)	1,347	2023. 12. 15.
잠실 방아동 데이트 소개팅 추천 맛집 아끼니가 금우도 여마신가요 (30)	171	2023. 12. 14.
반석동 퓨전 중식 맛집 진소우이 추천드려요 (36)	248	2023. 12. 1.
죽동 돈가스 맛집 미미카츠 죽동점 오픈했네요 (9)	788	2023. 11. 25.
궁동 감성 술집 오픈! 김신문 본점에 다녀왔어요 (21)	840	2023. 11. 15.
관저동 삼겹살 맛집 관저 대패 삼겹살에 다녀왔어요 (26)	401	2023. 11. 13.

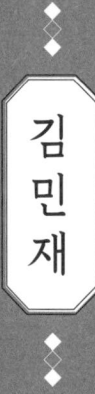

김민재

나는 주저없이 이 길을 선택했다

부동산이란 선택은 새로운 도전이 아니라
나의 경험과 어머니의 노하우를 결합해
더 큰 가능성을 열 수 있는 기회로 느껴졌다.

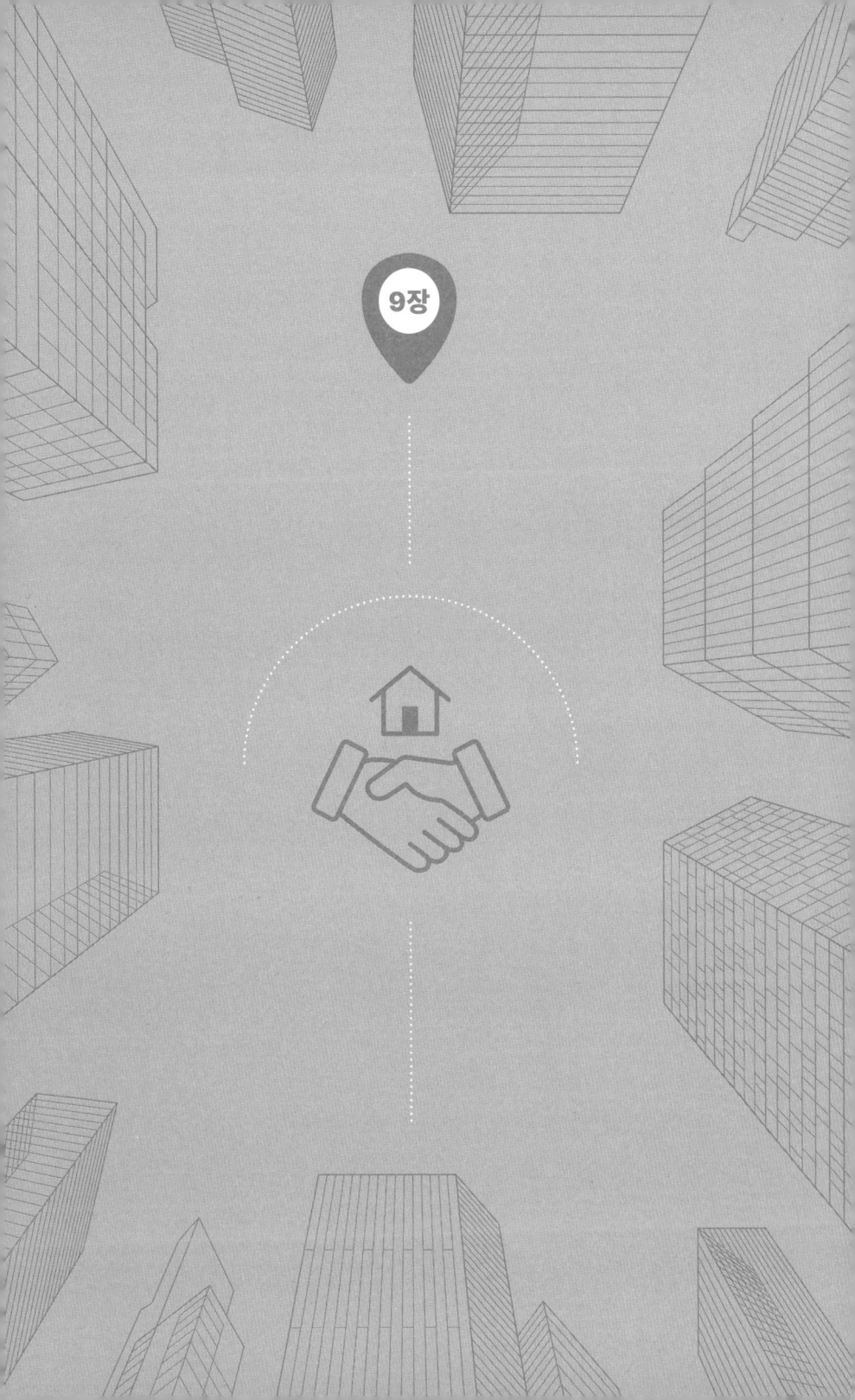

1. 공인중개사를 시작한 계기

1) 부동산 시작하기 전

나는 공인중개사라는 직업에 도전하기 전까지 부동산이라는 분야가 이렇게 매력적이고 도전적인 영역이라는 것을 알지 못했다. 26살에 스피닝 강사로 일을 시작한 나는 1년 만에 스피닝 사장이 되었고, 강원도 원주에서 스피닝센터 3곳과 300평 규모의 헬스장을 운영하는 관장이 되었다. 사업은 탄탄대로를 걷는 듯했다.

대학을 졸업한 후 바로 시작한 일이 성공적으로 자리 잡으면서, 나는 재테크나 투자에 대한 고민을 할 필요 없이 바쁘게 지냈다. 그러나 사업이 잘될수록 예상치 못한 도전이 찾아왔다.

스피닝센터와 헬스장이 점차 자리 잡으며 매출이 늘어나던 시기, 주변에는 유사한 업종의 센터들이 생겨나기 시작했다. 스피닝이 유행에 민감한 업종이라는 점도 매출 감소를 부추겼다. 고객 수가 점점 줄어들면서 상황은 점차 어려워졌다.

이와 함께 헬스장 운영 중 가장 큰 난관은 건물의 누수 문제였다. 헬스장은 2층에 위치해 있었는데, 1층에 입점한 화장품 프랜차이즈 매장으로 누수가 발생했다. 프랜차이즈 매장의 인테리어를 보상하고 수리비를 감당해야 했던 나는 매달 쏟아지는 비용 부담에 큰 어려움을 겪었다.

직원은 약 20명에 달했고, 매달 고정적으로 지출되는 비용이 5천만 원에서 6천만 원에 달했다. 월말이 다가올수록 재정적 압박은 심해졌고, 이 문제는 사업 전반에 골칫거리가 되었다.

그때 나는 고정비용이 적게 들면서도 내 능력과 노력으로 안정적인 성과를 얻을 수 있는 사업이 무엇일지 고민하기 시작했다. 당시 나는 29살에서 30살로 넘어가는 중요한 시점에 있었다. "지금이 아니면 새로운 도전을 시작하기 어려울 수도 있다."는 생각이 들었고, 새로운 길을 모색하기로 결심했다.

여러 가지 사업 아이템을 고민하던 중, 내 시선을 끈 것은 바로 부동산이었다. 부동산을 선택한 이유는 명확했다. 첫째, 고정 지출이 적은 사업을 찾고 싶었다. 과거 헬스장 운영에서 매달 5천만 원이 넘는 고정비용이 주는 부담을 겪었기에, 이번에는 비용 구조가 단순하고 효율적인 사업을 선택하려고 했다. 둘째, 나의 노력과 재능을 바탕으로 더 큰 수익을 낼 수 있는 가능성을 보고 싶었다.

그러나 부동산은 나에게 완전히 새로운 분야였다. 투자와 재테크에 대해 전혀 알지 못했고, 부동산 시장은 생소하고 낯설게 느껴졌다. 하지만 부동산이라는 사업에는 나만의 강점이 있었다. 바로 어머니였다.

나의 어머니는 용산에서 20년 넘게 부동산 중개업을 이어온 베테랑이었다. 지역의 부동산 시장에 정통한 고수였던 어머니는 단순히 경험이 풍부한 것을 넘어, 변화를 읽어내고 고객들과 신뢰를 쌓아온 전문가였다. 나는 엄마의 도움을 받으면 이 생소한 시장에서도 빠르게 성장할 수 있다는 확신이 들었다.

　부동산은 안정성과 성장 가능성을 동시에 갖춘 전문 직업이라는 점에서도 매력적이었다. 헬스장 운영에서 경험했던 치열한 경쟁과 불안정한 수익 구조 대신, 노력과 전문성을 발휘하면 고객의 삶에 실질적인 가치를 더하며 안정적으로 성장할 수 있는 직업이라는 점이 나를 이끌었다.

　부동산이라는 선택은 단순히 새로운 도전이 아니라, 나의 경험과 어머니의 노하우를 결합해 더 큰 가능성을 열 수 있는 기회로 느껴졌다. 그래서 나는 주저 없이 이 길을 선택했다.

2) 부동산과의 첫 만남

　　　　　　　　　　　　내가 처음으로 부동산을 시작한 지역은 용산이였다. 비록 어머니 때문에 시작한 지역이 용산이였지만 이 지역의 역동적인 변화를 가까이에서 목격할 수 있었다. 과거 미군기지가 차지하고 있던 땅이 점차 반환되면서, 용산은 서울에서 가장 큰 개발 잠재력을 가진 지역으로 부상하고 있었다. 대규모 재개발인 한남뉴타운과 40번지 재개발 158번지 재개발 등이 진행되고 있으며 국제업무지구와 용산공원은 용산은 단순한 거주지를 넘어 새로운 비즈니스 허브로 탈바꿈하고 있었다.

　이러한 변화는 단순히 주변 환경의 변화로 그치지 않았다. 지역 주민들의 삶과 경제 활동, 그리고 지역의 가치가 빠르게 변화하고 있었다. 나는 이러한 변화가 단지 도시 개발에 그치는 것이 아니라, 부동산 중개업이라는 새로운 기회를 제공할 수 있음을 직감했다. "용산이라는 지역의 가치를 이해하고, 이를 사람들에게 전달할 수 있는 전문가가 된다면, 나도 이 변화의 일부가 될 수 있지 않을까?"라는 생각이 들었다.

3) 첫 번째 중개보조원으로 시작한 부동산

부동산 중개업을 시작하기 전, 나는 속칭 '사장 물'이 덜 빠진 상태였다. 헬스장을 운영하며 어린 나이에 적지 않은 돈을 벌어본 경험이 나를 과도하게 자신감 넘치게 만들었다. 직원이 20명에 이를 만큼 규모 있는 사업을 운영했던 나는, 부동산 중개업도 처음부터 큰돈을 벌며 척척 잘 해낼 수 있을 거라 생각했다. 게다가 헬스장 시절 고객들이 대부분 나보다 나이가 많은 사람들이었기 때문에, 부동산 고객층인 중장년층과 대화하고 거래하는 것도 쉽다고만 여겼다. 그러나 이러한 생각은 완벽한 착각이었다. 부동산 중개업은 내가 예상했던 것보다 훨씬 섬세하고 전문적인 능력을 요구하는 일이었다. 중개보조원으로 처음 일을 시작했을 때, 나는 단순히 매물을 보여주고 계약만 체결하면 되는 일이라고 생각했다. 하지만 현장은 예상과 전혀 달랐다. 매일 반복되는 사무소의 기본 업무, 행주를 빨아 사무소를 깨끗이 청소하며 차근차근 바닥부터 배우려고 노력했다. 그동안 "사장님"으로만 있었던 내가 가장 기초적인 일부터 다시 시작해야 한다는 사실을 받아들이는 데는 시간이 필요했다.

처음에는 현실을 깨닫는데 시간이 걸렸지만, 이러한 경험이 얼마나 중요한지 깨닫게 되었다. 고객을 상대하는 법, 매물을 접수하고 관리하는 법, 부동산 시장의 흐름을 읽는 법, 그리고 매물의 가치를 분석하는 방법 등을 조금씩 배워 나갔다.

4) 부동산 중개업의 본질을 배우다

부동산 중개업은 단순히 매물을 연결하는 일이 아니라, 고객이 원하는 조건에 맞는 최적의 선택을 할 수 있도록 돕는 과정이었다. 이를 위해서는 내가 관리하고 있는 매물에 대해 완벽히 숙지하고 있어야 했다. 고객이 물었을 때 즉각적으로 "현재 어떤 매물이 있고, 가격대는 어떻게 형성되어 있는지" 답할 수 있어야만 고객에게 신뢰를 줄 수 있었다. 특히 내가 담당하는 지역의 매물 특성과 가격 변동을 체계적으로 이해하고 있어야만 고객의 요구에 맞는 답을 줄 수 있었다.

이렇게 매물을 숙지한 후, 고객과의 상담을 통해 그들이 원하는 조건에 부합하는 매물을 분석하는 것이 두 번째 단계였다. 이 과정에서 매물의 장단점을 설명하고, 시장의 흐름과 매물의 향후 가치를 함께 분석하는 것이 필수적이었다. 고객은 단순히 조건에 맞는 매물만을 원하는 것이 아니라, 그 선택이 미래에도 좋은 결과로 이어질 것이라는 확신을 원했다. 더불어, 법적 절차와 규제, 거래 과정에서 발생할 수 있는 잠재적 리스크를 사전에 파악하고 대비하는 것도 매우 중요한 부분이었다. 고객이 계약 과정에서 신뢰할 수 있도록, 나는 매물의 모든 정보를 명확히 제공하고, 거래가 안전하게 이루어지도록 돕는 역할을 해야 했다. 이 과정을 겪으며 나는 "전문적인 지식을 갖춘 사람, 항상 노력하는 사람만이 이 시장에서 기회를 잡을 수 있다."라는 생각을 가지게 되었다. 고객은 단순히 매물을 소개받기 위해 중개사를 찾는 것이 아니라, 시장에 대한 깊은 이해와 매물의 가치를 설명하며, 거래의 성공 가능성을 보장해 줄 수 있는 전문가를 필요로 했다. 고객은 매물을 매매하거나 임대차로 계약했을 때, 그 선택이 성공적인 결과로 이어질 것이라는 믿음을 원했다. 그리고 그 믿음을 제공할 수 있는 중개사가 진정한 부동산 전문가라고 할 수 있었다.

**5) 두 번째 중개보조원으로
시작한 부동산(공인중개사 취득)**

중개보조원으로 일을 시작하면서 나는 부동산 중개업이 단순히 거래를 연결하는 역할이 아니라, 고객의 신뢰와 전문성을 바탕으로 하는 깊이 있는 분야라는 것을 점차 깨닫기 시작했다. 고객들에게 믿음을 주는 전문가가 되기 위해 단순히 실무 경험만으로는 부족하다는 것을 알게 되었고, 공인중개사 자격증의 필요성을 절실히 느꼈다. 하지만 실무와 공부를 병행한다는 것은 생각처럼 쉽지 않았다. 매일 현장을 뛰며 배우는 것만으로도 하루가 어떻게 지나가는지 모를 정도였다. 그 당시에는 실무 경험만으로 버텨야 한다고 생각하며 하루하루를 보내고 있었다.

첫 직장에서 3년간 근무한 후, 나는 용산에서 가장 잘 알려진 부동산에 면접을 보게 되었다. 면접 자리에서 대표는 내게 이렇게 말했다. "너는 아직 젊으니 올해 안에 공인중개사 자격증을 따서 정식으로 시작하라."라고 이야기해 주었고, 바로 일을 시작하게 되었다. 이때가 2021년 4월 15일이었다.

그 말을 듣고 결심은 했지만, 현실적인 문제도 있었다. 매달 생활비와 앞으로 공부를 시작하며 필요한 경비가 만만치 않았다. 그래서 6월 15일까지, 단 두 달 동안 일을 더욱 열심히 해서 운 좋게도 생활비 2천만 원을 벌었다. 그 후, 6월 15일부터는 모든 것을 내려놓고 공부에 전념했다.

공부 기간은 단 4개월 반, 촉박했지만 그해 시험에 도전했다. 그리고 마침내 공인중개사 시험에 합격하는 기쁨을 누릴 수 있었다. 이는 단순한 자격증 취득을 넘어 나 자신과의 싸움에서 이겨낸 값진 경험이었다.

2. 공인중개사 공부 방법

앞 장에서 언급했듯이, 나는 부동산 실무 경험이 어느 정도 있다고 생각했다. 하지만 공인중개사 시험을 준비하며 깨달은 것은, 실무 경험이 시험 준비에 단순히 작은 도움에 그칠 뿐이라는 점이었다. 공인중개사 시험은 단순히 자격증을 취득하는 것을 넘어, 방대한 학습량과 이해를 요구하는 시험이었다. 마치 맨땅에 헤딩하는 느낌이었다. 특히, 이 시험의 특징은 동차합격률이 높지 않을 만큼 까다롭다는 점이다. 1차와 2차 시험 모두 한 번에 통과하기란 쉽지 않다. 시험 과목은 단순히 암기만으로는 해결되지 않았고, 암기한 내용을 실제 문제에 응용할 수 있어야 했다. 더욱이, 처음 접하는 생소한 용어들과 끝없이 이어지는 학습량은 초보자에게 큰 부담이었다. 나 역시 처음에는 이 부담을 온전히 느꼈다. 하지만 중요한 것은 체계적인 공부 방법과 철저한 계획이었다. 나에게 필요한 것은 단순히 시간을 투자하는 것이 아니라, 효과적으로 공부하는 방법이었다. 이를 통해 나는 짧은 시간 안에 효율적으로 준비할 수 있었고, 결국 합격이라는 결과를 얻을 수 있었다.

내가 겪었던 시행착오와 이를 극복한 방법들, 그리고 시험 준비 과정에서 터득한 노하우를 여러분과 공유하고자 한다. 공인중개사 시험을 준비하는 이들에게 조금이라도 도움이 되기를 바란다.

1) 공부를 시작하며 : 전략이 첫걸음이다

공인중개사 시험에 도전하기로 결심했을 때, 가장 먼저 한 일은 다른 사람들이 이 시험을 어떻게 준비했는지 알아보는 것이었다. 그들의 공부 방법, 투자한 시간, 그리고 짧은 기간 안에 합격하기 위해 어떤 전략을 세웠는지 등 다양한 사례를 분석하며 나만의 방향을 설정하고자 했다. 우선 주변 부동산 사장들에게 여쭤봤지만 주변에 있는 부동산 사장들은 대부분 자격증을 취득한 지 오래된 분들이었기 때문에, 그들의 조언이 현재 시험 환경에 꼭 맞지는 않았다. 그렇지만 다행히도 요즘은 유튜브라는 훌륭한 도구가 있어 간접 경험을 얻는 데 큰 도움이 되었다. 유튜브에는 공인중개사 시험 준비에 관한 다양한 정보와 성공 사례, 심지어 실패 사례까지도 공유되어 있어 이를 참고하며 나만의 전략을 고민할 수 있었다.

나는 계획을 세우는 것을 특별히 좋아하지는 않지만, 시간이 부족한 상황에서는 계획이 필수적이라는 것을 알았다. 합격을 목표로 하는 지름길을 찾기 위해 1주일 동안 유튜브 영상과 인터넷 자료를 꼼꼼히 살펴보며, 가장 효과적인 공부법을 연구했다. 이 과정에서 짧은 시간 안에 최대의 효율을 낼 수 있는 방법을 찾는데 집중했다. 어떻게 하면 가장 효율적으로 합격할 수 있을지를 고민하며, 계획을 세우는 데

투자한 이 일주일은 내 합격의 중요한 출발점이 되었다.

2) 선택과 집중

* **공인중개사 에듀윌 커리큘럼**
- 11월~12월: 기초 과정
- 1월~2월: 기본 이론
- 3월~4월: 핵심 이론
- 5월~6월: 기출문제 풀이
- 7월~8월: 기출 변형 문제 풀이
- 8월: 단원별 모의고사
- 9월: 100선 정리
- 10월: 동형 모의고사

대부분의 수험생들은 약 1년간 이 커리큘럼을 따라가며 준비하지만, 나에게는 1년이라는 시간이 없었다. 그 때문에 선택과 집중이 필수였다. 나는 방대한 커리큘럼을 전부 따라가기보다는, 가장 중요한 단계인 핵심 이론부터 공부를 시작했다.

핵심 이론을 빠르게 습득한 후, 바로 기출문제 풀이로 넘어갔고, 이후에는 단원별 모의고사와 100선, 동형 모의고사 정리에 집중했다. 기본 이론, 기초 과정, 기출 변형 문제 풀이 등 시간상 생략한 부분도 있었지만, 전략적으로 학습 효율을 높이는 데 집중했다.

3) 한 과목 몰아서 듣기

다음으로 내가 선택한 전략은 한 과목 몰아 듣기였다. 짧은 시간 안에 모든 과목을 공부해야 한다는 압박감 속에서 여러 과목을 매일 조금씩 공부하다 보니 느낀 점은, 내용이 서로 연결되지 않아 큰 숲을 보지 못한다는 것이었다. 한 번에 모든 내용을 완벽하게 외우는 것은 불가능하다는 것을 알고 있었지만, 대략적인 감조차 잡지 못한 채 시간을 보내고 있다는 생각이 들었다. 이대로는 아무것도 제대로 해낼 수 없다고 판단했다.

그래서 나는 과감히 한 과목씩 집중해서 완강하는 방식으로 공부 방법을 전환했다. 예를 들어, 학개론을 공부하기로 했다면 기초 학개론 1강부터 40강까지 끝까지 듣고, 그 과목의 기초 과정을 끝내고 기초 민법으로 넘어갔다. 학개론을 완강하고 나면 기초가 어느 정도 잡히고, 큰 틀에서 이 과목이 무엇을 말하고자 하는지 이해할 수 있게 되었다. 이렇게 기본을 다진 후에는 같은 방식으로 학개론 기본 과정을 완강하고, 이어서 민법 기본 과정을 완강했다.

이 전략은 여러 과목을 병행하는 대신, 한 과목을 깊이 있게 파고들면서 전체 흐름과 핵심을 이해하게 되었고, 학습의 효율이 크게 높아졌다. 특히 처음에 느꼈던 산만함이나 혼란스러움이 줄어들었고 각 과목에 대한 자신감도 생겼다.

과목별로 내용의 구조와 틀이 잡히니, 이후 문제 풀이나 복습에서도 훨씬 수월하게 접근할 수 있었다. 짧은 기간 안에 공부를 끝내야 하는 수험생들에게는 이 방법이 훌륭한 선택이 될 수 있다고 확신한다.

4) 효율적인 문제풀기 꿀팁 3가지

공인중개사 시험은 방대한 양의 학습을 요구하지만, 효율적으로 공부하면 시간을 절약하면서도 효과적으로 준비할 수 있다. 나의 공부 경험에서 특히 유용했던 세 가지 팁을 소개하고자 한다. 이 방법들은 제한된 시간 속에서도 핵심 개념을 빠르게 익히고, 실전 감각을 기르는 데 큰 도움이 되었다.

① 단원별 기출문제를 풀기 전에 요약집을 읽어라

공부의 첫 번째 꿀팁은 기출문제를 풀기 전에 요약집을 먼저 읽는 것이다. 나는 시간이 부족했기에 이론 공부에 할애하는 시간이 절대적으로 적었다. 대신, 요약집을 활용해 필요한 내용을 압축적으로 익히고, 그 즉시 기출문제를 풀었다. 예를 들면 오늘 공부할 단원의 요약집을 한 번 쭉 읽는다. 요약집을 읽은 뒤, 해당 단원의 기출문제를 바로 풀며 내용을 점검한다. 이 방법은 단순히 문제를 푸는 것에 그치지 않고, 문제와 이론을 연결시키는 데 효과적이었다. 특히 동형 모의고사를 칠 때는 해당 과목의 요약집을 처음부터 끝까지 읽고 나서 문제를 풀었다. 이렇게 하면 요약집의 내용을 머릿속에 새긴 상태에서 문제를 풀 수 있어, 정확도가 크게 높아졌으며 자신감도 높일 수 있다.

② 답치기 활용법

두 번째 꿀팁은 답치기이다. 답치기는 시간을 효율적으로 쓰기 위한 방법으로 문제를 풀기 전에 오늘 풀 문제들을 풀지 않고 정답을 모두 적은 후 문제와 지문을 보는 방식이다. 하는 방법은 자신의 오늘 풀어야 할 문제를 풀지 않고 해당 문제의 정답을 옆에 적어놓는다. 정답을 보면서 문제 속 지문이 옳은 문장인지, 틀린 문장인지 분석한다. 이 방법의 장점은 문제 풀이에 소요되는 시간을 줄이고, 지문의 옳고 그름을 즉각적으로 이해할 수 있으며 뇌의 피로를 확연하게 줄일 수 있다는 점이다. 특히, 정답을 미리 알고 문제를 보니 틀린 문항과 맞은 문항을 헷갈리지 않게 되어 복습이 훨씬 수월했다.

③ 기화펜으로 다회독 효율성을 높여라

세 번째 꿀팁은 기화펜을 활용하는 것이다. 나는 책을 읽을 때 밑줄을 치며 읽는 습관이 있다. 그러나 공인중개사 시험은 기본서와 요약집을 여러 번 다독하고 내용을 암기해야 하는 시험이다. 모든 문장에 밑줄을 긋고 표시를 하면 책이 지나치게 복잡해져, 나중에는 가독성이 떨어질 수밖에 없다.

기화펜의 장점은 밑줄을 치며 읽더라도, 시간이 지나면 밑줄이 사라져 깔끔한 책 상태를 유지할 수 있다. 필요할 때 다시 밑줄을 긋고, 반복적으로 읽으며 내용을 빠르게 암기할 수 있다. 기화펜을 활용하면 다회독할 때 가시성과 가독성이 좋아지며, 책에 대한 집중력을 유지할 수 있는 큰 장점이 있었다.

5) 요약집 단권화 하기

시험 준비 과정에서 가장 중요한 것은 효율적인 복습 도구를 만드는 것이다. 나는 시험에 들어갈 때 반드시 요약집만 들고 갔다. 문제나 이런 걸 가져가도 다 읽을 시간도 없다고 생각해서 요약집만 최소 10번은 읽은 것 같다. 이렇게 요약집은 시험 시 제일 중요한 무기라고 생각했다. 공부 과정에서 핵심을 정리하고, 마지막 순간까지 복습할 수 있는 중요한 도구이기 때문이다. 하지만 단순히 요약집을 읽는 것으로는 부족하다. 나만의 단권화된 요약집을 만들어야 학습 효율을 극대화할 수 있다. 나는 선생님이 강조한 중요한 부분, 문제를 풀면서 틀린 부분, 그리고 자주 헷갈리는 개념을 요약집에 추가하며 단권화 작업을 진행했다.

・단권화 작업의 과정
① 강의와 필기 내용 정리
② 강의를 들으며 선생님이 강조하는 핵심 내용을 빠짐없이 필기했다.
③ 틀린 문제와 자주 헷갈리는 개념을 요약집에 추가했다.
특히, 기출문제에서 반복적으로 등장하는 핵심 개념을 요약집에 별도로 정리해 시험 직전 복습할 수 있도록 했다.
④ 중요한 키워드는 형광펜으로 표시하거나 밑줄을 그었다.

6) 시험장에서의 꿀팁 3가지

시험장에서의 실전 꿀팁
 공인중개사 시험은 1차와 2차 모두 시간 관리와 정확한 문제 풀이가 중요한 국가공인시험이다. 나는 시험장에서 효율적으로 문제를 풀고 시간 관리를 잘하기 위해 몇 가지 실전 꿀팁을 활용했다. 이 팁들은 시험지를 다루는 방법부터 답안을 추론하는 전략까지 포함되어 있으며, 내가 시험에서 높은 점수를 얻을 수 있었던 비결 중 하나였다.

❶ 시험지를 다루는 요령 : 왼쪽 귀퉁이와 접힌 부분 처리

공인중개사 시험지의 특성상 시험지는 두꺼운 종이에 스테이플러로 묶여 있고, 일부는 반으로 접혀 있다. 시험지 자체를 다루기 힘들어 시간을 허비하지 않으려면, 시작하자마자 시험지를 정리하는 것이 중요하다. 시험지를 받자마자 왼쪽 귀퉁이에 스테이플러가 묶인 부분을 여러 번 눌러 정리한다.

커터칼을 사용해 반으로 접혀 있는 시험지를 갈라 편하게 넘길 수 있도록 한다. 이 과정을 통해 시험지를 더 이상 불편하게 왔다 갔다 하지 않고, 문제를 빠르게 넘기며 볼 수 있다. 시간 절약은 물론, 시험 도중 느낄 수 있는 스트레스도 줄어든다.

❷ 문제지 확인 시간을 활용한 사전 풀이

시험 시작 전에 문제지가 제대로 출력되지 않은 경우, 감독관이 문제지 교환 여부를 확인하라고 한다. 이때, 단순히 문제지를 보는 것에 그치지 않고 앞부분의 2~3문제를 풀어볼 수 있다. 이 방법은 시험 초반 시간을 절약할 수 있는 작은 팁이지만, 전체적인 시간 관리에 큰 도움이 된다.

❸ 답안 분포를 활용한 추론법

공인중개사 시험은 40문항의 5지선다형 문제로 구성되어 있다. 여기서 주목해야 할 점은 답안의 분포다. 국가공인시험의 특성상 각 답안 번호(1번~5번)가 고르게 배분되며, 보통 각 답안 번호가 약 8개씩 배정된다는 점이다. 예를 들면 문제를 다 푼 후, 답안지를 옮겨 적기 전에 각 번호의 답 개수를 세어 본다.

만약 특정 번호(예: 2번)가 다른 번호에 비해 답 개수가 부족하다면,

헷갈리거나 모르는 문제의 답을 부족한 번호로 선택한다.

예시)

1번 답: 8개

2번 답: 2개

3번 답: 10개

4번 답: 6개

5번 답: 8개

　이 경우, 2번 답이 부족하므로 헷갈리는 문제의 답을 2번으로 몰아 쓴다. 이 방법은 확률적으로 균형을 맞추는 데 유리하다. 나는 이 전략을 통해 헷갈리는 문제에서 정답을 맞힐 확률을 높였고, 결과적으로 1차와 2차 시험 모두 평균 70점을 기록하며 합격할 수 있었다. 시험장에서의 꿀팁은 단순히 시간을 절약하는 것뿐만 아니라, 실수를 줄이고 결과를 최적화하는 데 큰 도움이 된다. 시험지를 정리하고 활용하는 작은 습관이 긴장감을 줄여주며 문제지 확인 시간을 활용하면 시험 시작 전부터 몇 문제를 풀 수 있다. 답안 분포를 활용한 전략은 헷갈리는 문제를 풀 때 확률적으로 유리한 선택을 가능하게 한다.

　이 팁들이 공인중개사 시험을 준비하는 수험생들에게 작은 도움이라도 되길 바란다. 시험장은 긴장되는 공간이지만, 준비된 전략이 있다면 충분히 이겨낼 수 있다!

3. 개업 전 소공일 때, 개공일 때

공인중개사 자격증을 취득하고 나서, 대부분의 사람들은 두 가지 선택지에 직면한다. 바로 소속공인중개사로 일할 것인가, 아니면 개업공인중개사로 독립할 것인가이다. 나는 두 가지 경험을 모두 거쳤다. 처음에는 소속공인중개사로 시작했지만, 몇 년 후 독립하여 개업공인중개사로서 내 사무소를 운영하게 되었다. 이 장에서는 두 역할의 차이와 각각의 경험에서 배운 점들을 이야기하려 한다.

1) 소속공인중개사(중개보조원)로서의 첫걸음

① 배우는 과정으로서의 소속공인중개사(중개보조원)

소속공인중개사로 일하는 것은 단순히 돈을 벌기 위한 선택이 아니었다. 그것은 중개업의 기초를 배우고, 현장에서 실무 경험을 쌓는 기회였다.

- **고객 상담** : 고객과의 첫 대면에서 무엇을 말해야 하는지, 어떤 질문을 해야 하는지 몰랐던 나는 사무소 대표의 상담 방식을 관찰하며 배우기 시작했다. 고객의 요구를 빠르게 파악하고, 이를 바탕으로 적합한 매물을 제안하는 기술은 경험을 통해 익힐 수 있었다.
- **매물 관리** : 사무소에서 다루는 매물의 상태를 직접 확인하고, 이를 고객에게 설명하는 법을 배웠다. 매물의 가치를 평가하고, 경쟁 매

물과 비교하는 능력은 시간이 지나면서 자연스럽게 발전했다.

② **소속공인중개사의 장점과 한계**
- **장점** : 소속공인중개사는 초기 비용 부담 없이 경험을 쌓을 수 있는 기회를 제공한다. 또한, 사무소에서 제공하는 네트워크와 매물 데이터를 활용할 수 있다는 점도 큰 이점이었다.
- **한계** : 반면, 소속공인중개사는 업무의 독립성이 제한적이며, 중개 수익의 일부를 사무소에 지급해야 한다는 점에서 수익 구조가 상대적으로 제한적이었다.

2) 개업공인중개사로의 도약

몇 년간 중개보조원과 소속공인중개사로 일하며 자신감을 얻은 나는, 나만의 사무소를 개업하기로 결심했다. 이 결심은 단순한 수익 증대 이상의 의미를 담고 있었다. 나는 내 이름으로 신뢰를 쌓고, 고객들과 직접적인 관계를 구축하고 싶었다. 사무소 위치를 선택하는 과정은 부동산 중개업에서 성공의 성패를 좌우할 만큼 중요한 결정이었다. 사무소는 단순한 업무 공간 이상의 의미를 가지며, 내가 중개하고자 하는 물건과 고객층의 특성에 맞는 장소를 선택하는 것이 필수적이었다.

* **입지 선정에서 중요하게 고려한 요소**
① 중개 물건의 배후세력과 다양성
첫 번째로 고려한 요소는 중개 물건의 배후세력과 다양성이었다. 내가 중개하고자 하는 주택, 상가, 오피스텔, 사무실 등 다양한 부동

산 유형을 다룰 수 있는 지역인지 확인했다.

사무소는 상가와 사무실 중개를 주력으로 하면서도, 대로변 오피스텔 1층에 위치하고 있었다. 이 점은 오피스텔 계약을 통해 기본 경비를 충당할 수 있는 안정적인 구조를 만들어 주었다.

② 유동인구와 고객층의 특성

두 번째로 중점을 둔 부분은 사무소 앞을 지나는 유동인구와 고객층의 특성이었다.

유동인구의 규모와 연령대, 동네별 소득 수준을 분석해, 이들이 미래 잠재 고객이 될 가능성을 점검했다.

이러한 분석은 신규 고객을 자연스럽게 유치할 가능성을 높이는 데 중요한 기준이 되었다.

③ 가시성

세 번째로 고려한 점은 사무소의 가시성이었다.

사무소가 눈에 잘 띄는 곳에 위치했는지, 1층에 있는지 확인했다.

고객이 사무소를 쉽게 찾을 수 있는 위치는 신뢰감을 주고, 방문 가능성을 높이는 중요한 요소였다.

④ 주차 가능 여부

마지막으로 고려한 점은 주차 공간의 확보 여부였다.

고객들이 방문했을 때, 주차가 용이한 곳인지 확인했다.

주차 공간은 계약 상담 시 고객의 편의성을 높이는 데 큰 역할을 했다. 특히, 상가나 사무실 중개에서 주차 문제는 거래 성사에 직결될 수 있는 중요한 요소였다.

- **최종 선택**: 용산구 원효로 1가 대로변

입지 선정 기준을 종합적으로 고려한 끝에, 나는 용산구 원효로 1가 대로변에 사무소를 열기로 결정했다. 이 위치는 다양한 부동산 유형을 중개하기에 최적의 조건을 갖추고 있었다.

- **배후세력**: 사무소 앞 뒤편에는 재개발이 추진 중인 배후세력이 있으며, 향후 가치 상승이 기대되는 지역이었다.
- **대로변의 접근성**: 사무소 앞 대로변에는 아파트 단지가 위치해 있어, 주거용 부동산 중개가 용이했다.
- **중심적 위치**: 용산구 내 주요 상가와 사무실이 가까운 곳에 자리 잡고 있어, 상업용 부동산 중개에서도 접근성이 뛰어났다.

이 모든 요소를 고려했을 때, 원효로1가는 내가 원하는 다양한 중개 활동을 전개할 수 있는 최적의 장소였다. 사무소를 열고 나서도 이러한 입지적 장점은 고객 유치와 거래 성사에 크게 기여했다.

4.
시행착오 및 경험

공인중개사로 일하면서 시행착오를 겪지 않은 사람은 없을 것이다. 나 역시 이 길을 걸으며 크고 작은 실수를 반복했지만, 그 과정을 통해 많은 것을 배웠다. 공인중개사라는 직업은 단순히 매물을 중개하는 것을 넘어, 사람들의 삶과 미래를 설계하는데 도움을 주는 역할을 한다. 따라서 한 번의 실수는 고객과의 신뢰 뿐 아니라 나 자신의 커리어에도 영향을 미칠 수 있다. 이 장에서는 내가 겪은 시행착오와 이를 극복하며 얻은 교훈을 이야기하려 한다.

1) 오픈 후 첫 고객과의 계약

나는 공인중개사 자격증을 취득한 뒤, 창업을 시작했다. 첫 고객은 사무소를 방문한 30대 초반의 신혼부부였다. 그들은 넓은 거실과 주변 환경이 조용한 아파트를 찾고 있었다. 나는 매도인의 말만 믿고 이 고객들에게 추천할 매물을 확보하고 있다고 생각했고 이를 자신 있게 소개했다. 그러나 고객이 매물을 직접 방문했을 때 문제가 발생했다. 매도인에게 받은 사진은 인테리어 직후의 옛날 사진이였고, 이후 몇 명의 임차인의 거쳐 지나간 사진들이였다. 또한 매물의 주변 환경은 그들이 기대했던 것과 달랐고, 내부 상태도 설명했던 것보다 훨씬 열악했다. 고객은 크게 실망했고, 나를 신뢰하지 못한 채 다른 중개사를 찾아갔다. 그 순간 나는 중개업에서 준비가 얼마나 중요한지를 뼈저리게 깨달았다.

교훈 1. 매물은 철저히 내 눈으로 직접 확인해라.
고객에게 매물을 소개하기 전, 직접 현장을 방문해 매물의 상태와 주변 환경을 꼼꼼히 점검해야 한다. 설명이 과장되거나 실제와 다르다면, 고객의 신뢰를 잃는 것은 시간문제다.

2) 카페 창업 매물 찾아주기

시간이 지나며 더 많은 고객들을 만나게 되었다. 그중 한 사례는 내게 중요한 교훈을 남겼다. 한 고객은 소규모 카페 임대를 원하는 분이였는데, 나는 그에게 여러 상가를 추천했지만 번번이 거절당했다. 나는 처음에 그 이유를 이해하지 못했다. 권리금도 주변 시세와 비교해서 저렴하고 매물은 조건이 훌륭했지만, 고객은 만족하지 않았다.

어느 날, 나는 고객과의 대화를 통해 그의 진짜 니즈를 알게 되었다. 그는 단순히 좋은 조건의 상가를 찾는 것이 아니라, 그의 사업과 어울리는 특정 분위기의 상가를 원하고 있었다. 그 손님은 오래된 한옥 스타일의 권리금 없고 저렴한 주택을 용도변경해서 리모델링 후 자신만의 스타일이 담긴 카페를 창업하고 싶어했다. 그 후, 나는 고객이 원했던 매물을 찾아냈고, 그는 만족스러운 계약을 체결했다.

> **교훈 2. 고객의 진짜 니즈를 파악하라**
> 단순히 조건을 충족하는 매물을 찾는 것이 아니라, 고객이 말하지 않은 숨겨진 니즈를 파악하는 것이 중요하다. 이를 위해서는 고객과의 충분한 대화와 경청이 필요하다.

3) 계약 이후의 관리, 중개사의 진정한 가치

중개업에서 계약은 끝이 아니라 시작이다. 한 고객이 계약 후 예상치 못한 문제를 겪으며 내게 도움을 요청한 적이 있다. 그는 계약한 매물에서 누수 문제가 발생해 이사를 고려하고 있었다. 나는 임대인과의 중재를 통해 문제를 해결했고, 고객은 계속 해당 매물에 머물기로 결정했다. 이후 2년을 더 그 집에서 살고 이사할 때 쯤 나를 다시 찾아주셔서 아파트를 매매 한 기억이 있다. 이 경험은 계약 후에도 고객과의 관계를 유지하는 것이 얼마나 중요한지를 깨닫게 해주었다. 고객은 단순히 중개 과정에서 도움을 받는 것이 아니라, 그 이후에도 문제 해결을 위해 의지할 수 있는 전문가를 원한다.

교훈 3. 계약 이후에도 고객을 돌보라
고객이 계약 이후 문제를 겪는다면, 이를 해결하기 위해 적극적으로 돕는 것이 중요하다. 이는 고객의 신뢰를 강화하고, 장기적으로 더 많은 추천 고객을 얻는 데 도움이 된다.

4) 물건의 가치를 알아보는 눈

나는 개업 초기, 상가 매매 시장에서 욕먹는 것을 경험했다. 매물 분석에 소홀했던 나는 매매 가격이 시장 평균보다 높은 상가를 고객에게 추천했고, 이는 결국 공실로 남게 되었다. 고객은 나를 믿고 선택했지만, 결과적으로 손해를 보았다. 그 이후 나는 매물의 시장성을 평가하는 데 더욱 집중했다. 상권 분석, 유동 인구, 경쟁 매물 비교 등 모든 요소를 고려해 매물의 가치를 판단했다. 이를 통해 고객에게 더 나은 선택지를 제공할 수 있었고, 이후 계약 성사율도 크게 증가했다.

교훈 4. 시장 분석에 충실하라
매물의 가치는 단순히 외형적인 조건으로 결정되지 않는다. 상권, 경쟁 매물,

그리고 시장 트렌드를 종합적으로 분석해야 한다.

5) 장기적인 신뢰 구축의 중요성

한 고객은 나와 처음 거래한 이후 3년 동안 지속적으로 나를 찾았다. 그 사장님은 맨 처음 용산에 해산물을 전문으로 하는 술집을 오픈 할 계획을 가지고 있었다. 오랜 대화와 여러 가지 물건을 추천해줬고 계약을 이뤄냈다. 오픈한 포차는 대박을 치게 되었고 3개월도 안 됐을 때 도보로 3분 거리에 고깃집을 또 오픈하였는데 그곳도 대박을 치게 되었다. 그 이후 나에게 큰 신뢰를 갖게 되어 40번지 재개발 물건을 구매하며, 나에게 모든 중개를 의뢰했다. 그의 말에 따르면, 첫 거래에서 내가 보여준 정직함과 전문성이 그를 다시 찾게 만든 이유라고 했다. 이 경험은 중개업에서 단기적인 이익보다 장기적인 신뢰가 얼마나 중요한지를 알려주었다. 고객과의 신뢰 관계는 단순히 한 번의 거래로 끝나지 않는다. 그것은 반복적인 의뢰와 추천으로 이어지며, 중개사로서의 성공을 결정짓는다.

교훈 5. 정직과 전문성으로 신뢰를 쌓아라

고객은 정직한 중개사와 거래하고 싶어 한다. 이를 위해 항상 투명하게 정보를 제공하고, 고객의 이익을 최우선으로 고려해야 한다.

📖 북오션 부동산 재테크 도서 목록 📖

부동산/재테크/창업

장인석 지음 | 17,500원
348쪽 | 152×224mm

롱텀 부동산 투자 58가지

이 책은 현재의 내 자금 규모로, 어떤 위치의 부동산을 언제 살 것인가에 대한 탁월한 분석을 펼쳐 보여 준다. 월세탈출, 전세탈출, 무주택자탈출을 꿈꾸는, 건물주가 되고 싶고, 꼬박꼬박 월세 받으며 여유로운 노후를 보내고 싶은 사람들을 위한 확실한 부동산 투자 지침서가 되기에 충분하다. 이 책은 실질금리 마이너스 시대를 사는 부동산 실수요자, 투자자 모두에게 현실적인 투자 원칙을 수립할 수 있도록 해줄 뿐 아니라 실제 구매와 투자에 있어서도 참고할 정보가 많다.

나창근 지음 | 15,000원
302쪽 | 152×224mm

나의 꿈, 꼬마빌딩 건물주 되기

'조물주 위에 건물주'라는 유행어가 있듯이 건물주는 누구나 한 번은 품어보는 달콤한 꿈이다. 자금이 없으면 건물주는 영원한 꿈일까? 저자는 현재와 미래의 부동산 흐름을 읽을 줄 아는 안목과 자기 자금력에 맞춤한 전략, 꼬마빌딩을 관리할 줄 아는 노하우만 있으면 부족한 자금을 충분히 상쇄할 수 있다고 주장한다. 또한 액수별 투자전략과 빌딩 관리 노하우 그리고 건물주가 알아야 할 부동산지식을 알기 쉽게 설명한다.

박갑현 지음 | 14,500원
264쪽 | 152×224mm

월급쟁이들은 경매가 답이다
1,000만 원으로 시작해서 연금처럼 월급받는 투자 노하우

경매에 처음 도전하는 직장인의 눈높이에서 부동산 경매의 모든 것을 알기 쉽게 풀어낸다. 일상생활에서 부동산에 대한 감각을 기를 수 있는 방법에서부터 경매용어와 절차를 이해하기 쉽게 설명하며 각 과정에서 꼭 알아야 할 중요사항들을 살펴본다. 경매 종목 또한 주택, 업무용 부동산, 상가로 분류하여 각 종목별 장단점, '주택임대차보호법' 등 경매와 관련되어 파악하고 있어야 할 사항들도 꼼꼼하게 짚어준다.

나창근 지음 | 17,000원
332쪽 | 152×224mm

초저금리 시대에도 꼬박꼬박 월세 나오는
수익형 부동산

현재 (주)기림이엔씨 부설 리치부동산연구소 대표이사로 재직하고 있으며 [부동산TV], [MBN], [한국경제TV], [KBS] 등 방송에서 알기 쉬운 눈높이 설명으로 호평을 받은 저자는 부동산 트렌드의 변화와 흐름을 짚어주며 수익형 부동산의 종류별 특성과 투자노하우를 소개한다. 여유자금이 부족한 투자자도 전략적으로 투자할 수 있는 혜안을 얻을 수 있을 것이다.

김중근 지음 | 19,000원
280쪽 | 141×205mm

4000만 원으로 시작하는
부동산 경매 투자

이 책은 저자의 경험을 솔직하게 다 보여주는 가장 쉬운 부동산 경매 교과서다. 부동산경매 입문부터 소액 투자로 경매에 참가해 차츰 노하우가 쌓여가는 저자의 경험을 통해 경매 이야기를 쉽게 풀어준다. 경매로 10억 이상을 벌어 평범한 직장인에서 부동산 전업 투자자이자 중개인으로 변신한 저자의 경험이 내 집 마련과 부동산경매에 관심 있는 초보 투자자들에게 많은 도움이 될 것이다.

주식/금융투자

북오션의 주식/금융 투자부문의 도서에서 독자들은 주식투자 입문부터 실전 전문투자, 암호화폐 등 최신의 투자흐름까지 폭넓게 선택할 수 있습니다.

박병창 지음 | 19,000원
360쪽 | 172×235mm

주식투자
기본도 모르고 할 뻔했다

코로나 19로 경기가 위축되는데도 불구하고 저금리 기조가 계속되자 시중에 풀린 돈이 주식시장으로 몰리고 있다. 때 아닌 활황을 맞은 주식시장에 너나없이 뛰어들고 있는데, 과연 이들은 기본은 알고 있는 것일까? '삼프로TV', '쏠쏠TV'의 박병창 트레이더는 '기본 원칙' 없이 시작하는 주식 투자는 결국 손실로 이어짐을 잘 알고 있기에 이 책을 써야만 했다.

박병창 지음 | 18,000원
288쪽 | 172×235mm

현명한 당신의 주식투자 교과서

경력 23년차 트레이더이자 한때 스패큐라는 아이디로 주식투자 교육 전문가로 불리기도 한 저자는 "기본만으로 성공할 수 없지만, 기본 없이는 절대 성공할 수 없다"고 하며, 우리가 모르는 '기본'을 설명한다. 아마도 이 책을 보고 나면 '내가 이것도 몰랐다니' 하는 감탄사가 입에서 나올지도 모른다. 저자가 말해주는 세 가지 기본만 알면 어떤 상황에서도 주식투자를 할 수 있다.

최기운 지음 | 18,000원
424쪽 | 172×245mm

10만원으로 시작하는 주식투자

4차산업혁명 시대를 선도하는 기업의 주식은 어떤 것들이 있을까? 이제 이 책을 통해 초보투자자들은 기본적이고 다양한 기술적 분석을 익히고 그것을 바탕으로 향후 성장 유망한 기업에 투자할 수 있는 밝은 눈을 가진 성공한 가치투자자가 될 수 있다. 조금 더 지름길로 가고 싶다면 저자가 친절하게 가이드해준 몇몇 기업을 눈여겨보아도 좋다.

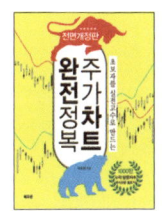

곽호열 지음 | 19,000원
244쪽 | 188×254mm

초보자를 실전 고수로 만드는 주가차트 완전정복

이 책은 주식 전문 블로그 〈달공이의 주식투자 노하우〉의 운영자 곽호열이 예리한 분석력과 세심한 코치로 입문하는 사람은 물론 중급자들이 놓치기 쉬운 기술적 분석을 다양하게 선보인다. 상승이 예상되는 관심 종목 분석과 차트를 통한 매수·매도 타이밍 포착, 수익과 손실에 따른 리스크 관리 및 대응방법 등 주식시장에서 이기는 노하우와 차트기술에 대해 안내한다.

김남기 지음 | 25,000원
288쪽 | 170×224mm

당신의 미래, ETF 투자가 답이다

이 책은 미래에셋자산운용 대표가 18년간의 현장 경험과 깊이 있는 노하우를 바탕으로, 누구나 쉽게 이해하고 활용할 수 있는 ETF 투자 전략을 제시한다. 단순한 투자 지침서를 뛰어넘어, 저자의 투자 철학과 ETF 실무자로서의 개인적인 이야기가 녹아 있는 에세이 형식으로 구성되어 있어, 독자들이 ETF를 더 깊이 이해하고 쉽게 다가설 수 있도록 도와준다.

유지윤 지음 | 25,000원
312쪽 | 172×235mm

하루 만에 수익 내는 데이트레이딩 3대 타법

주식 투자를 한다고 하면 다들 장기 투자나 가치 투자를 말하지만, 장기 투자와 다르게 단기 투자, 그중 데이트레이딩은 개인도 충분히 가능하다. 물론 쉽지는 않다. 꾸준한 노력과 연습이 있어야 한다. 하지만 가능하다는 것이 중요하고, 매일 수익을 낼 수 있다는 것이 중요하다. 그 방법을 이 책이 알려준다.

유지윤 지음 | 18,000원
264쪽 | 172×235mm

누구나 주식투자로 3개월에 1000만원 벌 수 있다

주식시장에서 은근슬쩍 돈을 버는 사람들이 있다. '3개월에 1000만 원' 정도를 목표로 정하고, 자신만의 투자법을 착실히 지키는 사람들이다. 3개월에 1000만 원이면 웬만한 사람들 월급이다. 대박을 노리지 않고, 딱 3개월에 1000만 원만 목표로 삼고, 그것에 맞는 투자 원칙만 지키면 가능하다. 이렇게 1000만 원을 벌고 나서 다음 단계로 점프해도 늦지 않는다.

터틀캠프 지음 | 25,000원
332쪽 | 172×235mm

캔들차트 매매법

초보자를 위한 기계적 분석과 함께 응용까지 배울 수 있도록 자세하게 캔들 중심으로 차트의 원리를 설명한다. 피상적인 차트 분석이 아니라 기계적으로 차트를 발굴해서 실전에서 활용하는 데 초점을 맞춘 가이드북이다. 열심히 공부하고 노력하여 자신만의 매매법을 확립해, 돈을 잃는 투자자에서 수익을 내는 투자자로 거듭날 계기가 될 것이다.

유지윤 지음 | 25,000원
240쪽 | 172×235mm

1000만 원으로 시작하는 데이트레이딩

적극적이고 다혈질인 한국인에게 딱 맞는 주식투자법, 바로 데이트레이딩이다. 초보자에게 상승장, 하락장뿐만 아니라 횡보장에서도 성공적인 데이트레이딩 전략을 제시한다. 매매 노하우와 스킬을 향상시켜 일상적인 수익 창출을 이끌어줄 것이다. 개인투자자로서의 마음가짐부터 안전하게 시작할 수 있는 꿀팁을 제공한다. 차트를 보면 돈 벌어줄 종목이 보인다!